九 龍 市 區 詳 圖

荔枝灣
LAI CHI KOK BAY
Lai Chi Kok 荔枝角
長沙灣 Cheung Sha Wan
深水埗 Sham Shui Po
Sham Shui Po Pier
大角嘴 Tai Kok Tsui
昂船洲 Ngon Shun Chau
Yau Ma Ti Typhoon Shelther
Crown Nest
So Uk Est
蘇屋村
Yau Yat Chuen
Boundary
Prince Edward Road
King's Park Flats
Observatory
Austin Road
Salisbury Road
Star Ferry Pier
To Star Ferry Pier
尖沙嘴 Tsim Sha Tsui
Holt's W. & G.
VEHICULAR FERRY LINE
To Wanchai Pier
No. 5 Pier
No. 4 Pier
No. 3 Pier
No. 2
No. 1
TYPHOON SHELTER
Jordan Rd Pier
九龍塘 Kowloon
何文田 Ho Man Tin
荃灣 街道詳圖
TSUEN WAN
北
MAP SCALE
MILES
REFERENCE
FERRY SERVICE
BUS ROUTE
BUS STATION
RAILWAY
New Territories
Lan Tao Shan
Victoria Harbour
Hong Kong
Castle Peak
Tai Po
Mirs Bay
Deep Bay

△ 1937 年新九龍範圍的法定地圖（資料來源：地政總署測

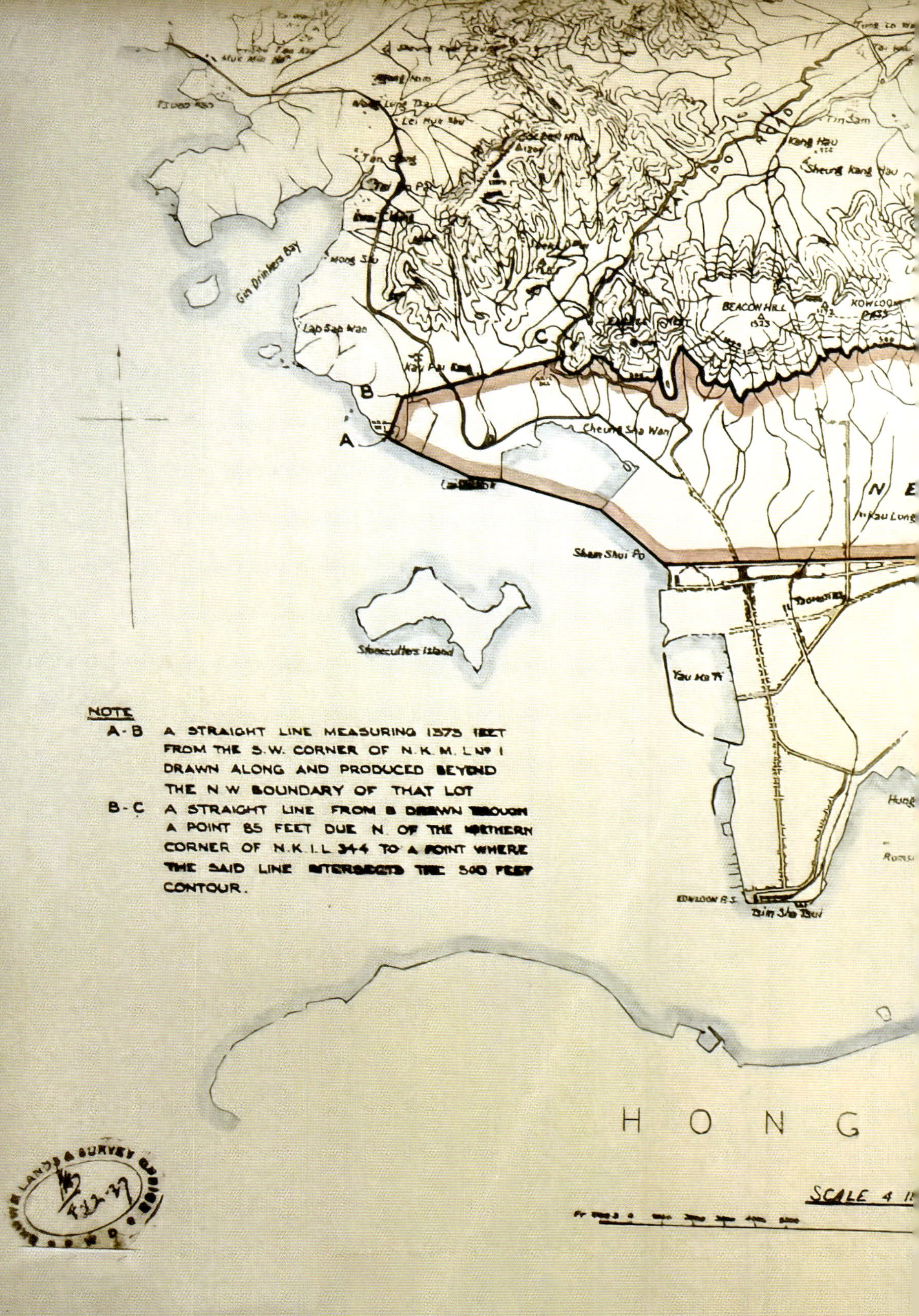

Gin Drinkers Bay
Lap Sap Wan
A
B
C
TAI PO ROAD
Tin Sam
Kang Hau
Sheung Kang Hau
BEACON HILL
1373
KOWLOON PASS
Cheung Sha Wan
N E
Sham Shui Po
Stonecutters Island
Yau Ma Ti
KOWLOON R.S.
Tsim Sha Tsui
H O N G
NOTE
A-B A STRAIGHT LINE MEASURING 1373 FEET FROM THE S.W. CORNER OF N.K.M.L. Nº 1 DRAWN ALONG AND PRODUCED BEYOND THE N.W BOUNDARY OF THAT LOT
B-C A STRAIGHT LINE FROM B DRAWN THROUGH A POINT 85 FEET DUE N. OF THE NORTHERN CORNER OF N.K.I.L 344 TO A POINT WHERE THE SAID LINE INTERSECTS THE 500 FEET CONTOUR.
SCALE
LANDS & SURVEY OFFICE

THE MAP OF KOWLOON

△ 1970 年代初九龍市區詳圖（資料來源：阿新地圖藏品）

新九龍

獅子山下的記憶軌跡

阮志 主編

中華書局

歷史沿革篇

新九龍（New Kowloon）原屬清代廣州府新安縣，1898 年《展拓香港界址專條》通過後納入英屬新界租借地。該區多山，涵蓋獅子山、筆架山等，山間低地形成早期農漁聚落，現存舊村見證傳統宗族社會。隨香港島發展，新九龍成為城市擴展腹地，1937 年正式劃入九龍行政範圍。戰後急速都市化使村落消失，移民遷入新九龍市區。

△ 昔日的彩虹邨迴旋處，巴士後為下元嶺及鑽石山（攝於 1980 年代）

△ 戰後的太子道向東望，可見天主教聖德肋撒堂及遠景的飛鵝山

△ 新九龍界石

△ 荔枝角大橋，背景為剛落成的美孚新邨（攝於 1970 年代）

△ 深水埗醫局街天后廟

△ 今日的昂船洲（割佔九龍界線的起點）

工商發展篇

深水埗於 1950 至 1960 年代為香港紡織業與成衣業的核心地帶，推動香港經濟起飛。雖然紡織業 1980 年代開始式微，但仍啟發當代文創設計。1860 年界限街劃界後，花墟因邊境貿易興起，百年來作為主要鮮花批發市場，反映九龍商業變遷，現面臨重建與保育挑戰。兩者皆展現新九龍從工業樞紐到商業文化融合的轉型歷程。

△ 今日的又一村原是在界限街球場與火車路之間的一個叫「花墟山」的地方（照片右方），開闢一塊 40 畝的地皮，興建兩層房屋 200 間，以九龍塘花園城市模式為藍本

△ 元州街與營盤街交界的步陞工商業大樓

△ 1950 年代的青山道，右邊與東沙島街交界處為檀島冰室，左邊的金門餐廳以出爐麵包聞名

△ 深水埗鴨寮街的夜冷店

△ 全新線衫廠廣告

△ 利工民秋蟬牌註冊商標

社會民生篇

戰後難民湧入新九龍地區，形成大坑東、大坑西及茶果嶺寮屋區，基督教與天主教團體亦在此提供教育、醫療及賑災服務，如 1953 年石硤尾大火後參與安置災民，促成公屋政策的推行。深水埗區教會更堅持創辦學校逾百年，為基層兒童提供教育服務，兼具宗教與社會使命。這些非政府力量填補了香港戰後初期公共服務的缺口，塑造社區韌性。

△ 大坑東徙置區

△ 1953 年石硤尾木屋大火災後，為安置災民，政府在災場興建兩層高平房，以當時工務局長包寧名字命名，後來由於平房浪費土地，1956 年改為興建 H 型六層大廈，後加至七層，石硤尾徙置大廈是此類建築始祖

△ 石硤尾徙置區

△ 石硤尾聖方濟各堂舊貌

△ 由前樂聲戲院改裝而成的學基浸信會

△ 主教山配水庫內貌

文化娛樂篇

新九龍戲院分佈反映社區人口結構，戰前油麻地戲院密集，1950 年代後界限街以北戲院漸增，多放映粵語片或二輪影片，服務基層民眾。電影作為戰後普及娛樂，見證工商住宅混合區的市井文化，成為一代人的集體記憶。九龍塘更轉型為香港首個「花園城市」，體現城市規劃與社會需求的互動。

△ 九龍塘鳥瞰圖（約攝於 1950 年代中期）

△ 根德道 27 號花園城市舊宅

△ 約 1965 年的九龍塘，及遠眺九龍城和啟德機場跑道

△ 九廣鐵路煙墩山隧道九龍塘入口今貌

△ 石硤尾大坑東美麗宮戲院，中為窩仔街，左為大坑西新邨（攝於 1970 年代）

△ 元州街與營盤街交界的樂聲戲院舊址（現為學基浸信會）

目錄

教會燈火　社會民生篇

戲院光影　文化娛樂篇

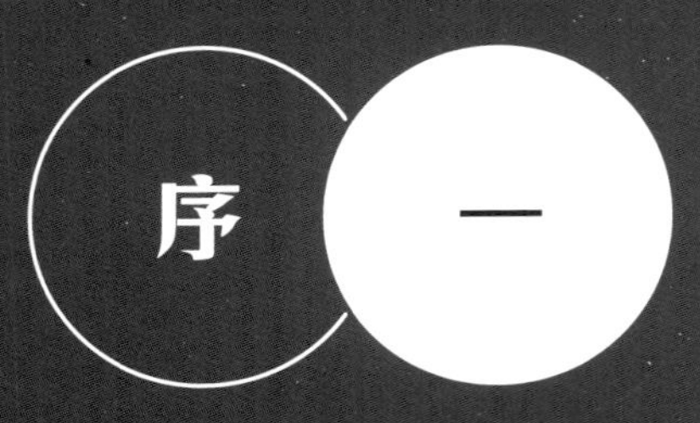

序一

記得在小學至初中的求學階段（即上世紀六十年代中至七十年代初），偶然會聽到、讀到「新九龍」這個名詞。當時自己不求甚解，儘管對那個新字感到好奇，卻從來沒有認真思考究竟它有何所指？有何含義？而再過幾年，當時港英政府大力推動城市建設、新市鎮發展、興建公共房屋等等，地區的管理發生了重大變化，而「新九龍」一詞便漸漸淡出。

可是，當我考上大專，參加一些院校的社會服務活動時，卻在東九龍「發現」鄉村和村民而跟村民聊天時，往往觸及政府在大興土木、擴建馬路的過程中，未有正視他們作為村民的權益。當年自己糊里糊塗以為那種事情應該在新界才會發生，不知如何理解。當然，後來自己還是找到答案的。不過，正因為對地方的歷史，以及它們所經歷的轉變缺乏認識，腦海裏往往就只有問號，而不知道如何回應。

這本書的主編阮志在〈引言〉提到新九龍的「過渡性」本質，這是很有意思的說法，點出了這個地區的特殊性。而在政府不斷修訂地方行政方式的過程中，就更容易令人忘記了新九龍的存在，以及它是如何成為整個香港城市以及社會整合過程中的重要部分。

主編和作者們不單只給新九龍的歷史地理補上一筆，也給我們做了一次很好的示範，說明研究和書寫城市歷史的意義。他們搜集了很多不同類型的材料，切入社區發展和生活的不同方面，立體地將新九龍的各個層次呈現出來。他們書寫的不只是香港城市發展歷史的其中一頁，更是城市化過程中經濟生活、社會民生、文化娛樂的社會史。

呂大樂

香港教育大學客席研究講座教授

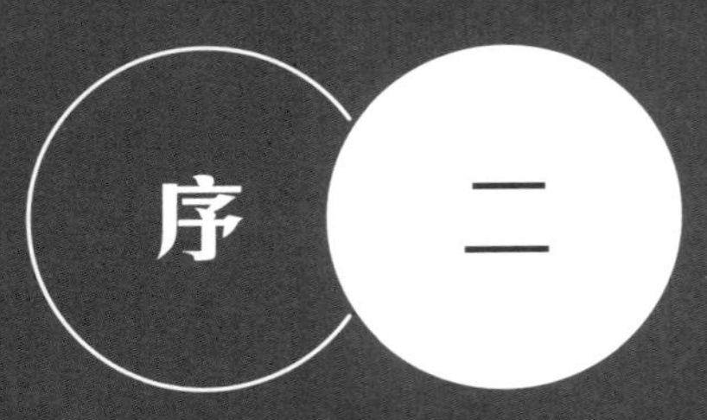

序二

展現於讀者面前乃嚴格遵從學術規範、可讀性高的新九龍研究論著。阮志博士主編的《新九龍：獅子山下的記憶軌跡》將香港近現代社會發展的故事娓娓道來：二戰後基督宗教在新九龍提供教育、醫療和護老等便民服務展示香港運作倫理，而九龍塘發展經驗闡明香港社會政府和商學等民間力量多方互動肌理。戲院作為防疫注射地點體現可貴官民合作；而商人積極參與地區慈善工作揭示香港捐獻文化。

本書微觀而細緻地論述新九龍經濟民生，透視香港從二戰前以轉口貿易、紡織等輕工業為主、戰後「難民社會」，逐漸轉型為國際金融、運輸、物流等方面樞紐，而最終成為亞洲的國際大都會進程，不啻是近百年香港發展的縮影。

猶憶在香港中文大學歷史系曾語時為博士生的主編：「要讀懂香港，既要從中環向北看這城市發展歷史，亦要換一個視角從新界和深圳河向南望。」阮博士畢業以來，於香港地方社會史研究撰述不輟。本書將鏡頭對準界限街以北和獅子山以南長期被學界忽略的「過渡地帶」，以扎實史料和生動敘事，填補了香港都市發展史一塊關鍵拼圖。阮博士不僅看中環銀行與維港帆影，也看今日北區即明日北都，更可貴的是與同道攜手走進真實承載市民生活的社區，合著成一部富有特色、趣味雋永的香港地方史。

成長於新九龍深水埗區的黃霑博士為香江名曲〈獅子山下〉所填歌詞，道盡香港人的拼搏基因和「獅子山精神」：例如第四段：「同處海角天邊，攜手踏平崎嶇；我哋大家用艱辛努力，寫下那不朽香江名句！」本著不限囿於述說新九龍故事，更而書寫「獅子山下」香港百年發展全過程。

◆ 從「邊緣」看見香港核心精神

「新九龍」是香港研究學術園地亟待開墾、耕耘的一片；本書可貴處在揭示這片土地如何成為戰後香港社會變遷的「顯微鏡」——從深水埗的紡織業集群、九龍塘的花園城市實驗，到木屋區、徙置區與教會學校共生的獨特生態，處處體現香港人「在夾縫中創造可能」的智慧。書中對 1950 年代「山寨廠」運作模式的考證，具體而微地說明香港人用自己的汗水、一手一腳「自下而上」把香港打造成一個工業重鎮。

◆ 多元史料的開創性整合

讀者將因發現本書在史料上運用之廣而感到驚喜：引用教會檔案，紡織業者、神職人員和教會學校校友的口述歷史，戲院廣告和九龍街道圖等等「非傳統史料」同時，和官方文獻相互印證，從而構建出立體的歷史景觀。其中對天主教聖方濟各堂 1954 年救濟活動的描述，不僅還原了當時的物資分配網絡，更透過教會報章揭示出難民社群的地緣特徵；這種微觀實證方法正是當代社會史研究的前沿方向。

◆ 為城市記憶保存立下範本

在推土機聲不絕於耳的今天，本書的出版特具深意，並且來得及時。作者團隊既記錄歷史，又示範如何系統性保存正在消逝的都市紋理：從描述花墟花農的經濟活動，到還原已結業多間戲院營業情況，種種細節構成了一座城市的「基因密碼」。

本人要祝賀每一位篇章作者！你們所展現嚴謹的學術態度，所投入的耐心與堅持，堪足作為後學者楷模。誠摯推薦本書予所有關心香港故事的讀者——無論是專業研究者，還是對社區歷史懷抱溫情的市民，必能從中發現觸動心靈的文字。當書頁間呈現 1950 年代深水埗學童的上學情況，與今日朗朗讀書聲疊合時，我們終會明白：這城和城中人的歷史從未遠去，並且就在我們腳下這片土地上繼續推演着。

劉義章

加州大學聖塔芭芭拉分校哲學博士

曾任教於新加坡國立大學中文系、香港中文大學歷史系

現任香港中文大學聯合書院資深書院導師、建道神學院客席講師

2025 年 6 月 28 日於 香港 新界沙田

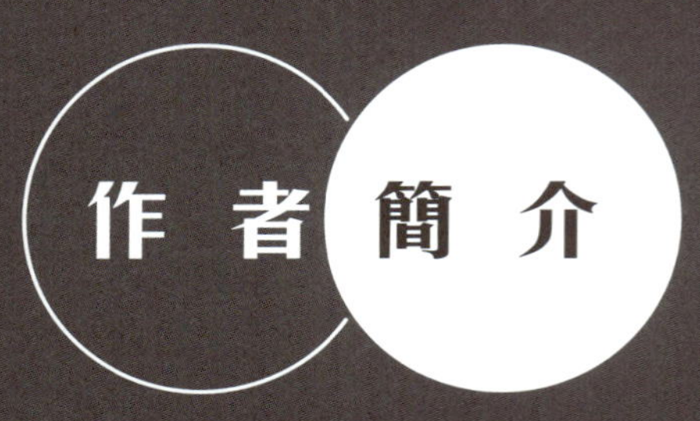

作者簡介

（排名按文章次序）

阮志

香港出生，祖籍廣東新會，香港中文大學哲學博士（歷史學）現職香港樹仁大學兼任助理教授、香港地方志中心《香港志·宗教卷》撰稿人及中英街深港旅遊合作項目歷史文化研究顧問。自 2007 年開始集中對香港邊境禁區及深港跨境村落進行研究，著有《入境問禁：香港邊境禁區史》、《越界：香港跨境村莊及文化遺產》、《禁區：夾縫中的沙頭角》等，並擔任《打鼓嶺鄉志》主編。最近從訪港旅客經驗作為切入點，研究旅遊作為香港文化歷史的重要環節，撰述《從荒岩到東方之珠：形塑香港的旅遊文化史》(2021) 及《冰室情味：形塑香港的飲食文化遺產》(2024) 等，並在文化歷史期刊發表多篇學術論文。

曾家明

香港中文大學文學士，其後獲北京大學法學士、香港城市大學國際企業管理碩士及香港大學中國歷史碩士學位，並於新亞研究所專修國學。曾參與香港天主教區古道行工作小組，編寫多間西貢小堂的歷史手冊，並擔任《打鼓嶺鄉志》編輯。

許家朗

香港中文大學公共衛生理學士、香港大學醫療科學碩士、香港中文大學比較及公眾史學文學碩士。自以為文理兼擅，卻如梧鼠學技。熱衷於香港歷史及殖民歷史。

黃彩蓮

牧師、香港浸會大學哲學博士、香港建道神學院神學碩士及道學碩士、香港理工大學電子工程學士。曾任基督教宣道會北角堂牧師。現任HisStory Ministry創辦人、漢語網絡神學院專任教授、中國宣道神學院客座講師、香港浸信會神學院信徒神學教育部客座講師等。多年來從事基督教史研究，著有《香港閩南教會研究》、《福音在南陲：浸信會與宣道會在廣西之傳教與事工（1862–1945）》、四冊《宣道會北角堂堂會史》、《基督教明燈：港九培靈研經會九十年史（1928–2018）》（合著）、《主恩永偕：香港華人基督教聯會百年史（1915–2015）》（合著）、《香港教會人物傳》（第一二冊）（合著）等專著。

陳曉童

香港樹仁大學歷史學文學士、香港中文大學宗教研究文學碩士。曾於遠東廣播Soooradio節目「一步一腳印」擔任主持人，介紹香港基督教的歷史人物，對文化、宗教、歷史深感興趣。

何世傑

牧師、建道神學院教牧學博士，現任金巴崙長老會長洲堂主任牧師，兼任香港聖樂促進會會牧，亦為建道神學院基督教與中國文化研究中心義務研究員，以及中國基督教史學會執委。其研究關注崇拜神學、聖樂實踐與香港教會歷史，特別聚焦信仰群體之倫理建構與本土神學發展。2025年，榮獲美國金巴崙長老會歷史基金會頒發之「金巴崙長老會歷史獎」，以表彰其對該宗派歷史研究的貢獻。著有《延展視界：崇拜與群體德行陶塑》、《香港基督教史（1807–1997）》（合著）等。何牧師致力於促進教會與文化之間的神學對話，結合牧職實踐與學術研究，展現反思與行動並重之教牧神學視野。

黃嘉為

出生於香港，祖籍廣東台山，於香港完成中小學之後到英國留學，學成後回港於多所銀行及金融機構服務，專責採購及流程管理。曾於喇沙小學及喇沙書院就讀，之後成為喇沙書院舊生會的幹事及會長。2007 年，為慶祝學校 75 周年紀念，經過超過十年的資料搜集，編寫了學校第一本校史。其後也經常撰寫有關學校的歷史故事，並於皇家亞洲學會演講喇沙校史，及在商業電台接受訪問有關喇沙校歌的歷史。

黃夏柏

生於澳門，後遷居香港。大專畢業後，曾任電視台編劇，後從事報刊編採工作，現職自由撰稿人。熱衷探索戲院及流行文化論題，著有《香港戲院搜記》（兩冊）、《紙媒港故 ·影戲閒情》及《電視歡樂 ·今宵再現》等作品。

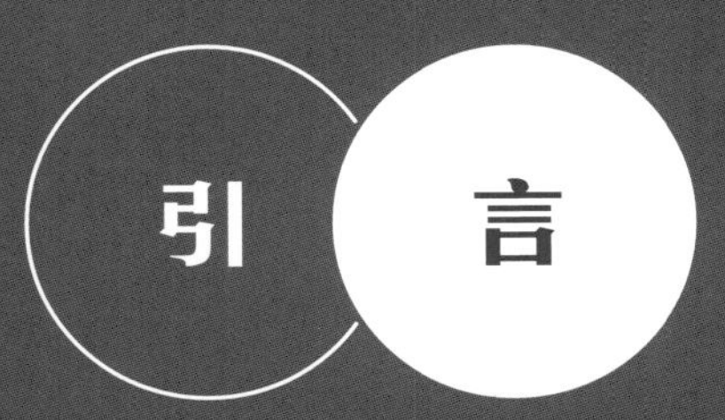

引言

九龍半島北部，這片被稱為「新九龍」的土地，自1860年《北京條約》劃定界限街以來，便在香港歷史發展中扮演着獨特而關鍵的角色。本書定名為《新九龍：獅子山下的記憶軌跡》，旨在透過系統性的歷史梳理，呈現這片土地從邊陲地帶演變為都市核心的複雜歷程，填補現有香港地方史研究中的一處重要空白。

新九龍的歷史特殊性在於其「過渡性」本質。這裏既是地理上的過渡帶——從九龍半島南端的維多利亞城到新界北部的緩衝區域；也是時間上的過渡帶——見證了香港從殖民開埠到戰後騰飛的關鍵轉變；更是文化上的過渡帶——中國傳統村落文化、殖民城市規劃與戰後移民潮在此碰撞交融。這種多重過渡性，使新九龍成為解讀香港近代化進程的絕佳樣本。

本書的編纂歷時二載，編者團隊足跡遍佈新九龍各區，採集口述歷史三十餘份，整理未曾公開的教會檔案、工商文獻逾兩百件，更獲得多家本地企業家族授權珍藏的照片。這些第一手史料與現有文獻相互參照，構成本書堅實的考證基礎。特別值得一提的是，我們在歷史檔案處發現的1950年代新九龍邊界劃定紀錄、天主教香港教區檔案處的戰後社會救濟文獻以及從九龍塘花園城市原住戶後人那裏獲得的私人相冊、高空鳥瞰圖等，均為首次系統性公開的珍貴史料。

全書分為四大篇章，每章皆以獨特視角切入新九龍的歷史肌理。「歷史沿革篇」從宏觀時空架構入手，透過地理變遷與行政區劃演變，揭示新九龍如何從清代官富巡檢司轄下的邊緣地帶，逐步轉化為二十世紀香港都市擴張的前沿陣地。第一章，阮志從新九龍的地理與早期沿革，探究九龍半島北部的自然地理如何影響新九龍的發展，是首次有本地學者從地貌去了解城市規劃；在第二章，阮志再對 1898 年《展拓香港界址專條》後「新九龍」概念的形成過程，以及 1950 年代城市規劃與殖民政治如何塑造新九龍的社會變遷，以及其與空間的關係，均有突破性考證。

「工商發展篇」聚焦兩個具標誌性的經濟活動——深水埗織造業與花墟花卉產業。在第三章，阮志與曾家明透過重建 1930 年代至 1980 年代深水埗織造廠的生產鏈條，呈現戰後香港工業化如何在新九龍找到立足點，書中首度公開的 1950 年代至 1960 年代成衣廠員工的口述歷史紀錄，尤其生動地再現了「山寨廠」時代的創業精神；而許家朗在第四章對界限街花墟百年演變的考察，則揭示傳統墟市經濟如何在都市化浪潮中調適生存，由此揭示花墟在重建後的願景及展望。

「社會民生篇」以宗教組織為觀察窗口，追蹤基督教與天主教在新九龍的在地化實踐。從九龍仔大坑東及大坑西寮屋區，到位於較為偏遠地區的茶果嶺村，黃彩蓮在第五章對兩片寮屋區的重建進行歷史回顧，深入了解和梳理基督教會及相關組織在此兩區鮮為人知的足跡；第六章，曾家明根據教會報章、政府歷史檔案和官方的年報，重構戰後初期天主教團體在該區的慈善救濟歷程，包括深水埗聖方濟各堂的戰後難民救濟工作。讀者也許會問這些宗教機構實質上承擔了社會安全網的甚麼功能？第七章因此特別關注 1950 年代至 1990 年代教會學校如何透過「教養孩童」的理念，塑造整代深水埗基層市民的文化資本，陳曉童與何世傑引用了大量教會口述歷史紀錄，集中討論基督教各派興辦的學校網絡。

「文化娛樂篇」則從空間生產與休閒消費角度，解讀新九龍的都市文化形塑過程。第八章中，黃嘉為將九龍塘花園城市作為殖民時期「健康住宅」理念的實驗場，剖析其規劃如何影響後世香港住宅景觀；黃夏柏則在第九章對新九龍地區具代表性的戲院，及其營運模式作出詳細的梳理，藉此觀察社區人口結構變化及經濟活動特色，從而反映社區階層結構，這些議題的探討均建立在詳實的數據及報章事實報道的基礎上。書中收錄的多張珍貴的舊戲院相片，以及難得一見的手畫戲票，尤為直觀呈現當時的消費階序。

作為主編，我必須強調本書採取的「微觀歷史」取向。我們刻意避開宏大敘事，轉而追蹤具體街道、廠房、教堂、戲院的變遷軌跡，因為相信歷史的真相往往隱藏在日常生活的細節之中。當讀者看到手繪的 1952 年石硤尾木屋區村落分佈圖，或 1960 年長沙灣織造廠女工縫製的布料及製造線衫的情況時，自然會感受到教科書中找不到的歷史溫度。

新九龍的歷史尚未完結。隨着市區重建步伐加速，許多承載集體記憶的場所正急速消失。本書在考證往昔之餘，亦希望為未來保存即將消逝的城市紋理。倘能引發讀者對身邊社區歷史的探究興趣，進而參與到城市記憶的保存行動中，則是編者最大的欣慰。

謹以此書，獻給所有曾在新九龍這片土地上生活、奮鬥過的無名者。你們在獅子山下的足跡，就是香港故事最真實的註腳。

主編 阮志謹識

2025 年初夏於界限街之北

歷史沿革篇

滄桑嬗變

第一章

新九龍的地理與早期歷史

阮志

本章介紹新九龍的歷史及地理的重要性及其在香港發展中的獨特地位。

一、新九龍的地理概況

1. 新九龍的命名

有關「新九龍」的得名，不能不先談「九龍」的地名來源。「九龍」的地名來源，眾說紛紜，以最一般的說法解釋，其名稱來自九龍半島北面的九個山嶺，在堪輿學上以山脈作為「龍脈」，故稱「九龍」。[1] 另一說指「九」只是泛指眾多，九龍即山脈眾多之意。此外，九龍一詞亦可能引自此地的村落或山嶺名稱，如在康熙二十七年（1688）由靳文謨編的《新安縣志》中記載有「九龍村」，九龍可能因而得名。另外九龍亦可能源自「九龍山」之名：

> 九龍山在新安縣之東南，距城陸路一百里，水路一百八十里。山形如弓，灣長二十餘里，南面臨海，與香港之紅香爐山、群帶路等處隔海對峙；北面依山傍田；東為鯉魚門，直達大洋；西為尖沙咀，內通虎門。該山居民聚處不一，多係耕種捕魚為業。惟中間附近白鶴山五里以內沿海一帶，民房數百餘户。按志書內載，名曰九龍寨。現在副將、巡檢皆駐紮其間。此九龍山地勢情形也。[2]

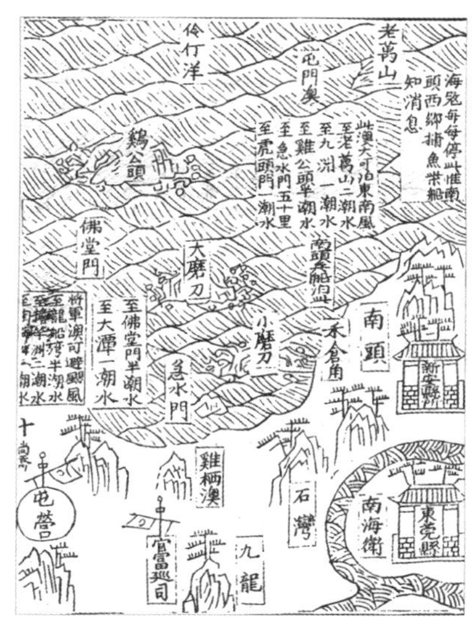

應檟《蒼梧總督軍門志．全廣海圖》

現時發現最早出現「九龍」這一名稱的中國文獻是明嘉靖年間（1522–1566）應檟《蒼梧總督軍門志．全廣海圖》的屯門部分：

> 此澳大，可泊
> 東南風至老萬山二潮水
> 至九洲一潮水
> 至雞公頭半潮水
> 至急水門五十里
> 至虎頭門一潮水
> 南頭兵船泊此

在這張地圖上，有以「九龍」一地與「官富巡司」並列的地點，其他與九龍有關的地名如「急水門」及「佛堂門」等也已經記錄。在英人的地圖上，相信「九龍」一詞最早出現在1843年香港開埠初期的一幅海軍地圖，所見的九龍半島中標示「九龍」（Kowloon）於九龍半島的東北角，接近今天九龍城海旁。

1898年，香港殖民政府宣佈擴展香港的領土範圍，首先將香港城市擴展至最接近當時九龍部分的新租借地。「新九龍」這個名稱所指是位於九龍山嶺（Kowloon Range）以南、舊界線（現界限街）以北的地區，舊界線將英屬九龍與新界分隔開來。[3] 因此新九龍仍是作為新界行政範圍的一部分，地理範圍

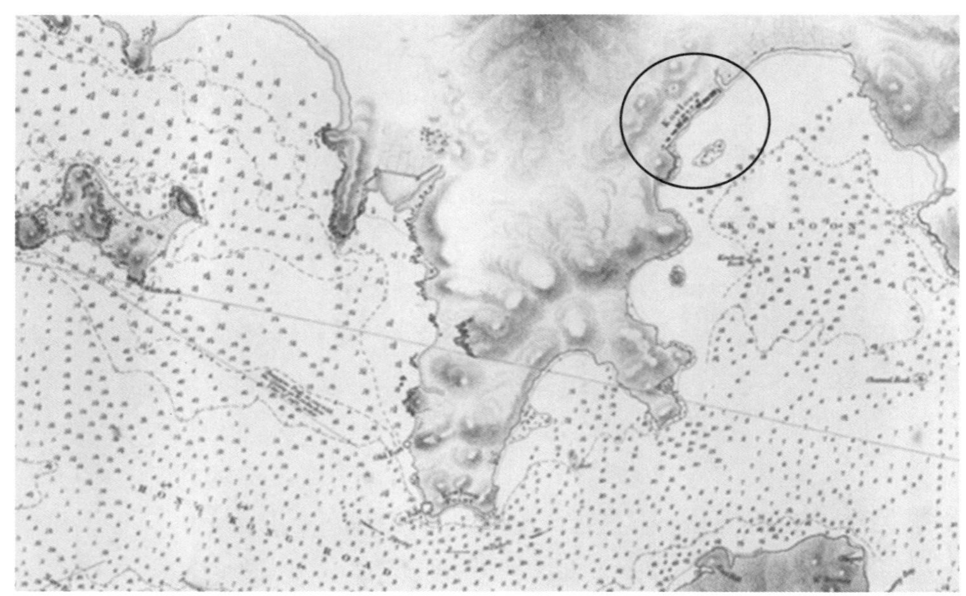
1846 年的九龍詳圖，九龍半島上只有近九龍城一帶（半島東北角）有明顯的聚居

約相當於現今深水埗、黃大仙、觀塘及九龍城北部。

「新九龍」的名稱最早可以追溯到二十世紀初，大多以英文「New Kowloon」出現在英國陸軍或海軍的地圖內。在 1900 年的行政報告（*Administrative Report*）內亦有「新九龍」一詞，但在同一份報告亦有「舊九龍」（Old Kowloon）一詞。1928 年港督金文泰亦在與英國殖民地部書信文件中提到「新九龍」：「雖然香港領土分為三個部分：即香港殖民區、舊九龍和新九龍……」[4] 因此「新九龍」一詞可視作一個相對於舊九龍的英佔部分的言詞，亦確切地在官方文獻將區域劃分及列明。殖民政府有關文件確實將「新九龍」一詞納入城市規劃的綱領，為日後確定新九龍脱離新界發展定下基石。根據當時政府徵收差餉的文件指出，新九龍已經作為一個徵收差餉的區域。

「舊九龍」名稱的由來與「新九龍」有直接關係，因為「新九龍」一詞納入城市規劃的綱領，故在官方文獻內，政府以「舊九龍」指稱「英佔九龍」或「英屬九龍」地段。

2. 新九龍的地理位置及邊界

新九龍（New Kowloon）位於九龍半島的北部，在清代屬於廣州府新安縣管轄範圍，1898 年英人強佔新界後成為新界租借地之一部分。新九龍的地勢多山，包括獅子山、筆架山、慈雲山及飛鵝山等，而在這些山嶺的低地與向南伸展的平地成為發展住屋的區域。

根據現時官方的地圖有關新界與九龍的分界線，可見新九龍的邊界在歷史上仍然有所變動，但大致如下：

南界：以界限街舊邊界線（old boundary line / old frontier line）為界，南接舊九龍（即九龍半島南部）。

北界：以獅子山、筆架山及金山等自西向東伸延的一列山脈為界，這一列山脈在昔日被稱為「九龍嶺」，分隔新界中部如沙田、大圍等地區。

東界：原大致以飛鵝山、清水灣道一帶為界（界線為飛鵝山西麓的扎山道至舊清水灣道），即其東端屬於牛池灣鄉，惟在 1960 年代新九龍的範圍擴展至今九龍東一帶，即包括觀塘及牛頭角等區，其東界得以擴展至鯉魚門。

西界：以荔枝角、九華徑一帶為界，與新界西（即葵涌）相鄰。

政府於 1968 年將全香港的區域重新劃分為十區，但仍以「新九龍」來指稱九龍半島北部、界限街以北一帶。經過幾十年的發展，九龍區已完全城市化，雖然這些地區現時在行政上屬於九龍區，並無獨立的新九龍行政分區，在一般生活上也較少提及，惟「新九龍」的概念現時除了用於歷史和地理討論外，在法律和行政上仍然是存在的，而且對商業、公共事業及私人物業構成一定影響:

> 新九龍（New Kowloon）指附表 5 指定的範圍。
>
> 新九龍（New Kowloon）指新界的一部分，即在存於土地註冊處的一份標明「新九龍」的圖則（日期為 1937 年 12 月 8 日，由工務司簽署及由總督加簽者）上所見以紅色描畫出的部分。[5]

這個定義是在《香港法例》第一章《釋義及通則條例》（*Interpretation*

and General Clause Ordinance, CAP 1）附表五列出，故此「新九龍」的名稱不單是一個歷史名詞，亦是一個法律名詞，並且構成香港土地行政制度的一部分。[6] 在本書第二章會加以闡釋這個區域的法理依據，而且其影響未如一般所說只是一個消失的名詞。

3. 新九龍的地形特徵

新九龍位於九龍半島北部，地形以山地、丘陵、河谷及填海平地為主。整體地勢呈現北高南低的特點，北部多山，南部則逐漸過渡至低地及填海區。新九龍北部主要地形特徵為山地與丘陵，以獅子山為核心，構成與新界的天然屏障，主要山峰包括獅子山、筆架山、飛鵝山、大老山及慈雲山等，高度在六百米左右或以下：[7]

九龍山嶺的主要山峰

山名	英文名	高度（米）	位置及特徵
筆架山	Beacon Hill	458 米	位於九龍塘以北，與獅子山相連，山勢較平緩。
獅子山	Lion Rock	495 米	新九龍與新界沙田的分界，陡峭的岩石山體成為香港地標之一。
慈雲山	Temple Hill	488 米	位於慈雲山以北，連接獅子山及大老山，地勢頗高。
大老山	Tate's Cairn, Tai Lo Shan	577 米	位於黃大仙以北，連接飛鵝山，地勢較高。
飛鵝山	Kowloon Peak, Fei Ngo Shan	602 米	位於新九龍東部，是九龍最高峰，山勢險峻，俯瞰整個東九龍。

在這些山峰之中，只有獅子山曾在《新安縣志》〈山水略〉中被記錄下來，當時被稱為「虎頭山」：

> 虎頭山，在官富九龍寨之北，亦名獺子頭，怪石嵯峨，壁立插天，其下凹路，險峻難行，然實當衝要道。乾隆壬子年，土人捐金，兩邊砌石，較前為平坦。[8]

從縣志中可見，獅子山下山坳有石砌路，為當地人所捐款興建，理由是崎嶇不平但卻是一條交通要道，反映出獅子山與其他山嶺構成了一個屏障，但居民仍然認為需要修建山徑，以方便來往。正因為其山路險要，這些山脈形成新九龍的天然北界，歷史上曾作為軍事防禦線。英人在租借新界後，亦在九龍山脊豎立不同的石碑，如從牛池灣的清水灣道直達大老山的山路，名為「扎山道」（Jat's Incline），是 1907 年由英屬印度陸軍的扎步名團興建的，在扎山道口立了一塊石碑，方便守軍從稅關坳（Customs Pass，今名茶寮坳）北上九龍山脊。[9] 如今此地則是郊野公園及九龍的遠足勝地，其中筆架山及獅子山屬於獅子山郊野公園範圍，而慈雲山、大老山及飛鵝山則屬於馬鞍山郊野公園。[10]

新九龍部分地區位於山麓的河谷地帶與沖積平原，例如九龍塘谷地，因為地形似「塘」而得名，位於獅子山以南，地勢較低，早期為農地，後來發展成低密度住宅區。黃大仙谷地位於飛鵝山西南，當中獅子山與慈雲山之間的沙田坳向南一帶曾有眾多溪流，現已因城市化而成為啟德河流出九龍灣。觀塘河谷於 1960 年代發展為觀塘新市鎮，亦原為海濱低地及河谷，有翠屏河等溪流，後經大規模填海發展成工業及住宅區。[11]

由於新九龍南部靠近維多利亞港，歷史上進行過多次填海工程，形成大片填海平地，包括原為九龍灣海岸線的啟德機場及新蒲崗填海區、原為海濱其後發展為商業及住宅區的觀塘工業區；而在新九龍西部及長沙灣至荔枝角亦為沿海工業區。早於 1920 至 1930 年代九龍灣進行填海工程，標誌着此區工業的開展，其後又在 1960 年代進行大規模的填海。

新九龍北部山地主要由火山岩（如凝灰岩）和花崗岩構成，岩石堅硬，適合開鑿隧道（如獅子山隧道）。南部填海區則多為沖積土及人工填土，地基較鬆軟，部分區域（如啟德）需進行地質加固。[12] 而在新九龍分佈有不同高度而山體較小的山丘，包括鱷魚山[13]、佐敦谷、斧山、鑽石山、白鶴山（已削平）、九龍仔山（俗稱格仔山）、窩仔山（俗稱主教山）、嘉頓山、花墟山（已剷平）、西角山（已剷平）等，因此昔日新九龍的地形呈現「山多平地少」的特點，其西部或東部主要通過填海形成城市用地。這種地形影響了新九龍早期的發展模式，故此工業區多建於填海地，也使得新九龍曾成為香港市區的一個工業重鎮。

4. 新九龍的歷史區域劃分

新九龍是香港歷史上的一個區域概念，一般指由 1937 年以行政方式從新

1930 年代從尖沙咀向東北望（照片中部），可見新九龍東部的未開發海濱（圖片由許日彤提供）

1927 年填海後的九龍灣，有一大片土地其後發展為啟德機場

界劃入九龍的範圍，現時已完全城市化，並歸入九龍區的行政分區。雖然如此，新九龍作為一個實際應用的區域名稱，一直沿用至 1970 年代或更後一段時期，成為香港四大分區之一：香港島、九龍、新九龍及新界。因此新九龍的歷史區域劃分亦影響到今日九龍半島（尤指市區部分）的發展。對比香港政府現時的官方劃分，新九龍大致涵蓋以下主要區域（由西至東）：

深水埗區： 包括長沙灣、荔枝角、石硤尾（部分）、界限街以北的舊區（如大坑東、大坑西邨、南山邨）。深水埗區的特點是早期為工業區（如分佈着較多的紡織廠、製衣廠），現逐漸轉型為商住混合區。而石碳尾是香港最早的公營房屋（即徙置區）所在地。深水埗區現為18個區議會之一。[14]

九龍城區（部分）：包括九龍塘，該區是傳統豪宅區，是香港少數低密度住宅區，多花園洋房、多學校及政府機構。而九龍城位於界限街與太子道的交界以北，是九龍區的交通樞紐，有多條巴士路線經過，而通往獅子山隧道的窩打老道是九龍區主要幹線，亦位於九龍城區。九龍城區現為18個區議會之一。[15]

黃大仙區：包括以黃大仙祠為中心的一系列公共屋邨、慈雲山、鑽石山（住宅及宗教文化區，如志蓮淨苑）、新蒲崗（舊工業區，近年重建為商住項目）及樂富（住宅及公共屋邨集中地）；該區特點是以香港著名廟宇黃大仙祠為代表，吸引大量遊客。新蒲崗曾為工業重鎮，現逐步轉型。黃大仙區現為18個區議會之一。[16]

觀塘區：包括牛頭角（住宅及舊式工廈區）、九龍灣（商業及工業區，如Megabox、企業廣場）、觀塘（傳統工業區，近年大規模重建為商住中心）、彩虹（住宅區，以彩虹邨為代表）、坪石、彩雲及四順區（順安、順天、順利、順緻）等公共屋邨，該區的觀塘是東九龍核心商業區（CBD 2），APM等商場帶動經濟。九龍灣為物流及商業樞紐，近年發展「零碳天地」等新項目。觀塘區現為18個區議會之一。[17]

新九龍的行政區劃曾經有很大變化：1937年前，新九龍屬於新界的一部分，以農業及鄉村為主。1937年港府將界限街以北至獅子山以南劃為「新九龍」，歸入市區範圍，九龍半島界限街以南改稱「舊九龍」或「九龍」。戰後至1980年代港府大規模發展公共屋邨及工業區（如觀塘工業區、九龍灣工業區）。現代新九龍已完全城市化，行政上分屬深水埗、九龍城、黃大仙及觀塘四區。在1987年8月7日政府頒佈的法令*Declaration of Districts Order*已沒有列明新九龍地區，而將全香港分成19個區：香港島四區、九龍六區、新界九區。[18]新九龍現時並無獨立行政地位，但作為歷史地理概念，這些區域在人口分佈、宗教傳播、社會結構、產業發展、文化風俗等方面共同構成了九龍北部今日獨特的面貌，當中既有密集都市地帶如住宅、商業及工業功能，亦包含了一些未被發展的鄉郊，後者在香港城市發展歷史中有其不可取代的特點及地位。新九龍在工業發展（如深水埗、觀塘）、人口遷移（原居民村、公共屋邨）、戰前及日佔時期的建設（如模範村、軍事設施）、交通設施（如東西貫通的界限街、啟德機場等）均扮演重要角色，因此研究新九龍歷史地理的重要性，成為香港史及人文學科的核心課題。

二、新九龍的自然環境及資源

新九龍位於香港九龍半島的北部，涵蓋現今的九龍城區、觀塘區、黃大仙區和深水埗區等地。這一地區在歷史上擁有豐富的自然資源，這些資源對其早期發展產生了深遠影響。

1. 新九龍的自然環境

新九龍在十九世紀至二十世紀初仍保留較多自然地貌，與今日高度城市化的景象截然不同。新九龍的南部以平地或丘陵地為主，其北部則有一系列山嶺，山嶺南麓以斜坡及小山丘為主。新九龍背靠獅子山、飛鵝山及慈雲山等，此一山勢形成天然屏障，影響了早期與新界的交通與發展，二十世紀初期單靠1920年建成的大埔道連接。[19] 新九龍地勢北高南低，南部沿海地區（如深水埗、九龍灣、觀塘）地勢較平坦，適合居住與發展農業。

地質結構方面，當地主要由花崗岩（Granite）和表土沉積（Superficial Sediments）構成。[20] 在大約一億四千萬年前，主要的火山活動開展於西貢糧船灣海位置。當中破火山口在該處形成，岩漿從破火山口北邊和南邊的東北向裂縫噴出，至「早白堊紀時期」形成了九龍地區的花崗岩，名為「九龍花崗岩」，它是以維多利亞港為中心，形成呈圓形的侵入岩體。其岩石一般為中粒等粒（即指晶體大小相近，約1–3毫米不等），色澤呈淡粉紅帶灰，內含石英、斜長石、鉀長石及黑雲母。[21] 由於盛產花崗岩，九龍東部至鯉魚門一帶曾有採石場，供應建築石料，香港早期街道的麻石亦由此區供應，如牛頭角區有兩座小山：佐敦谷及鱷魚山，故早期居民以打石為生。[22] 新九龍部分地區如深水埗、九龍塘等地由於有溪流從山上流下，形成沖積平原，故此土壤較為肥沃，適合耕作；但亦都因為屬於低窪沼澤地，故容易滋生蚊患，生活環境較潮濕，及容易造成水浸。

等粒中粒花崗岩（九龍花崗岩）

約 1915 年鯉魚門北岸的村落及石礦場，中央處還可見到導航燈塔，後方魔鬼山上亦隱約可見軍路及營房

約 1920 年的九龍寨城外的農田，後方可見一直伸延至白鶴山的寨城外牆

通往建於 1847 年的九龍寨城東門的龍津石橋，以花崗石建成，遠處見有巨礫在山頂的白鶴山，石橋旁港灣停泊着不少漁船

1909 年英國陸軍部的九龍地圖，當中可見半島北部仍分佈着不少溪流

由於香港的花崗岩相對受亞熱帶風化作用影響，因此除獅子山外，花崗岩類岩石地貌多為較矮的山丘，如九龍半島上的山丘，帶有較厚及含粉砂狀及沙質的風化層，地形較矮和渾圓，並有大量巨礫遺留在地面。風化使花崗岩類岩石形成明顯、渾圓（通常呈橢圓形）的岩石核。岩石核在一些天然山坡隆起，但較常見則是當風化層被侵蝕後，岩石核留在花崗岩的地形上。[23] 此地貌出現於新九龍較矮的山丘如九龍寨城的白鶴山、鑽石山及斧山等，當中白鶴山更曾被記錄在《新安縣志》內的〈山水略〉，云：

> 白鶴山，在九龍寨西北，上有遊仙岩，岩下三小石如品字，上盛一巨石，高約六七丈，廣約三丈餘，壁立難升。石頂有棋枰、棋子，至今猶存。石北刻「遊仙岩」三字，第年遠，字稍模糊。昔常有白鶴一雙，棲止石上，故名。[24]

白鶴山像其他矮山一樣，山頂及山坡上均有不少風化而成的岩石核或巨礫留在地面，形成了新九龍地區頗為特別的地貌。

水文特徵方面，新九龍原分佈不少溪流與山澗，惟除了一些小型水道外，今天已不見河溪蹤影，因為在城市發展的過程中河溪被埋在路面下。[25] 新九龍中部的啟德河（原稱「龍津河」）流經九龍寨城一帶，早期是農業灌溉水源，後因城市發展被覆蓋成暗渠。另深水埗東部九龍塘村原流有一條溪流，當地人稱為「大水坑」，故有大坑東邨、大坑西邨，水坑的水經一條明渠（Nullah）

1874 年甲戌風災後的九龍城沿海一帶

流出大海。由於城市發展，該大坑其後被覆蓋成暗渠而成為街道，即今天的南昌街。[26] 新九龍東部的觀塘溪流則源自飛鵝山，流入觀塘灣，為早期村落提供了用水。新九龍西部的荔枝角灣（今荔枝角公園一帶）原為天然海灣，其西部原有一名為「荔枝角海岬」的半島，後因填海消失。新九龍的東南面原為曲折海岸線，有不少淺灘，包括九龍灣、土瓜灣、觀塘灣、茜草灣等，漁業較興盛，例如在九龍城龍津橋附近港灣停泊不少漁船，方便漁民將漁獲販賣至九龍街的市集。至二十世紀初政府開始在新九龍東部大規模填海，如啟德機場、觀塘工業區等位置，海岸線因而大幅改變。[27]

嘉慶版《新安縣志》卷之三〈輿地圖〉記載新安縣的樹木有木棉、榕樹及香樹：

> 香樹，邑內多植之。東路於瀝源、沙螺灣等處為佳；西路出於燕樹、李松萌等處為佳。[28]

新九龍早期的生態豐富，在獅子山、慈雲山等山嶺的山麓地帶曾覆蓋着亞熱帶常綠闊葉林的原始植被，樹種包括樟樹、榕樹及相思樹。在低地地區如九龍塘、深水埗等地有農田、果園及濕地植物。新九龍的氣候特徵為亞熱帶季風氣候。在康熙版《新安縣志》卷之二〈天文志〉中有記述：

> 邑地暑多而寒少，三冬少雪，長時似夏……
>
> 六、七、八月，有颶風。其作也，斷虹先兆，雲凝不行，雷隱隱不動，海竹氣沸騰，磯石響，水禽遁，狂飆乍起乍息。

此區夏季炎熱多雨，颱風常侵襲沿海村落：清同治十三年（1874）的甲戌風災發生在農曆八月十二日（9 月 22 日至 23 日），強烈的颱風橫過珠江口，先後吹襲香港及澳門，廣州亦受災。在香港，颱風造成 2 000 餘人死亡，成為香港有紀錄至今死亡人數第三多的風災。風暴期間，千間房屋被摧毀，維多利亞港內十多艘遠洋船隻沉沒，數百隻中國帆船沉沒。當時災情嚴重的九龍城一帶被廣泛破壞，臨海的房屋被摧毀，而九龍城當年仍然屬於清朝管治的新安縣範圍。[29]

此區冬季氣候和暖乾燥，全年屬於嚴寒的日子不多，適合耕作，惟海拔超過六百米的山區（如飛鵝山、大老山）霧氣較重，影響早期交通。在冬天寒流襲港期間，山上氣溫可能接近冰點，植物表面有可能結霜，路面如飛鵝山道、扎山道一帶有可能結冰。至於九龍灣、觀塘灣等地，因地形阻擋，風勢較弱，適合漁船停泊，因此設有避風港（如鯉魚門三家村）。相比起維多利亞港東面入口的佛堂門的「潮汐急湍，巨浪滔天，風不順，商船不敢行」[30]，不可同日而語。

2. 新九龍的自然資源

新九龍地區擁有多條河流和溪流：如位於九龍塘村（今又一村所在）的一條大水坑（其兩岸為大坑東、大坑西）[31]，在蒲崗村則以鳳德溪、啟德河為主，至於觀塘則由雞寮流出的翠屏河的溪流提供了豐富的水源，這些水源為新九龍的原居民村落的農業和日常生活提供了重要支持。此外，早期新九龍地區覆蓋着茂密的森林，包括木棉、榕樹。這些樹木提供了豐富的木材資源，用於建築當地的民居，及用作燃料。至於礦產資源方面，部分地區蘊藏着花崗岩等礦產資源，為建設房屋、大廈等重要建築物和基礎設施提供了石材。更重要的是，新九龍的石料為清朝興建九龍寨城的石材，以防範英人在鴉片戰爭後進一步侵佔九龍半島：

> 一九龍山石，准令匠頭開採，工竣封禁，以昭慎重也。查本省歷辦炮台，應用八寸方砧石，每丈報銷工價銀一兩二錢至一兩九錢不等，因時地估計辦理，悉屬實在。此次勘估八寸方砧石，每丈工價銀七錢六分，按九成折，實銀六錢八分四釐。緣九龍出產石料，採運容易，是以工價便宜。應請行令地方文武會同督工委員給示曉諭，准令工匠專在於九龍寨附近開山取石，不得前往香港山場開採滋事。所有石匠仍歸承辦匠頭造冊管束，以專責成。工竣之日，即行封禁，由九龍協暨九龍司巡檢就近稽查。[32]

興建九龍寨城的石料是就地取材，並且要在城的附近開採，而不用到港島開採，以免招英人猜疑，可見新九龍是興建防禦工事的重要開採場。另外，新九龍沿海地區有曲折的海岸，其海床含有豐富的蠔礁，這些礁石提供了燒製石灰的原材料，客家人以燒製石灰為副業，促進當地經濟民生發展。

新九龍的土地資源相對九龍南部而言較為豐富，由於新九龍地勢相對平坦，適合早期農業和鄉村的發展，原居民有較多平坦的土地作耕種和畜牧。而這使得二十世紀之後的城市建設亦擁有較大的空間，尤其是靠近海岸的地區，有利於貿易和交通發展。

3. 新九龍的自然資源對早期發展的影響

新九龍豐富的水源和肥沃的土地使之成為早期農業活動的中心，種植蔬菜、稻米等作物支持了當地人口的增長。中部部分地區如深水埗、九龍塘等地，由於有溪流從九龍的山脈流下，形成廣闊的沖積平原，故此地土壤相對肥沃，適合農耕。

新九龍的沿海地區漁業興旺，靠近海岸（如九龍灣）的地理位置促進了捕魚業的發展，漁業成為早期經濟的重要組成部分。雖然英國的官方地圖曾形容新九龍中部是「荒蕪之地」，但其實這裏擁有豐富的森林資源和礦產資源。石礦提供了建築材料，尤其是新九龍東部（即牛池灣、牛頭角、茶果嶺及鯉魚門）的石材推動了房屋、道路等基礎設施的建設。此地的花崗石更運送至廣州，建造石室教堂。然而，在新九龍東部（即觀塘地區）的一些山丘上可以看到大面積的岩石侵蝕，除鄉村周圍外，山上並沒有樹木可以阻擋夏季暴雨的侵襲，而在乾燥的冬春之交，山坡上的草也會枯萎。[33] 但於貿易與交通方面，平坦的地形和靠近海岸的地理優勢使新九龍成為貿易樞紐，促進了商業貿易和交通的發展。

新九龍豐富的自然資源吸引了大量人口遷移至此居住，自然資源在地區早期發展中起到了關鍵作用，支持了農業、漁業、建築和貿易等經濟活動的發展，推動了不少原居村落和市鎮的形成，促進了人口的增長和城市化的進程。當時「九龍街」的墟市便是後來的新九龍市區，商貿活動推動九龍城一帶的城市化，為現代新九龍的繁榮奠定了基礎。

三、新九龍早期的歷史與開發

1. 新九龍的古代歷史

秦漢時期

關於新九龍在秦漢時期的早期開發，歷史文獻所知甚少，目前現有的歷史研究和考古發現提供了部分原始史料。

新九龍在秦朝（前 221– 前 206 年）屬於嶺南地區，秦統一六國後，將嶺南納入版圖，設南海郡，新九龍地區相信屬於南海郡轄下的番禺縣（今廣州一帶）。到了漢朝（前 206–220 年），漢室延續秦制，南海郡仍為嶺南核心行政區。漢武帝平定南越國（前 111 年）後，加強了對嶺南的控制，新九龍可能仍屬番禺縣或新設的博羅縣（今惠州一帶）。

從不少考古證據發現，新九龍在東漢時期應該已形成聚落，此時期的重要考古遺址——李鄭屋漢墓於 1955 年在屬於新九龍的深水埗區發現，這座東漢磚室墓的形制、墓磚銘文及隨葬品（陶器、銅鏡等）與中原漢墓一致，證明漢代已有中原人士或官員在此區活動，有可能是一個小型聚落或軍事據點。而在新九龍的西面如屯門、大嶼山等地也曾發現漢代文物，包括有零散的漢代陶片、銅錢等出土，反映沿海可能有貿易活動。

秦漢時期嶺南開發以軍事控制和交通線為先導。新九龍地處珠江口東岸，可能是南海郡治（番禺）通往沿海（如屯門、香港島）及更為東部地區（如粵東）的中轉站。因此新九龍在秦漢時期已有一定的開發程度，亦相信已成為通往廣東西部的軍事補給站與交通點。在此時期，從中原一帶移入的漢人移民富有與農業有關的技術，故此移民南遷將農耕技術帶來了嶺南地區，亦帶到了新九龍地區，但新九龍地形多山，大規模發展農業的條件有限，開發程度相信遠低於珠三角核心區（如番禺）或廣東西部地區。

根據文獻記載，正史中的史書如《史記》、《漢書》等典籍曾對嶺南邊陲有簡略的記載，雖然未直接提及九龍（新九龍），但《漢書．地理志》曾提到南海郡「有鹽官」，推測沿海地區（包括新九龍）可能參與鹽業生產。又如東晉時期的《新唐書》等後期文獻亦有提及屯門（當時屬於九龍）為海上交通要衝，或反映早期新九龍的貿易發展。

整體而言，秦漢對嶺南的開發以軍事征服（如秦戍五嶺、漢平南越）和郡縣設置為主。新九龍作為嶺南的邊緣地帶，開發程度較其他地區相對較低，但漢墓的存在表明其已被納入漢室帝國的地方行政與文化網絡。新九龍在秦漢時期屬南海郡邊緣地帶，因地理位置成為沿海交通的潛在節點，但開發規模有限。李鄭屋漢墓是中原文化南漸的直接證據，表明該地至少存在小型漢人聚落或駐軍。對新九龍更深入的開發需等到唐宋以後海上貿易興起的時代。[34]

唐宋時期

隋唐五代，廣州成為南方主要口岸，對外貿易的船舶多停靠屯門，朝廷設置屯門鎮，派兵二千駐守。唐肅宗至德二載（757 年），香港改隸廣州府東莞縣管轄，包括今天新九龍地區，而在大嶼山、赤鱲角、長洲、南丫島、屯門及港島的春磡角曾發現不少唐代灰窯遺址。[35] 相信在唐代時，從華南地區出發的商船非常可能已經開始經過新九龍地區，將其作為補給站或中轉站，再駛往東南亞，令此地的開發較以往更具規模，在文化方面更融入皇朝系統內。

宋代時，九龍城地區稱為官富場，位於今日東南、西北及西南沿岸，即尖沙咀與茶果嶺之間一帶，設立了一個名為「官富場」的官方鹽場，並派造鹽官且駐兵，當時該處屬於廣州府東莞縣管轄，是當時廣東地區十三鹽場之一，又是閩粵之間的交通要地。[36] 宋代由於海上絲綢之路的發達，九龍城一帶因其地利，與中國東南部沿海其他城市（如海上絲路的起點福建泉州）之間的交通往來頻繁，商業蓬勃發展，也吸引了其他地區的人前來定居。上述碑文中談到的林道義本身就是福建移居過來的。林氏祖籍福建，世代從事海上運輸。因此到了宋代，林氏舉家遷到九龍彭蒲園（在新九龍，但確實地點難考）。清初，林氏彭蒲園被毀，林氏復建莆（蒲）崗村，再分支竹園。

至於吳氏，其一世祖吳居厚為北宋嘉佑年間進士，其後人大部分散居於廣東各處，其中一位名叫吳從德，約於十四世紀初由東莞吳家涌遷至官富司衙前村。吳從德的三子吳成達是為衙前圍吳氏的始祖。十七世紀時，部分吳氏族人移居沙田小瀝源，至十八、十九世紀時，部分吳氏族人再遷居至九龍各處，更有後人定居南丫島。[37] 衙前圍村在 1957 年代成為在新九龍東部建立的鄉村聯盟「九龍十三鄉」的重要一員。[38]

此外最晚在宋朝時代，九龍十三鄉一帶已開始有村民聚居，屬於十三鄉的牛池灣村歷史悠久，該村均為客家人，姓氏包括劉、吳、李、朱、余等。[39]

明清時期

在明清時期（1368–1911 年），新九龍的社會與經濟發展逐漸成形，但仍屬邊緣地帶，主要受廣州府新安縣（1573 年新九龍從東莞縣分出）管轄。此時期新九龍的社會結構以宗族村落為主，經濟活動則以農業、漁業、鹽業及少量貿易為主。

社會結構及人口

新九龍地區的社會結構以單姓或複姓的宗族村落為主，主要氏族聚居於九龍半島的深水埗、九龍城等地。而在九龍寨城周邊地區，則以漁民與小商販組成的村落為主，這些地區較少有像新界北部或東北部的大宗族（如鄧氏、廖氏或彭氏），而以小宗族或流動人口居多。這些宗族通常以圍村形式聚居，具有強烈的血緣與地緣關係，並透過族田、祠堂、鄉約維持社會秩序。當中九龍城一帶的村落為了解決防備盜賊的問題，曾建立自己的聯盟，當中以「九龍七約」為最重要，涉及地區有：衙前圍、衙前塱、大磡、隔坑、石鼓壟、打鼓嶺、沙埔、馬頭圍及馬頭涌等。另外根據學者研究，1920 年代清拆的村落（如二王殿、馬頭角及靠背壟等）有否組織過聯盟則難以考究。[40]

由於新九龍地處偏遠，官府控制少，以地方自治為主。新九龍屬於明清時期的新安縣管轄範圍，但官府位於南頭城（今深圳），其對新九龍的控制力比較弱，新九龍的地方事務多由鄉紳、族長主導。新九龍（九龍）在明清時期設有巡檢司，如官富巡檢司，負責治安與稅收，但實際管理仍依賴宗族勢力。新九龍的社會階層以士紳與地主為骨幹，由少數擁有科舉功名的家族掌握土地資源，並與官府合作管理地方。其餘則為農民與佃戶，大多數人口以務農為生，部分租種士紳或地主的土地。而在沿海及來自珠江口一帶的漁民與蜑家（即水上人），他們社會地位較低，被陸上居民視為「賤民」。商賈與手工藝者如磨刀、織造或打石等人士，主要集中在九龍城、深水埗等有墟市或市集的地區，惟相對於新界北部的墟市（如圓朗墟、石湖墟或大埔墟等），這些墟市規模較小，沒有列入地方志中，故具體情況不詳。

經濟活動

十九世紀末，隨着香港島及英佔九龍的城市發展，該地區人口不斷增加，對農產品的需求與日俱增。因此新九龍地區的蔬菜種植、禽畜飼養及農產品加工開始供應香港島及九龍市區，如九龍城、深水埗等農戶更每天將新鮮蔬菜運到中英街邊界以南擺賣。[41] 而在其他地區亦有原居民利用土地從事農業活動，新九龍中部（如九龍城、牛池灣一帶）多菜田、稻田，亦曾供應農產品給香港島及九龍市區；新九龍西部的荔枝角曾種植荔枝，亦因此而命名，而大磡村（今鑽石山）則以種植花卉聞名。

新九龍早期的農業活動以種植水稻為主。中部平原如深水埗、鑽石山（元嶺）、牛池灣等地有較多平坦的土地可供種植水稻，但產量有限。而九龍山脈一帶的山區有種植番薯、甘蔗、茶葉等旱作物或經濟作物。牛池灣、鑽石山的山坡地帶亦有開設牧場，生產牛奶製品，其後發展為維記牛奶公司、源源牛奶等。部分村落飼養豬、雞等家禽家畜，往市集作食品出售或留作生活自用。

新九龍地區曾有不少旅遊勝地，吸引港九居民到訪，帶動地方經濟。如鑽石山高 181 公尺，昔日登高可以眺望機場及其附近景色，舊有一溪流曾改造成人工池供遊人游泳，在山腰則有人採石，繞山一周需一小時路程。[42]

由於新九龍東西部有海岸線，其漁業發達，沿海（九龍灣、鯉魚門）有來自珠江口的漁民以捕魚為生，並發展出「漁欄」（即魚獲交易市場）。他們俗稱作蜑家（水上人），以漁船為家，社會地位低，但對海上經濟有重要貢獻。新九龍是嶺南地區其中一個十分重要的鹽生產區，早於明代已由新安縣設立鹽場，名為「官富場」，位於今九龍灣一帶，因此該地名為「官塘」（今觀塘的舊稱），但清代因遷界令曾一度被荒廢。

新九龍的手工業與貿易有一定發展，在新九龍的北面沙田等地出產沉香，供應廣州市場。沿海的蠔礁提供了蠔殼原材料，因此居民建立窯，將蠔殼燒成石灰作出售用途，石灰可作為建築材料及肥料。在獅子山山坡上曾發現窯址，顯示本地燒窯或與外貿有關。而九龍城與深水埗曾成為小型墟市，人們在此交易農產品、漁獲，當中深水埔墟市在清拆發展前有商舖售買酒及米等雜貨。此地有古道連接九龍坳及沙田坳。明清時期，珠江口海盜猖獗（如張保仔曾在這一帶活躍）。新九龍東端的鯉魚門曾成為海盜活動的據點之一，鯉魚門天后廟相傳為張保仔收藏寶物的地點。而部分新九龍村落亦可能與海盜勾結或有相關聯繫，從事走私活動（如走私鹽、鴉片）。[43]

1910 年代，清拆前深水埔的商舖，見一間名為「合興隆酒米雜貨」

1910 年代，清拆前的深水埔墟市內景

交通運輸

新九龍的經濟與社會曾受省城廣州對外貿易的影響，部分當地的商品或出產（如鹽、魚獲、石材等）均經珠江口沿水路北上運往廣州，作銷售或建築材料。例如產自四山的花崗石運往廣州建成天主教堂，故此教堂又稱「石室」，皆因其用花崗石建造而得名。此地區出現不少與廣州貿易的路線，此地與廣州的水路交通也日益繁忙。到了明末清初，客家人從廣東東部遷入新界東部（如西貢），再移居九龍飛鵝山、蒲崗、深水埗及長沙灣一帶，建成客家村落，帶來新的客家農業技術。整體而言，在香港開埠前的新九龍變化不大，當十九世紀始末至二十世紀初英國人考察九龍半島時，仍描述其為「鄉村與漁村混合」的社會。[44]

約 1920 年馬頭涌附近的農田，背景可見宋皇台所在的聖山，遠景為飛鵝山及象山

1890 年代的荔枝角海旁，當時仍屬華界

1950 年代，鑽石山上下元嶺望獅子山，可見仍有不少農田

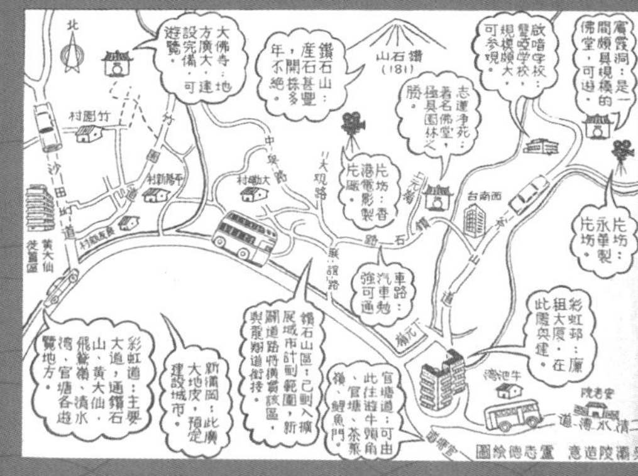

鑽石山遊覽示意圖 45

約 1910 年長沙灣一帶的農田，後方村屋可能是蘇屋

明清時期的新九龍社會以宗族村落為主，經濟以農業、漁業、鹽業、打石業為支柱，商業規模較小。由於地處邊陲，新安縣官府的控制較弱，地方自治色彩濃厚。這一時期新九龍的發展為十九世紀香港開埠後的社會變遷奠定了基礎。

3. 新九龍的早期村落與居民

新九龍早期村落的形成可追溯至宋元時期，並在明清時期進一步發展。這些村落多由南遷的漢人宗族建立，以農耕、漁鹽為生，形成獨特的聚落分佈與社會結構。

早期村落的分佈及人口

在九龍半島的九龍城及深水埗等地曾出現小型村落，人口較多。1900 年的《展拓新界界址報告》提到「九龍洞」（Kaulung Division）有 15 030 人，包括客家人及本地人，其中九龍（城）的人口已達 1 200 人。九龍寨城周邊由清代駐軍及家屬形成小型聚落，後發展成市集。深水埗早期為河岸漁村（深水埗原稱深水埔，「埗」即碼頭之意），當時人口達到 1 500 人，[46] 居民以捕魚及小商業為生。在東部的牛池灣（600 人）及牛頭角（200 人）有聚居客家人村落，客家人種植蔬菜供應九龍城的市集。這些村落因近海，經濟活動以漁業、鹽業、小商業為主。村里之間的社會結構較鬆散，宗族勢力不如新界北部強大。

在英國租借新界時，新九龍地區早期村落主要分佈在山邊、河谷和沿海地帶，居民的生活方式以農業、漁業和小型手工業為主。在今黃大仙區，早期有許多小村落，如竹園村（80 人）、蒲崗（80 人）、大磡村（50 人）等，這些村落多位於山邊或河谷地帶，便於耕作和取水。竹園村是其中一個較著名的村落，村民以種植蔬菜和飼養家禽為生。觀塘早期是一個漁村，有 60 人居住，而其沿海地區（如鯉魚門村）有許多漁民聚居，漁民以捕魚為生，並在岸邊曬製鹹魚，其內陸地區則有農民種植水稻和蔬菜。九龍城區早期有九龍寨城，周圍分佈着一些小村落，包括九龍塘（250 人）、衙前塱（120 人）、衙前（150 人）、打鼓嶺（150 人）、沙埔（300 人）及九龍仔（350 人），均為本地人村或客家人村，村民以農業和手工業為主。由於靠近海岸，部分居民也從事漁業。深水埗早期是一個農業區，村落多分佈在山邊和河谷地帶，如長沙灣（500 人）及九華徑村（300 人），村民以種植蔬菜和水果為生。其沿海地區也有漁民聚居，從事捕魚活動。

《展拓香港界址報告》中「九龍洞」的人口情況

KAU LUNG DIVISION.

Name of Village.	Population.	People.	Name of Village.	Population.	People.
Tái pó tsai .... 大埔仔	100	P.	Kau lung tsai...... 九龍仔	350	H.
Au t‘au .... 凹頭	60	H.	Sham shui p‘ó...... 深水莆	1,500	H.
Tseung kwan ó ... 將軍澳	150	P.	Pák shü long ...... 白樹朗	20	H.
Yau ü wán .... 魷魚灣	100	H.	Ch‘éung sha wán 長沙灣	500	H.
Pan long wán ...... 檳榔灣	150	H.	Kau p‘a kang...... 狗爬逕	300	H.
Hang hau .... 坑口	80	H.	Kw‘ai ch‘ung ...... 葵涌	400	H.
Mang kung uk ... 孟公屋	350	H.	Ts‘ün wán kái...... 全灣街	500	H.
Tái hang hau ...... 大坑口	120	H.	Sz tiu kok .... 四吊角	30	H.
Seung sz wán ...... 相思灣	120	P.	Muk min ha ...... 木棉下	400	H.
Ha yeung .... 下洋	200	H.	Ts‘ün wan wai ... 全灣圍	400	H.
Ú hop wán .... 芋合灣	60	H.	Wo li káp .... 禾鸝夾	80	H.
Fat t‘ong .... 佛堂	—	—	Tái wo .... 大窩	250	H.
Pó toi ó .... 布代澳	60	P.	Tái lám ch‘ung... 大欖涌	400	H.
Kun tong .... 官瑭	60	P.	Ch‘ün lung .... 川龍	200	H.
Kau lung .... 九龍	1,200	P.	Ün tun .... 圓墩	80	H.
Kau lung t‘ong...... 九龍塘	250	H.	Só kun fat .... 簕管笏	600	H.
Nga ts‘in long...... 衙前朗	120	P.	Sám tung muk ... 三東木	400	P.
Nga ts‘in .... 衙前	150	P.	Sam p‘i chan ...... 三皮鎮	400	P.
Ta ku ling............ 打鼓嶺	150	H.	Shek wai kok...... 石圍角	400	P.
Chuk ün............... 竹園	80	P.	Ha kw‘ai ch‘ung 下葵涌	400	P.
Pó kong............... 寶江	80	P.	T‘án ch‘ong......... 炭廠	400	P.
Tái om .... 大庵	50	P.	Kau wo kang...... 九禾逕	400	P.
Ün ling .... 圓嶺	200	P.	Lai chi kok......... 荔枝角	400	P.
Ngau shi wán ...... 牛屎灣	600	H.	Shing mun .... 城門	120	H.
Tsing lán shü ...... 井欄樹	450	H.	Lám fong t‘ó ...... 監房肚	140	P.
Ngau t‘au kok...... 牛頭角	200	H.			
Sha p‘ó .... 沙蒲	300	P.			
Ma t‘au .... 馬頭	220	P.	Total villages, 53......	14,730	

根據《新安縣志》及1866年由意大利傳教士和神父繪製的《新安縣全圖》記載，位新九龍的村落及墟市包括：九華徑、長沙灣、白樹望、清水甫、九龍塘、九龍仔、九龍城、衙前塱、打鼓嶺、竹園、衙前、沙莆、九龍街、圓嶺、寶崗、大庵、牛屎灣、牛頭角、官塘。

1970年代的竹園村一角

約 1910 年，從竹園附近遠望蒲崗（中央小山丘，大約在今天彩虹道遊樂場）及九龍城（右），圖中小徑向下可以通往沙田，今天已擴闊為沙田坳道

1866 年和神父繪製的《新安縣全圖》，可見今新九龍地區的村落，包括九龍城、九龍塘、九龍仔及衙前圍村

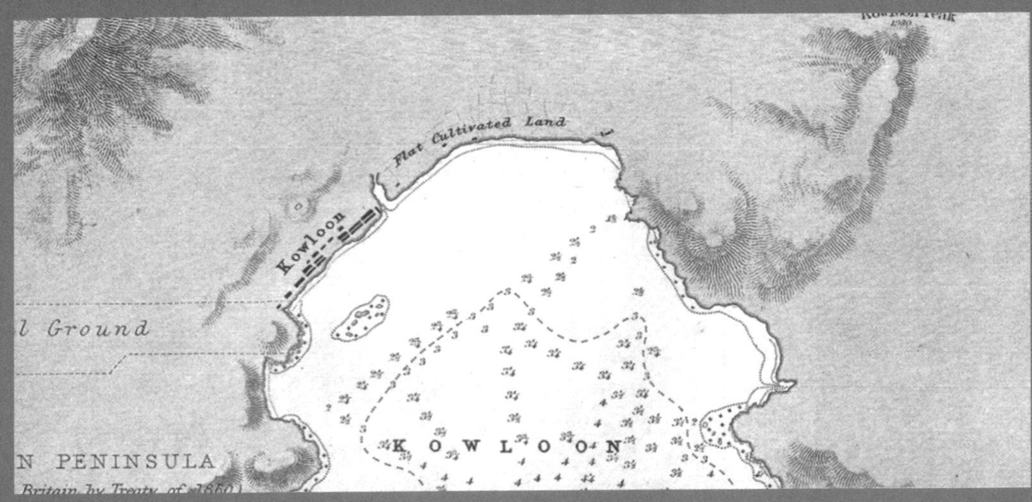

1864 年的九龍詳圖，九龍城一帶沿海均是平坦的耕地

昔日深水埗鴨寮村居民所住的高腳屋
（圖片由許日彤提供）

早期居民的生活方式

經濟活動

新九龍早期的經濟活動以農業為主，如北部及東部地區等，大部分村民種植水稻、蔬菜、水果、番薯、甘蔗等，農田多分佈在山谷和河谷地帶，部分客家村落開闢梯田。農業生產以家庭為單位，使用傳統農具及耕牛，如鋤頭、犁、水車等。在九龍半島沿海區域經濟活動則以漁業為主，聚居此地的居民多為蜑家人，他們以艇為家，捕魚為生，使用小型漁船和傳統漁具，如漁網和魚籠。漁民會將捕獲的魚曬製成鹹魚，供本地銷售或出口。漁民在岸邊搭建「棚屋」（即內地的干欄式建築），從事有關漁業買賣的活動，設立「漁欄」（廣府話，即魚市場），作為九龍的漁獲交易點。在九龍灣一帶則以曬鹽業為主，在明代官府於此地設「官富場」，後因清初遷界令而荒廢。部分村民還從事小型手工業，如編織竹器、製作陶器等，這些手工製品多用於日常生活或用作銷售。九龍寨城附近的手工業者還從事金屬加工和木工。部分村落生產陶器、磚瓦，如李鄭屋漢墓附近有發現窯址。九龍城、深水埗等市集有小販交易農產品、海鮮，部分漁商亦會開始經營食肆，烹煮海鮮供顧客享用。

社會組織

新九龍的早期社會組織以宗族為核心，村民之間關係密切，互相幫助。村內設有祠堂和廟宇，用於祭祀祖先和神明，節慶時會舉行傳統儀式和活動。村落事務由族長（即「阿公」）管理，祠堂通常是村落的權力中心。由族長管理的族田所帶來的收入，一般用於祭祀、教育，例如有村落自設書塾或書室供族中子弟讀書。由於新安縣的官府遠離「官富場」，因此村落的管理交由鄉約等自治組織負責，各村組成鄉約解決村內或村落之間的糾紛。由於官府的控制薄弱，地方秩序依賴宗族與鄉紳的管治，有需要時才交由地方官員審理。

居住與建築

新九龍的圍村由各氏族建立，如衙前圍（吳氏），有護城河與圍牆防禦。客家人則建造圍屋，如牛池灣、蒲崗村等，這些結合居住與防禦功能的房屋通常呈方形佈局。而漁民棚屋則集中在新九龍沿海低窪地區，蜑家人搭建高腳屋或船屋，本地稱之為「棚屋」，能適應潮汐變化，避免潮湧時海水浸沒房屋。這些棚屋主要分佈於新九龍東部如茶果嶺、油塘至鯉魚門一帶，至今在鯉魚門三家村仍存有這類棚屋。

新九龍地區亦建造不少莊嚴的宗教建築，如佛堂志蓮淨苑、安貧小姊妹會聖若瑟安老院、上元嶺聖心堂、黃大仙祠等。其中上元嶺鳳德道十九巷的聖心堂以花崗石砌建，相信石材取自附近的鑽石山石礦場，可惜由於1990年代政府需要興建大老山隧道以貫通新九龍與沙田，聖心堂被拆卸。原聖心堂其後與彩虹邨天主教中學的聖心堂合併。

信仰與節慶

新九龍居民的信仰以民間信仰為主，各村土地均供奉土地公、伯公、樹伯公、井神等；漁民信仰「天后」，並且建立廟宇以作祭祀。而其中較具代表性及具地方特色的有九龍城侯王廟、牛池灣的三山國王廟、深水埗的三太子廟及天后廟、衙前圍村天后廟及茶果嶺的天后廟，其神誕節慶活動流傳至今。廟宇除了有祭祀儀式外，亦是鄉民就糾紛提呈父老仲裁的地方，集聯誼、教化及宗教功能於一身。牛池灣的三山國王廟曾是九龍十三鄉的會址，而茶果嶺天后廟亦是「四山」公所的會址。

新九龍地方宗族的祭祀以春秋二祭為主，大部分家族的全族人員會在春分時分聚集於村內的祠堂拜祖，清明節及重陽節會到祖先墓地拜祭。家中亦會設

位於深水埗醫局街的天后廟

上元嶺鳳德道十九巷的聖心堂（已拆卸）是以花崗石砌建

屬於九龍十三鄉牛池灣村的土地伯公神壇（阮志攝）

牛池灣西村的萬佛堂（阮志攝）

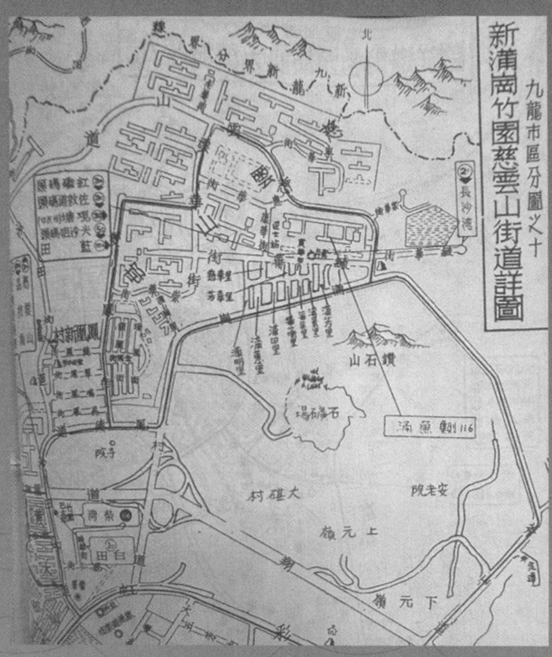

1978 年出版的香港街道圖：鑽石山以北標註「新九龍新界分界線」以資識別

約 1910 年九龍寨城外的鄉郊，位置約在今嘉林邊道近界限街交界，後方可見白鶴山的寨城外城牆

立祖先神位，奉祀本房祖先或家神，設土地五方財神於家門口。當中以衙前圍村吳氏、牛池灣余氏及茶果嶺的邱氏均會聚集在其祠堂拜祭祖先，而部分宗祠因為城市發展而需將原祠堂建築拆除，搬上大廈建立簡單的祖先神位供奉，如牛池灣的余氏祠堂搬進因為興建地下鐵路而建的三層高的住宅大廈。[47]

鑽石山曾是港九著名的遊覽勝地，被稱為「名山」，故適宜建立宗教場所。包括佛教、天主教、基督教及道教等信仰在內的宗教場所亦隨着移民及傳教士而進入新九龍地區，鑽石山至牛池灣一帶曾建造了不少佛堂，如牛池灣西村的萬佛堂、斧山的賓霞洞、上元嶺的前志蓮淨苑（已重建）、上元嶺的前聖心堂（後改稱「聖則濟利亞堂」，已拆卸）等。萬佛堂創辦於 1915 年，創辦人為西樵人氏黎玉清。擁有悠久歷史的萬佛堂為先天道派，全盛時期有弟子五六十人，每天於堂內焚香誦經，由於戰後人才飄零，現在長駐於道內的清修，除了負責人黎旺弟先生外，只有三兩位而已。[48] 當時的地圖在鑽石山以北均標註「新九龍新界分界線」以資識別。[49]

與內地及南洋的聯繫

早期的交通方式主要依靠步行，鄉間有小路連接，村民會使用牛車運送農產品到墟市發售，沿海村落則使用小船進行運輸。村民會將農產品和手工製品帶到附近的市集出售，換取生活必需品。

新九龍與廣州府的聯繫始於何時難以考證，惟根據李鄭屋漢墓的墓磚有「番禺」二字可見，該地應該在東漢時期已經開始與當時的廣州（古稱番禺）有一定聯繫。新九龍的農產品、漁獲亦多經水路運往廣州銷售。此外由廣州開出的往南洋的商船也可能經過新九龍，在附近避風港泊岸，補給或休息後繼續駛往南洋婆羅洲一帶。由於新九龍地處偏遠，遠離當時新安縣府衙，故明清時期活躍於中國東南方的海盜（如張保仔）亦曾在珠江口一帶活動或從東面進入鯉魚門，在九龍東南面的部分村落與其有合作或有抵抗。客家人、潮州人後期遷入，帶來新的耕作技術。

四、小結

新九龍的早期村落以宗族聚落為主，分佈於北部（農業地區）、東部（漁農混合地區）及九龍沿海（漁鹽業地區）。居民的生活方式受地理環境影響，形成農、漁、鹽並存的經濟模式，並以宗族為核心維持社會秩序。這些傳統村落的部分遺蹟（如圍村、祠堂）至今仍可見，現存的早期村落（包括牛池灣、茶果嶺、竹園及衙前圍村）成為香港歷史的重要見證。隨着香港的都市化發展，新九龍地區的村落逐漸被城市社區所取代，許多村民亦遷移到市區生活，傳統的生活方式也隨之改變。然而，這些早期村落的歷史和文化仍然對香港的發展有着深遠的影響。

註解

1 魯金，《九龍城寨史話》（香港：三聯書店，1988），頁 1。

2 〈勘建九龍城寨全案：二、覆核勘估工程情形禀（附再禀）〉，道光二十六年閏五月二十五日（1846 年 7 月 18 日）（鈔本，不著輯人），陳鏸勳著，莫世祥編，《香港雜記：外一種》（香港：三聯書店，2018）。

3 九龍山嶺（Kowloon Range）是指九龍山脈或九龍山，在官方文獻中常被用作新九龍與新界的分界線。參閱："Reports of the Medical Officer of Health, the Sanitary Surveyor, and the Colonial Veterinary Surgeon, for the Year 1904", in Hong Kong Sessional Papers 1905 (1905, No. 4), pp.25; "Report on the Census of the Colony for 1906", in Hong Kong Sessional Papers 1907 (1907, No. 16), pp.257. 九龍嶺的主要山峰包括鷹巢山、獅子山、雞胸山、慈雲山、大老山和飛鵝山。

4 "Sir Cecil Clementi explained that although the Hong Kong territories were divided into three parts, viz. the Colony of Hong Kong, old Kowloon and New Kowloon ...", in CO129-513-4 land leases in the

New Territories (8-11-1928–29-7-1929), pp.40.

5 香港特別行政區政府，《香港法例》第一章附表五（“Schedule 5 to the Interpretations and General Clauses Ordinance (Cap. 1)”, *Laws of Hong Kong*），電子版香港法例網站，<https://www.elegislation.gov.hk>，[取用日期：2025-05-04]。

6 有關香港土地行政制度中新九龍的定義，參閱：Roger Nissim, *Land Administration and Practice in Hong Kong (Fifth edition)* (Hong Kong: Hong Kong University Press, 2022), pp.17–26.

7 地政總署測繪處，〈香港地理資料〉(Hong Kong Geographic Data），地政總署測繪處網站，2025 年 5 月，<www.landsd.gov.hk> [取用日期：2025-05-04]。

8 盧祥等，《深圳舊志三種》（第 1 版）（深圳：海天出版社，2006），頁 698。

9 扎山道建於 1907 年，重修於 1932 年。由賈特步兵團（Ja's Regiment）修建。在扎山道與清水灣道交界處建有一石碑：「1907 JAT INCLINE」。賈特步兵團也被稱為皇家賈特步兵團，是印度陸軍的步兵團，也是服役時間最長、獲得勳章最多的步兵團之一。該團在 1839 年至 1947 年間贏得了 19 項戰鬥榮譽，印度獨立後又贏得了五項戰鬥榮譽。

10 獅子山郊野公園成立於 1977 年 6 月 24 日，是本港最早劃定的郊野公園之一，範圍包括北九龍與沙田之間的山嶺地帶，西端毗鄰金山郊野公園，以大埔公路作為分界線，總面積為 557 公頃。參閱：<https://www.afcd.gov.hk/>

11 觀塘區街坊福利會，《觀塘近貌》（香港：觀塘區街坊福利會，1966）。

12 Owen, Bernie, and Raynor Shaw, *Hong Kong Landscapes : Shaping the Barren Rock* (Hong Kong: Hong Kong University Press, 2007).

13 牛頭角以東的山丘，全山已發展為高檔住宅區。

14 葉碧青，《從深水步到深水埗》（第 4 版）（香港：深水埗區公民教育委員會，2006）。

15 劉潤和、九龍城區議會，《九龍城區風物志》（香港：九龍城區議會，2005）。

16 張瑞威等，《黃大仙區風物志》（香港：黃大仙區議會，2003）。

17 梁炳華，《觀塘風物志》（第 1 版）（香港：觀塘區議會，2008）。

18 Hong Kong Government, “Declaration of Districts Order (7 August 1987)”, Historical Laws of Hong Kong, <https://oelawhk.lib.hku.hk> [accessed 2025-5-14].

19 鄭寶鴻、佟寶銘，《九龍街道百年》（香港：三聯書店，2000），頁 70。

20 陳龍生，《香港地質瑰寶》，頁 2。

21 土木工程拓展處土力工程處，〈香港的地質歷史〉，土木工程拓展處網站，<hkss.cedd.gov.hk>，[取用日期：2025-05-04]。

22 梁炳華，《觀塘風物志》（香港：觀塘區議會，2008），頁 63。

23 土木工程拓展處土力工程處，〈香港的地質及地形〉，土木工程拓展處網站，<hkss.cedd.gov.hk> [取用日期：2025-05-04]。

24 盧祥等，《深圳舊志三種》（第 1 版）（深圳：海天出版社，2006），頁 701。

25 市區內的地下溪流仍有蹤跡，如有地名為「涌」、「坑」、「塘」等。參閱：「香港解構」，<cityunseen.hk> [取用日期：2025-05-04]。

26 鄭寶鴻、佟寶銘，《九龍街道百年》（香港：三聯書店，2000），頁 70。

27 最早及最大規模的填海計劃是於 1916 年進行的九龍灣填海。

28 盧祥等，《深圳舊志三種》（第 1 版）（深圳：海天出版社，2006），頁 687–688。

29 Ho Pui-yin, *Weathering the Storm : Hong Kong Observatory and Social Development* (Hong Kong: Hong Kong University Press, 2003), pp.65–105; 參閱：岑智明主講，東華三院文物館主辦、歷史博物館協辦，「風雲色變：香港歷史上的重大風災與善後」系列講座 —— 第一講「從甲戌到山竹：回顧香港歷史上的重大風災」，2024 年 7 月 13 日；鄧家宙、馬鈺詞，《甲戌風災一百五十年紀念史略》（香港：東華三院公共服務部，2024）。

30 載清，〈勘建九龍寨城全案：四、復建九龍寨山勢並繳清摺圖樣圖說稟（附二摺）〉（鈔本，不著輯人），陳鏸勳、莫世祥整理，《香港雜記：外一種》（香港：三聯書店，2018），頁 77–81。

31 鄭寶鴻、佟寶銘合編，〈深水埗區的開發〉，《九龍街道百年》（香港：三聯書店，2000），頁 70–77。

32 載清，〈勘建九龍寨城全案：三、列摺呈候察核未盡事宜稟〉（鈔本，不著輯人），陳鏸勳、莫世祥整理，《香港雜記：外一種》（香港：三聯書店，2018），頁 75。

33 *A Gazetteer of Place Names in Hong Kong, Kowloon, and the New Territories* (Hong Kong: Govt. Printer, 1960), pp.126.

34 香港考古學會，《香港考古發掘報告》；蕭國健，《香港古代史》（香港：中華書局，2022）；饒宗頤，《九龍與宋季史料》（香港：萬有圖書公司，1959）。

35 阮志，《禁區：夾縫中的沙頭角》（香港：三聯書店，2021），頁 44。

36 馮錦榮、劉潤和、陳志明、高添強、周家健，〈啟德明渠歷史研究報告〉（2018 年 7 月，內部報告）。

37 同上。

38 張瑞威，《活着的祖宗：九龍中部的舊村、祖堂和祖墳》（香港：中華書局，2024），頁 152–158；張瑞威等，《黃大仙區風物志》（香港：黃大仙區議會，2003）；東九龍居民聯會，〈十三鄉的由來〉，東九龍居民聯會網頁，<astkowloon.klnfas.hk>，[取用日期：2025-05-04]。

39 張瑞威，《活着的祖宗：九龍中部的舊村、祖堂和祖墳》（香港：中華書局，2024），頁 152–158；《九龍十三鄉委員會銀禧紀念特刊 1957–1982》（香港：九龍十三鄉委員會，1982）；《牛池灣鄉余志偉訪談錄》（2025 年 3 月）。

40 高添強，〈二十世紀前九龍城地區史略〉，趙雨樂、鍾寶賢合編，《香港地區史研究之一：九龍城》（香港：三聯書店，2001），頁 45–94。

41 饒玖才，《十九及二十世紀的香港漁農業傳承與轉變（下冊農業）》（香港：郊野公園之友會，2017），頁 24。

42 吳灞陵，《九龍風光》（香港：華僑日報，1961），頁 16。

43 “Confidential Despatch from Claud Steven to Walter Long”, 16 Dec. 1918, CO129/450, pp. 381A-38ID; 蕭國健，《香港前代社會》（香港：中華書局，1990）。

44 James Hayes, “Ngau Tau Kok Village: A Newer, Specialist Settlement of Hakkas”, *Hong Kong Region, 1850-1911: Institutions and Leadership in Town and Countryside* (Hong Kong: Hong Kong University Press, 2012), pp.151-162; David Faure, *The Structure of Chinese Rural Society: Lineage and Village in the Eastern New Territories, Hong Kong* (Hong Kong: Oxford University Press, 1986).

45 圖片來源：同上。

46 Secretary of State to Governor, Laid Before the Legislative Council by Command of His Excellency the Governor, “Papers relating to the Extension of the Colony of Hong Kong”, Hong Kong Government Reports Online, 6 Jan. 1899, < https://sunzi.lib.hku.hk/>, [Accessed 2025-05-04].

47 余志偉鄉長訪談錄，訪問人：阮志、曾家明，訪談地點：牛池灣鄉公所，訪談日期：2025 年 3 月 29 日。

48 福山堂，〈香港廟宇寺院網站：萬佛堂〉，無日期，<http://www.fushantang.com/> [取用日期：2025-05-17]。

49 香港通，《香港，九龍，新界街道指南》（香港：香港旅遊社，1978），頁 94。

第二章

新九龍的近代歷史與界線變遷

阮志

回顧香港二十世紀歷史，「新九龍」的影響不能忽視。全港十八區之中有四個區域——九龍城區、黃大仙區、觀塘區及深水埗區屬於新九龍，當中有不少舊村落均處在界限街（即新九龍的邊界）之北，這些村落隨着新九龍的發展漸漸擴展，但在六七十年代被納入九龍市區範圍後，又逐漸縮小甚至消失。

本章將探討及回顧界限街的劃分對九龍區發展的影響、新九龍範圍的變化及其意義。

一、英佔九龍初期至十九世紀末：新九龍的歷變

1. 鴉片戰爭、香港開埠與九龍的戰略地位

鴉片戰爭（1839–1842）是香港歷史的轉捩點，滿清政府與英國在戰後簽訂的不平等條約——《南京條約》（1842）將香港島割讓予英國。而新九龍地區雖未被直接割讓，但戰爭及後續發展仍對其產生了深遠影響。

> 英國佔領香港島後，九龍半島因靠近維多利亞港成為軍事防禦的前沿地帶。
>
> 滿清政府基於九龍半島的地位岌岌可危，於是在清道光二十三年（1843）將原本管轄官富場的「官富巡檢司」[1]改為「九龍巡檢司」（簡稱九龍司），巡檢駐地遷回官富九龍寨。[2]

清道光二十一年（1841），兩廣總督林則徐建議於九龍半島的南海濱海處建築尖沙咀炮台及官涌炮台，以增強防務。鴉片戰爭期間，英軍曾佔據這兩個炮台。在鴉片戰爭後，英軍撤走，兩個炮台因廢棄而被拆卸。[3] 戰後鴉片貿易在港島合法化，但因九龍還未被英國佔領，故九龍曾成為鴉片走私的中轉地，部分居民參與鴉片分銷或相關行業，使鴉片問題進一步惡化。戰爭及太平天國運動（1850–1864）導致華南地區進一步變得動盪，大量難民湧入相對穩定的九龍半島，令該區人口增加，村落擴張。九龍區漸漸成為華人勞工的聚居地，為英佔港島區的城市發展提供勞動力，其中不乏打石及建造業工人。九龍半島社會新移入的華人數量逐漸增加，與原居村落組成當地的人口結構。再者英人於 1844 年在對岸尖沙咀建屋，九龍的開發發端於尖沙咀，而漸向北伸展。因此有鑒於英人的威脅，清廷於 1847 年（道光二十七年）修築九龍寨城，以增加防衛。[4]

鴉片戰爭雖然未直接導致新九龍的割讓，但間接改變了其政治、經濟和社會結構。英國勢力的擴張使新九龍從清朝邊緣地帶轉變為戰略要衝，人口流動、經濟轉型和法律影響為其十九世紀末正式納入英屬香港及後續發展奠定了基礎。

2. 割佔九龍：清朝與英佔的界限線

有關香港九龍的割佔並未包括整個九龍半島，以當時英國軍力，應該足以將整個九龍半島包括在割佔範圍內，但最終只佔領半島南端的一小部分領土，究竟原因何在，又為何會以九龍中部的一條界線為分界線呢？

英佔九龍：以界限街為界

> 我認為佔領九龍半島乃是必要的。一以防止它落入另一外國政府之手，二則它對日益長成的香港社會可供安全的保證和必須的供應。還有一個必須佔領九龍半島的理由是：在颶風季節，它是我們船隻安全所必不可少的唯一避風港。這個極其重要的佔領，我們一刻也不可忽略。[5]

早在 1847 年，英國派來的海軍艦隊司令西摩爾（Sir Michael Seymour, 1802–1887）就已經提出了以上的觀點。因此在第二次鴉片戰爭爆發後，英軍就採納了西摩爾的這個提議，派兵在九龍尖沙咀登陸。事實上港島被割讓以後，中英的衝突更為激烈，而英國人認為欲保障維多利亞港及港島的安全，侵佔九龍半島岬角（即尖沙咀）為上策。1856 年，兩廣地區先後發生「亞羅號事件」[6]及「馬賴神父教案」[7]，英法兩國藉此發動「英法聯軍之役」（第二次鴉片戰爭）。戰事持續擴大，聯軍轉攻大沽口、塘沽及天津，咸豐皇帝倉皇避走。英國認為這時機造就了侵佔九龍的機會。於是於 1860 年 3 月 18 日，在英陸軍司令克靈頓（Sir James Hope Grant, 1808–1875）中將的指揮下，第四十四團特遣隊強行侵佔了九龍半島岬角——尖沙咀一帶，其後大批英軍駐紮在九龍半島，在港海內亦有眾多的英法軍艦。[8] 3 月 21 日，在英法聯軍控制下的廣州，英國駐廣州領事巴夏禮（Sir Harry Smith Parkes，1828–1885）和兩廣總督勞崇光（1802–1867）簽訂了《勞崇光與巴夏禮協定》，英方強行「租借」九龍半島南端。[9]

1860 年 10 月 13 日，英法聯軍佔領了安定門。他們在城牆上安置大炮，炮口直指紫禁城。10 月 18 日及 10 月 19 日，他們又縱火焚燒了舉世聞名的北京圓明園。

> 在英法兩國軍事和外交的雙重壓力之下，清朝全權代表恭親王奕訢完全接受了侵略者提出的條件。英國全權代表額爾金（Earl of Elgin, 1811–1863）認為割佔九龍的時機成熟了。簽約前夕，英方突然要脅清政府，提出在《北京條約》中增加三條，其中第一條便是「廣東九龍司地方並歸英屬香港界內」。[10] 10 月 24 日，中英簽署《北京條約》，其中第六款規定：
>
> 九龍半島在所劃界線（該界線從鄰近九龍炮臺南部之一點起，至昂船洲最北端止）以南的所有地方，包括昂船洲在內，租借給代表英國政府的正使巴夏禮，使英國政府能夠完全控制該地……[11]

根據條約，英方以昂船洲最北點為起點，以測量方法向東伸延至東岸海邊為界，即現今之界限街（Boundary Street），此界以南地段之主權全部割予英國。九龍半島北部（即後來命名的新九龍地區）雖仍屬清朝的管轄範圍，但轉變成為中英兩國的緩衝地帶（Neutral Ground）。清朝與港英政府協定的九龍半島割讓的界限成為實際分界線，此一界線，即所謂英佔領地的邊界，實際影響了其後對九龍半島的行政劃分。《北京條約》第六款訂明：

> 前據本年二月二十八日[12]，大清兩廣總督勞崇光將粵東九龍司地方一

1860 年《北京條約》所粘附的地圖，可見在九龍半島上的建議界線（Proposed Boundary），北面註：「此一帶皆係高山」，南面註：「此一帶皆係山岡不毛之地」

約 1890 年代，義勇軍在昂船洲紮營（圖片由歷史檔案館提供）

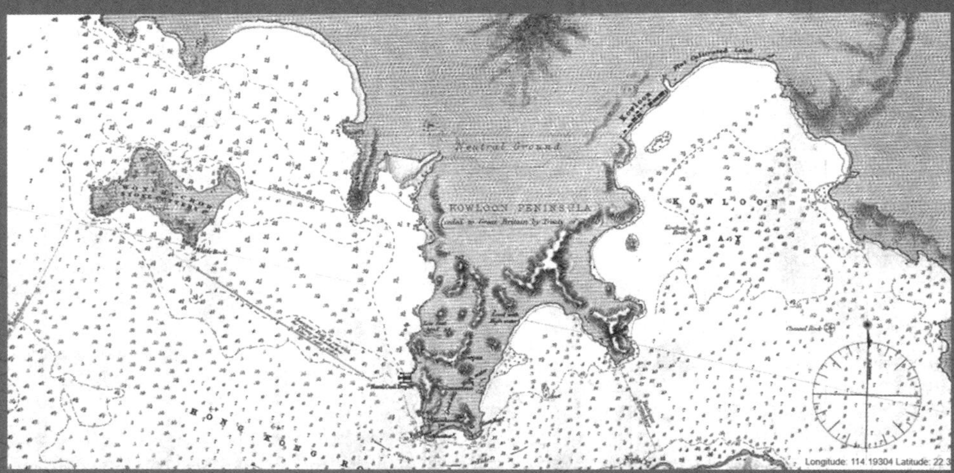

1864 年（簽訂《北京條約》後四年）由英海軍出版的地圖，可見九龍半島被列為英國割佔地，界限以北被列為「中立地帶」（Neutral Ground），此地帶的東北面已是九龍城

區，交與大英駐紮粵省暫充總局，正使功賜三等寶星巴夏禮代國立批永租在案，茲大清大皇帝定即將該地界付與大英大君主，並曆後嗣，並歸英屬香港界內，以期該港埠面管轄所及，庶保無事。

其批作為廢紙外，其有該地華民自稱業户，應由彼此兩國各派委員會勘查明，果為該户本業，嗣後倘過勢必令遷別地，大英國無不公當賠補。[13]

英方於 1861 年 1 月 19 日在九龍舉行一項儀式，正式從中國官員手裏接收九龍半島，依利近伯爵曾發出佈告稱：九龍半島及昂船洲整個島嶼已經由清朝政府永遠租借（即割讓）予英國統治，已劃分清楚並豎立界石。之後在英國界址內地方（即界限街以南）清朝官員不得行使職權，而改由英國政府行使管轄權，另行設官駐守及執行統治，並遵照英國樞密院制定之法規辦理案件。在九龍半島及昂船洲內的居民可以各安本業而不用驚擾；安分良民則可以受英國保護，但如有作奸犯科者亦必受英國法律懲治。[14]

中英簽訂《北京條約》後，界限街成為九龍半島南北的分界線，以南歸英國，以北仍屬清朝。英國政府於 1861 年正式接收九龍半島界限街以南地區，面積為 1.774 英畝（即大約 7.18 平方公里），再加上一同割讓的、面積 0.75 平方公里的昂船洲（Stonecutters Island），合計面積略少於八平方公里。[15] 這條分界線從九龍半島西面的深水埗村一直延伸至東面的九龍城，這一邊界劃分並非隨意決定，而是根據英國殖民者的現實政治需要而定。根據學者研究，時任港督羅便臣在派人接管九龍時，遭到英國海陸軍司令的拒絕，最終港督羅便臣妥協，讓海陸軍先選用所需的土地：首先是海軍基於軍事防禦需求，選擇的是尖沙咀一帶的整個海旁；而陸軍則選擇海軍挑選以外的其他沿海土地，直至界限街為止；在海陸軍瓜分了九龍半島的尖端部分後，剩下的只有昂船洲的一片土地予時任港督羅便臣。[16] 因此條約所列明的界線，可算是英方計劃佔據或已經實際佔據情況的反映。再者，英國佔領香港島後發現維多利亞港北岸（九龍半島）地勢較高，香港島容易被清軍炮火威脅。為確保香港島的安全，英國需要控制九龍半島南部的制高點。界限街以南的地勢相對平坦，便於英軍佈防，而以北的獅子山等山地則構成天然屏障，英國亦無需進一步北擴。因此英國最初只想要控制維多利亞港兩岸（香港島與九龍南端），以保障港口安全，而非想要深入內陸，界限街以南已足夠滿足這一需求。

綜觀而言，界限街作為九龍割讓的邊界，是軍事防禦、地理條件及英國戰略考量共同作用的結果。這條界線既滿足了英國對港口安全的需求，又避免了過早的領土糾紛，為 1898 年英國進一步「租借新界」埋下伏筆。

英佔界址的邊界線（Boundary Line of British Territory）

當 1860 年中英簽訂《北京條約》時，界限街並未成為一條街道，只是一條從深水埗至九龍灣、劃分英屬香港與清朝管轄範圍的界線，這條邊界一直被稱為「英屬九龍的邊界」，直至二十世紀初被正式命名為止。然而根據殖民地部檔案，當時政府以「界石」（Boundary Stones）識別尖沙咀軍部（War Department）的範圍，地圖有顯示尖沙咀村（Tsim Sha Choy），軍部所佔有地方為九龍半島的西南角（South West Point of Kowloon Peninsula）。[17] 當時亦相信是由軍部沿着界線豎立界石，以標記這條英屬九龍的邊界。從一幅繪於 1863 年的地圖可見，從九龍塘至衙前塱至少分佈着六塊界石，其中在衙前塱附近的四塊界石明顯地較為集中，反映該地區的界線標示相對較重要，可能與該地區較接近九龍寨城有關。

1880 年，邊界線上的一些鄉村如東端的馬頭圍、馬頭涌有耕地被一分為二，而在西端的深水埗村（或深水埗）更被分成屬華界及屬英界的兩部分，該村南邊的一小部分被劃入英界。深水埗因大部分地區位於英屬九龍的邊界之外，曾為罪犯逃避英國法律管治提供了方便之門，一度成為走私者、罪犯與賭徒的避難所。[18] 為了避免受到華界深水埗的影響，1892 年政府《轅門報》公佈將深水埗南部的英界部分正式改名為「福全鄉」，連同沿海的大角咀及芒角村納入九龍西部範圍。至二十世紀初，北面的深水埗村已發展為棋盤式的街道格局，已有南昌街、海壇街、醫局街、荔枝角道、大南街、基隆街及元洲街。

英方在割佔九龍初期以界石為標記，其後為了防止居民在邊界進行走私活動，在邊界加設簡單的柵欄，約於 1895 年前後又在邊界加設較具防衛性、高約二至三米高的柵欄，並設有哨站，檢查走私活動。在哨站人員允許下，過境人員可以通過柵欄的閘口進出邊界。根據一幅拍攝於 1895 年至 1900 年之間的接近九龍城一段（約在交杯石與衙前塱一帶）的邊界照片，可見豎立於邊界的柵欄在陸上伸展，跨過山丘一直延伸出海，直指九龍灣，相信柵欄伸出海域亦有助於防止從海路偷運華界貨物到英界。在新界被租借之前兩年（即 1896 年），英佔九龍半島已經開發了不少地方，主要集中在九龍半島南端至西岸一帶，包括尖沙咀軍營及由半島尖端向北面伸展的道路設施。而半島中部仍是山

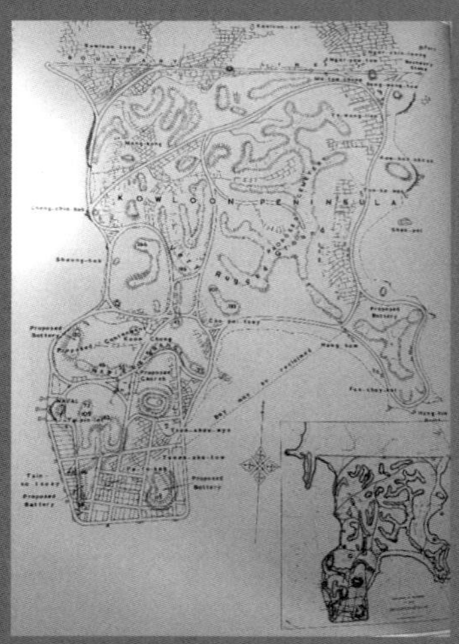

1863 年由測量總局（Surveyor General Office）繪劃的九龍詳圖，可見邊界線上設立了「界石」（Boundary Stone）

1880 年香港殖民區：英屬九龍（Colony of Hong Kong-Dependency of British Kowloong）地圖，可見英佔九龍邊界線上的耕地及鄉村分佈

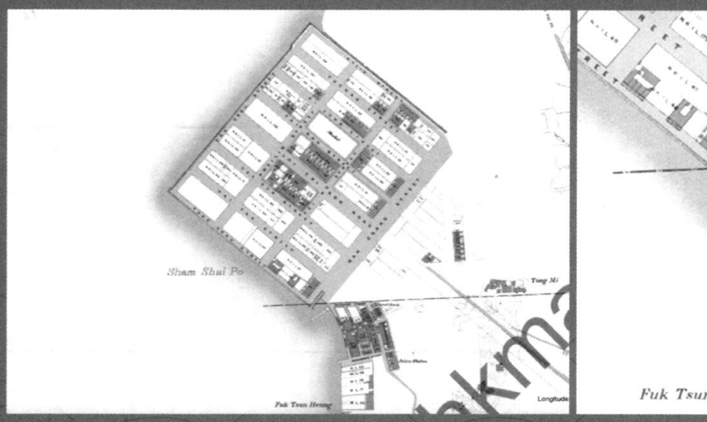

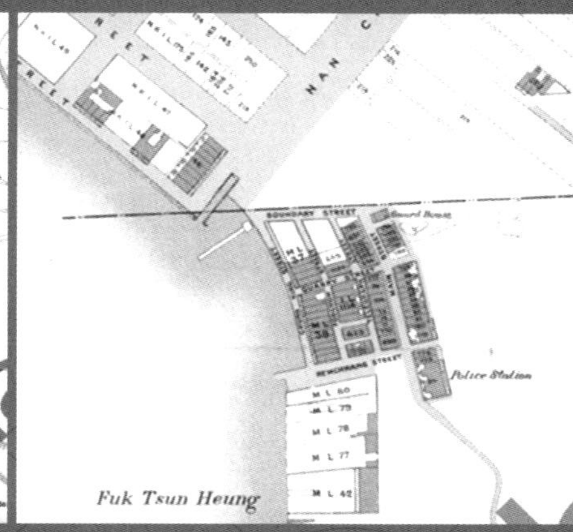

二十世紀初年香港殖民政府發展深水埗，原深水埗村（左圖）已發展為棋盤式的街道格局；英佔九龍部分被命名為「福全鄉」（右圖）

1891 年英國人捕捉一批海盜，基於英國法律，英方將中國海盜交給九龍寨城人員用中國人方式處理。在清兵後面可見伸延出淺灘的代表中（清）英邊界的柵欄 [19]

1895 年的中英邊界，柵欄的左邊為英界，右邊為華界，聖山位於英界內（即照片最左側），可見山上宋王台石，以紀念南宋時避難此地的宋帝

英人的哨站，位於九龍半島中（清）英邊界（今界限街）（攝於 1898 年）

嶺，少有民居。

一直以來都是以「英屬九龍的邊界」分隔英屬九龍及清朝新安縣九龍司的範圍，邊境有哨站以檢查進出邊境的人員。1898 年英方通過《展拓香港界址專條》租借新界，尖沙咀一帶成為「舊九龍」，而北九龍地段則屬於「新九龍」的範圍，這使行政劃分更清晰。

英國租借新界及九龍關的設置

十九世紀末，列強在中國劃分勢力範圍，掀起瓜分中國領土的狂潮。英國則利用這一時機，通過 1898 年與清政府簽訂的《展拓香港界址專條》和次年進行的定界談判，強行租借了界限街以北、深圳河以南的大片中國領土，及其附近兩百多個島嶼，即所謂「新界」。根據 1898 年中英簽訂的《展拓香港界址專條》，九龍界限街以北、深圳河以南土地，由清廷租予英國，租期為 99 年。

英國租借新界後設立了九龍關，這個海關是在香港各地設立，統稱為九龍關，名稱由來要追溯到清康熙二十四年（1685）開放海禁時設置的粵海關。同治七年（1868），其時英國已擁有九龍界限街以南的土地，清政府在九龍邊界的東西兩面及澳門進口設立六個釐卡，由廣東省釐金局管轄，負責徵收鴉片釐金及查緝走私，民船上每箱僅徵收釐金 16 兩，做法頗有成效。於是同治十年（1871）六月清政府在香港周圍建立了四個關廠，即汲水門（又名急水門）、九龍城、長洲和佛頭洲。

光緒十二年（1886），中英雙方簽訂《管理香港洋藥事宜章程》，對洋藥（即鴉片）作出限制，為了收取鴉片稅，中英雙方決定以地名「九龍」為名，設立中國稅關，英國政府正式認可了中國九龍稅務司的合法地位。這反映出清朝的積弱，因為設立九龍關本來就是清政府的主權範圍，而當時卻需要得到英國政府的認可。光緒十三年（1887）農曆三月九日，九龍關正式成立，關署駐香港島維多利亞城皇后大道中 16 號至 18 號銀行大廈二樓，由受清朝政府聘請的英人赫德（Robert Hart, 1835-1911）任總稅務司，所以九龍關又有「洋關」之稱。九龍關包括了急水門、九龍城、長洲、佛頭洲和深水埗五個關廠，共有員工 373 人，其中外籍員工 23 人，其餘全為華人，由英人控制中國海關是一個非常諷刺的決定。[20] 因此在這些緝私關廠的守衛多是華人，但實質控制及管理緝私隊的則是英人。

九龍半島中英邊界（今界限街）附近的哨站緝私員及守衛（攝於 1898 年）

光緒二十四年（1898）農曆四月二十一日，李鴻章與英國駐華公使竇納樂（Claude Maxwell MacDonald, 1852–1915）在北京簽訂《展拓香港界址專條》，租借九龍半島界限街以北、深圳河以南地區，租期 99 年，中英界址內遷。九龍關屬下的關廠於 1899 年後移至大鏟、伶仃、三門、沙頭角和東澳，稱為「九龍新關」。翌年又建立鹽田、沙頭角、下沙等 13 處緝私關廠，九龍新關逐漸龐大起來，劃出一條不可逾越的領土界線。隨着香港的邊界由界限街遷到深圳河，原有的急水門、九龍城、長洲、佛頭洲和深水埗五個關廠失去實際作用，取而代之的是「九龍新關」，因此今天在急水門及荔枝角的關廠遺址，成為這條不平等條約的歷史見證。[21]

劃定新九龍界線（Boundary of New Kowloon）

英人訂於 1899 年 4 月接收新界，但受到新界原居民強烈反抗，發生多場戰事。時任港督卜力向兩廣總督譚鍾麟（1822–1905）抗議，要求他維持地方治安。譚鍾麟於是派了九百名官兵駐於新界，其中有三百名是用於保護九龍關稅廠。雖然譚鍾麟堅持派兵到新界及保護關廠，但英方還是藉詞出兵，於 5 月下令佔據九龍城寨，並驅逐清朝人員離城。雖然中英簽訂的《展拓香港界址專條》仍然保留九龍城為清朝管轄區，但英國樞密院其後頒佈條例宣佈九龍城屬於香港殖民範圍。譚鍾麟以病告歸，其後由新任的兩廣總督李鴻章接手處理，李鴻章於 1900 年 1 月到港督府會見卜力，惟最終大勢已去，加上 1900 年爆發了義和團事件及列強成立了八國聯軍，清朝再無暇處理城寨的主權問題。

與 1860 年割佔九龍時相若，當 1898 年英國租借新界後不久，即丈量地段並於各地豎立各種界石。由於英軍當時使用九龍山脊作防禦用途，此年亦有一大地段被劃入軍部地界之內，所以多地立有軍部界石。軍部界石均以「W.D.」字樣（即 War Department 的簡寫）以及俗稱「雞爪」的箭嘴圖案以資識別。[22] 這些軍部界石在一定程度上影響了日後港府對新九龍範圍的劃定，在訂定北部邊界時，當局也主要以九龍山脈的山脊線為參照，反映了其面對政治局勢不穩定時的防禦需要。

港英政府在此時趁着內地局勢不明，藉機再擴大對九龍的控制，將原先屬於租借地的九龍界限街以北土地劃入市區範圍作直接管治。1900 年 11 月 3 日，港英政府通過《香港法例》第 8 號：「條例旨在將本殖民地目前在新界尚未生效的法律的實施範圍擴大至新界的某一部分。」這條例亦稱為 1900 年《新界（法律延伸）條例》（*New Territories (Extension of Law) Ordinance*），條例還規定：

> 新界是指根據 1898 年 6 月 9 日維多利亞女王與中國皇帝陛下為擴大本殖民地範圍而簽訂的條約，本殖民地所獲得的額外領土，包括九龍城。
>
> 「新九龍」指由工務局局長簽署、總督副署並存放於本殖民地土地處的標有「新九龍」的圖則所劃定和顯示的新界部分。
>
> 凡現時在本殖民地施行但不適用於新界的一切法律及條例，以及根據

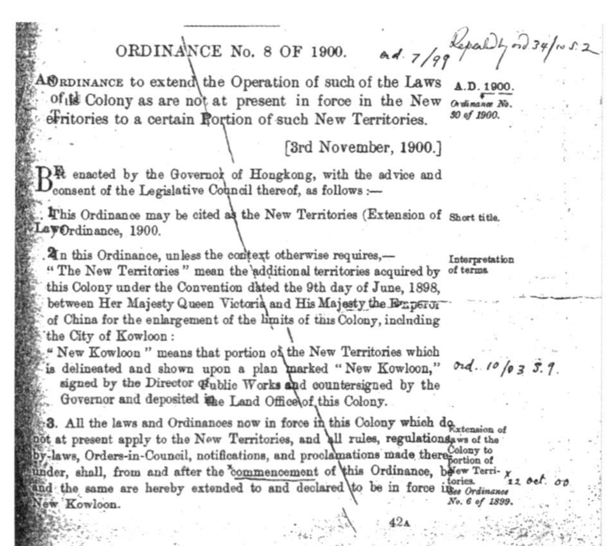

ORDINANCE No. 8 OF 1900. ord. 7/99 Repealed by ord 34/10 S.2

A.D. 1900. Ordinance No. 30 of 1900.

AN ORDINANCE to extend the Operation of such of the Laws of this Colony as are not at present in force in the New Territories to a certain Portion of such New Territories.

[3rd November, 1900.]

BE it enacted by the Governor of Hongkong, with the advice and consent of the Legislative Council thereof, as follows:—

Short title.

1. This Ordinance may be cited as the New Territories (Extension of Law) Ordinance, 1900.

Interpretation of terms.

2. In this Ordinance, unless the context otherwise requires,—

"The New Territories" mean the additional territories acquired by this Colony under the Convention dated the 9th day of June, 1898, between Her Majesty Queen Victoria and His Majesty the Emperor of China for the enlargement of the limits of this Colony, including the City of Kowloon:

"New Kowloon" means that portion of the New Territories which is delineated and shown upon a plan marked "New Kowloon," signed by the Director of Public Works and countersigned by the Governor and deposited in the Land Office of this Colony. Ord. 10/03 S.7.

Extension of laws of the Colony to portion of New Territories. See Ordinance No. 6 of 1899.

3. All the laws and Ordinances now in force in this Colony which do not at present apply to the New Territories, and all rules, regulations, by-laws, Orders-in-Council, notifications, and proclamations made thereunder, shall, from and after the commencement of this Ordinance, be and the same are hereby extended to and declared to be in force in New Kowloon. 22 Oct. 00

42A

《新界（法律延伸）條例》（1900 年第 8 號法例）

九龍界限街以北全景（攝於 1898 年）

該等法律及條例所制定的一切規則、規例、附例、樞密令、通告及佈告，自本條例生效日期起，均予擴展適用，並特此宣佈於新九龍施行。

新九龍的概念由 1898 年英國租借新界（包括界限街以北至深圳河的地區）開始，界限街至獅子山、九龍群山以南的地帶（即今九龍塘、深水埗北、黃大仙、觀塘等地）被劃定為「New Kowloon」（新九龍），從行政區域的角度來看，雖然新九龍歸屬新界，但實際管理接近市區模式。

整體而言，十九世紀的新九龍從農業社會迅速轉型為城市化區域，交通、經濟、社會結構和行政體系都發生了深刻變化，為二十世紀的進一步發展奠定了基礎。鴉片戰爭後英屬香港領地的擴張並未停止，在 1860 年侵佔九龍半島南端以及在 1898 年強租新界（包括新九龍），使新九龍正式成為英屬香港的一部分。兩次戰爭後新九龍逐漸向貿易地和勞動力供應地轉型，為二十世紀的全面城市化埋下伏線。

二、二十世紀初至二戰前：邊緣地帶的初步開發

新九龍在二十世紀初的管理已經開始與英屬九龍或舊九龍看齊。在港府的《一九零九年行政報告》中可見當時估算九龍人口達到 74 600 人，而新界為 85 011 人，但報告內沒有單獨列出新九龍的人口數字，而是將其納入了九龍的部分，卻不是納入新界部分來計算，故九龍的 74 600 人已包括新九龍的人口。在差餉估值方面，新九龍已是一個獨立地區，1901 年新九龍的差餉估值為 $103,858，而 1911 年估值更增至 $109,603，在一年間增幅達到 5.5%（$5,745），與其他區域比較增幅可觀。[23] 另外新九龍自 1908 年 10 月亦開始徵收土地交易登記費，反映 1900 年代新九龍在規劃、管理及土地交易等方面已經跟從英佔九龍部分的制度，漸漸屬於市區的一部分。[24]

1920 年代，港府在評估軍事方面的開支時，亦劃定了新九龍是由荔枝角至鯉魚門海峽之間的區域，如在 1929 年 3 月 13 日總督金文泰向殖民地部發出的電報中，指出英國在軍事方面的財政支援應涵蓋整個香港島、整個九龍，以及荔枝角與鯉魚門之間的新界部分，該部分「從九龍山脈向南流淌，稱為新九龍」。[25]

在衞生方面，新九龍從二十世紀初亦已開始獨立於新界來管理，衞生局的管轄範圍包括新九龍，而不包括新界的其餘部分。[26] 在有關衞生的報告中，關於香港島、九龍及新界有如此描述：

> 衛生局的管轄範圍包括面積為 29 平方英里的香港島，以及從海岸到九龍山範圍之間的大陸領土，東起將軍澳將軍澳村，西至滘壩下村，臨海約 13 英里，面積約 16 平方英里。舊九龍面積約 24 平方英里，自 1861 年起一直為英國佔領。但新九龍則於 1898 年租給英國政府，屬於稱為新界區的一部分。新界其餘地區不屬衛生委員會管轄[27]

(a.) POPULATION.

The population of the Colony according to the Census taken in 1901 was 283,975 while at the Census taken in 1906 it was 301,967 exclusive of the New Territories, New Kowloon and the Army and Navy Establishments. The estimated population at the middle of the year under review was 428,888 as follows :—

Non-Chinese Civil Community, - - - - -			14,000
Chinese Population,	Hongkong, - -	199,550	
	Kowloon, - -	74,600	
	Floating Population,	46,240	
	Mercantile Marine, -	2,770	
			323,160
Army, (average strength), - - - -		4,500	
Navy, (average strength), - - - -		2,217	
			6,717
New Territories, (exclusive of Kowloon), -			85,011
	Total, - - -		428,888

二十世紀初新九龍已被列入政府的報告內

JOINT REPORT OF THE PRINCIPAL CIVIL MEDICAL OFFICER AND THE MEDICAL OFFICER OF HEALTH, FOR THE YEAR 1909.

AREA.

The Sanitary Board's jurisdiction extends to the Island of Hongkong, which has an area of 29 square miles, and to that portion of territory on the mainland between the shore and the first range of the Kowloon Hills extending from the village of Tseung Kwan O in Junk Bay, on the East, to the village of Kau Pa Hang on the West—with a sea frontage of about thirteen miles and an area of about sixteen square miles. Old Kowloon, with an area of about 2¾ square miles, has been in British occupation since 1861, but New Kowloon was leased to this Government in 1898, as part of what is known as the New Territories. The remainder of the New Territories is not under the jurisdiction of the Sanitary Board.

港府《一九零九年行政報告》內有關醫療的部分內列出「舊九龍」（圖片來源：*Administrative Report,* 1909, 頁 20）

這反映出作為市區的組成部分，新九龍的衛生問題是屬於管理市區的衛生局的職權範圍，是獨立於新界來處理的。

而在道路建設方面，整個香港完成的馬路達到 310 英里，而香港島有 160 哩，九龍及新九龍有 70 哩，新界則有 80 哩，可見新九龍已開始被納入九龍的發展範圍，起碼在醫療及基建方面。

由此可見，1898 年《展拓香港界址專條》簽訂後，新九龍（界限街以北至獅子山、九龍群山以南）被納入「新界」範圍，但英國政府視新九龍為已割佔的九龍的延伸，與傳統新界鄉村有別。在基礎建設方面，自 1910 年代起，政府興建青山道（今彌敦道北段）和大埔道，連接九龍市區與新界。1920 年代政府則開發啟德濱住宅區，[28] 並在 1930 年代建成啟德機場（1925 年啟用，之後擴建），帶動周邊商業活動，這些都是在新九龍的大型開發活動。當時，新九龍仍屬鄉郊，大部分地區仍為農田、村落（如深水埗村、九龍塘等客家村落）及丘陵，僅有零散工業（如製磚、採石）。

二十世紀初內地政局動盪，移入香港的華人倍增。1906 年 11 月，政府就新九龍進行人口普查，估計該地區華人有 17 836 人，大部分從事耕作，男女比例為 54.3:45.7。當時深水埗的人口數量為 2 821 人，而九龍城為 5 394 人。[29] 到五年後的 1911 年，深水埗的人口已增加 3 497 人，達至 6 318 人；九龍城亦增加 1 912 人達至 7 306 人。[30] 這人口增幅令當局迫切需要解決市區人口的居住問題，加上軍部佔用了很多半島南部的土地，包括尖沙咀的威菲路軍營、槍會山及京士柏等，間接促使政府轉而開發新九龍的新佔土地。

1906 年及 1911 年新九龍村落人口 [31]

村落	1906 年	1911 年
九龍城	5 394	7 306
深水埗	2 821	6 318

1911 年新九龍各村的人口及男女比例[32]

Table XIX (*a*), —*Continued.*

Villages.	Males.	Females.	Total.
Kowloon City District :—			
Kowloon City,	3,416	2,909	6,325
Tai Wan,	10	7	17
Ngau T'au Kok,	314	126	440
Sai Cho Wan,	35	23	58
Lyeemun,	142	113	255
Cha Ko Ling,	134	77	211
Total,	4,051	3,255	7,306
Sham Shui Po District :—			
Kau Pa Kong,	73	92	165
Ap Na Liu,	270	121	391
Tin Liu Ts'un,	253	84	337
Kai Tat Shu,	107	87	194
Un Ling Tsai,	29	32	61
Ma Lung Kung,	200	171	371
Chu Liu,	84	58	142
Pak Shu Long,	61	90	151
Sheung Li Uk,	38	30	68
So Uk,	84	73	157
Cheung Uk,	27	28	55
Ch'eung Sha Wan,	496	157	653
Wong Uk,	144	127	271
Sheung Chu Liu,	35	19	54
Lai Chi Kok,	144	29	173
Sai Kok,	309	199	508
Kowloon Tsai,	154	131	285
Muk Kung Hom,	42	20	62
Tang Sheung Uk,	16	18	34
Kip Shek Mi,	50	22	72
Others,	48	34	82
Sham Shui Po,	1,028	549	1,577
Total,	3,948	2,370	6,318

二十世紀初新九龍經歷了從傳統村落轉變為殖民城市的主要城區或郊區的階段，政府加速在新九龍收回私人地段作發展用途，在 1920 年代，政府通過收回地段提供了平地以應付因廣東政局不安而逃難到香港的難民。政府進行平整山丘、填平谷地、改變溪流、建造排水系統等建設，亦有大面積土地從鄰近的海灣中被開墾出來，正是這種方式促成了深水埗的發展。惟政府這個必須重新取得私人土地以實施城鎮規劃的動作，其後亦造成一場土地投機熱

香港華字日報 1928-07-23

▲公斷局主席佈告

▲收回新九龍地段

公斷局主席霍什佈告、略謂政府將收回新九龍內地段第二百卅二號L、M及N地段、即啓德地段之一份、現已委定公斷人、以決定補償費若干、今將所委公斷人列下、副按察司霍什（主席）政府官[illegible]賈炳達、（由督憲指派）及文狀師沈藻勞、（由主席代業主指派）現本席定期本月廿六日、即星期四日上午十點鐘、在臬署副按察司內堂、開始叙會、審查該事、如有因該地收回、欲求補償者、無論其爲業主或別項人等、須於公斷人開始叙會之前、將其對於內[illegible]所有權利之詳情、及欲取回補償若干、繕列清楚、遞呈布政司、轉交公斷人審查云、

香港《華字日報》刊登公斷局收回新九龍地段啟事

深水埗傳統墟市被全面清拆後，填海的地皮重建成新街道群及多層唐樓

深水埗發展後井井有條的街道

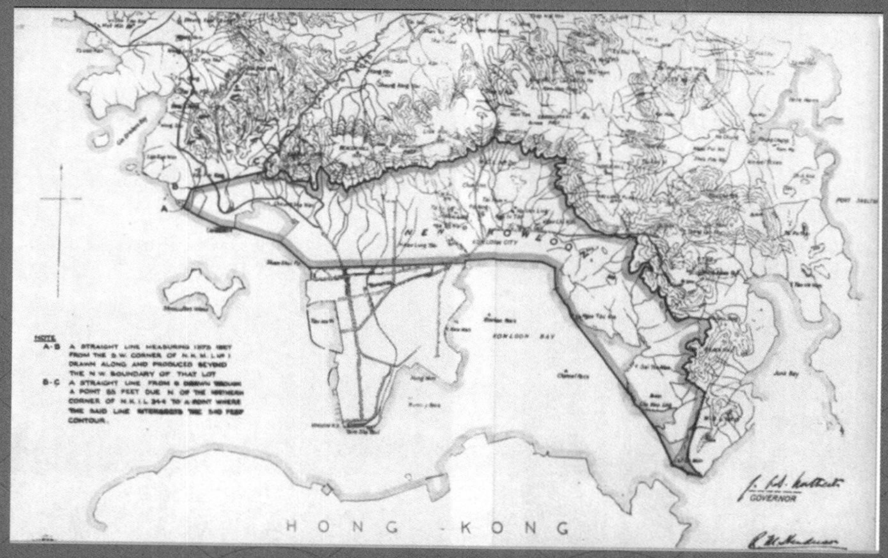

1937 年通過法例，重新訂立九龍及新界的界線，以確立新九龍的範圍

滄桑嬗變 歷史沿革篇

潮。[33] 深水埗傳統墟市被全面清拆，連同填海的地皮重建成以中國城市命名、井井有條的新街道群，並建有多層唐樓，街道筆直，如北河街、桂林街或南昌街等。

1. 1937 年法例確立新九龍範圍

有學者指出 1930 年代，國民政府乘着北伐革命的洪流，希望在此時恢復行使九龍城寨的主權。[34] 在角力正酣之際，1937 年 7 月 7 日「盧溝橋事變」爆發，中國正式進入八年抗戰時期，國民政府無暇再處理九龍城寨問題。同月，英國殖民地部決定授權港督以武力驅趕城寨的拒遷居民。[35]

適逢期會，英國在同一年將香港市區的版圖重新劃定，當時的港英政府將界限街以北至九龍山（飛鵝山）、慈雲山、雞胸山、虎頭山（獅子山）、煙墩山（筆架山）、鷹巢山（尖山）等山嶺之間的地區劃為新九龍範圍，當中由東至西包括四個主要區域，即九龍城、九龍塘、深水埗及荔枝角，這些地區原先是屬於新界的。九龍城寨雖然在法理上並不能納入新九龍範圍，但在地理上被包圍在新九龍的範圍內，實際上成為九龍市區的組成部分。

1937 年港府通過《釋義修訂條例》（*Interpretation Amendment Ordinance*, 1937），修訂 1911 年《釋義條例》（*Interpretation Ordinance, 1911*）中的有關條款，[36] 新條例將「給予新的、更準確及確定的新九龍定義」（new, more accurate and definite definitions of New Kowloon），並以一幅存於土地註冊處的地圖為準，擬備新九龍的新範圍及與新界的邊界線：東起鯉魚門，西至荔枝角，南至界限街的地區稱為「新九龍」，並納入市區範圍。該條例正式將新九龍（約 36 平方公里）納入市區管轄範圍，適用香港島及九龍市區的法律（如建築物條例、衛生條例），與新界的鄉村區別開來。根據 1937 年法例附錄的地圖，新九龍範圍東起飛鵝山、西至荔枝角，大致包括今深水埗北、九龍塘、新蒲崗、黃大仙、牛池灣、鑽石山、觀塘等地。

1937 年，港府至少在深水埗、黃大仙及九龍城區豎立了四塊界石，分別位於郝德傑道和大埔道交界、九龍扎山道、近筆架山中食水配水庫、近獅子山上二號主配水庫，以標記新九龍北邊的界線。新九龍北面界線以五百呎等高線為基準，基本上沿九龍嶺的山腰而過，這界線確立了日後新界與九龍之邊界。[37]

新九龍四塊界石（New Kowloon Boundary Stone）位置[38]

位置	地區	豎立年份
近九龍郝德傑道和大埔道交界 	深水埗	1937
九龍扎山道，近德望學校 	黃大仙	1937
近筆架山中食水配水庫 	九龍城	1937
近獅子山上二號主配水庫 	九龍城	1937

2. 交通與基礎設施建設：鐵路、墟市及道路等

1941 年 12 月日佔前新九龍的開發速度較新界其他地區快，是學者的共識。[39] 事實上新界被租借後，港英政府不斷開拓九龍北部，包括於 1904 年興建深水埗主教山配水庫，以提供食水予日漸增加的當區居民。而在 1920 年代初，港府亦開始發展九龍中北部，如在九龍塘開展花園城市計劃。而原本住在尖沙咀或油麻地一帶的居民，包括一些歐亞混血或葡萄牙籍居民，亦逐漸向新九龍移居。

英國殖民早期為新九龍的城市化進程進行的最重要的一項建設，是一條將九龍與市區及郊區連接起來的鐵路——九廣鐵路。其中新九龍一段由油麻地站穿過九龍塘（當時不設車站）到達煙墩山。而在九廣鐵路以西的一段界限街原有花墟墟市，在墟市未成形前，早於十九世紀末已開始有商販在界限街以北一段道路開攤檔。直至 1950 年代，花墟集中在西邊的彌敦道與東邊的基堤道之間，約佔整條界限街的三分之一。在界限街以北有幾個球場，以南一邊則不規則地分佈有不少小屋，成為花墟的主體，販商在那裏栽花養魚。天亮時有人擺賣鮮花，形成了花墟，攤販在售完貨品後便回家，故又名為「天光墟」，其原址在今旺角大球場接近雀鳥公園曠地。[40] 其後因當局收回那片田地發展作現在的花墟公園，故此花墟退到現在花墟道一帶。[41]

根據工務局的 1901 年地圖，二十世紀初在深水埗福全鄉之間已經開始有以邊界為名的街道，即 Boundary Street 出現，但「界限街」這個中文名稱相

戰前九龍塘的花園城市周邊，遠眺新落成的喇沙書院

THE HONG KONG GOVERNMENT GAZETTE, JUNE 21, 1929. 315

COLONIAL SECRETARY'S DEPARTMENT.

No. 331.—It is hereby notified that the undermentioned streets will in future be known by the names indicated against them:—

DESCRIPTION.	PROPOSED NAMES.	CHINESE VERSION.
Street commencing at Nathan Square, being a continuation of Boundary Street in an Easterly direction and terminating at its junction with Prince Edward Road... ...	Boundary Street.	界限街
Street commencing at Prince Edward Road on the S.W. side of adjoining and running parallel to the K. C. Railway in a North-Easterly direction and terminating at its junction with Boundary Street	Embankment Road.	基堤道
Street commencing at Prince Edward Road, being the first street on the East side of Embankment Road, running in a Northerly direction and terminating at its junction with Boundary Street......	Knight Street.	勵德街

1929 年，政府刊登憲報將「界限街」定名

1910 年代的英皇子道，即今太子道（圖片由巴黎外方傳教會提供）

信一直至 1920 年代末期才正式定下來。1926 年政府曾刊憲將一條由土瓜灣馬頭涌道至九龍城道的街道名為「界限街東」（Boundary Street East），惟其後該路被納入太子道。直至 1929 年 6 月 21 日，政府刊登《政府憲報》時，這條新九龍南面的邊界線街道才被正式確定中文名為「界限街」：當時列出「街道自彌敦廣場開始，是界限街向東的延伸，止於英皇子道的交界處」（英皇子道為現在太子道）。[42] 因此，這條街道正式以「界限街」之名作為新九龍與舊九龍的界線。

翌年，政府再刊登憲報，在界限街與英皇子道交界建立一間公廁。現時在與基堤道交界處有一個急轉彎，是因為要遷就九廣鐵路的鐵路橋而形成，而從這個位置開始的一段界限街便是在1929年才命名。這證明在九廣鐵路開通前，界限街西段已經開發，而九鐵東面的一段界限街則要等到1920年代末期才開始發展而來，跟着便有基堤街及勵德街的興起。

而深水埗區本身是一個擁有眾多私人地段的新九龍區域，隨着政府於此地大興土木，不少商人看中這個區域的發展潛力。根據文獻，早於十九世紀末英人未租借新界前，已經有華人提議開發新九龍，當中以李陞和何亞美提議的在新九龍西面沿岸的開發地點最值得參考，[43]而且影響深遠，因這促成土地交易增加，令深水埗在二十世紀初至戰後成為新九龍的發展重點。

1920年代在深水埗一帶大量購入及發展土地的富商黃耀東，以經營商業致富，他成為此區最早的發展商。黃耀東是廣東台山人，祖上世代務農；成年後到香港聚昌隆金山莊打工，由於做事勤敏過人，事業迅即扶搖直上。黃耀東後來自立門戶，先後開辦多家商號，包括和昌金店、福華銀業公司、深水埗雪廠、森懋鎅木公司、廣協隆船廠、金興織造公司、大華酒家及旺角戲院等。營商獲利之後，黃耀東於深水埗廣置田宅，成為當地的大地主。黃耀東大舉投資深水埗，掌握時機引入新式洋樓，吸引九龍一帶居民遷入，自此深水埗人口日益增加。他致富後不忘為社會建設，如興建深水埗碼頭，購買船公司而辦深水埗至中環小輪航線，並建立深水埗醫局，造福百姓。故此，英皇喬治六世登基時，授予黃耀東獎章，以表彰華人精英。[44]

而長沙灣及荔枝角作為新九龍西部最先發展的區域，建基於1910年及1920年代完成的大埔道及青山道，前者促進了新九龍與新界中部的聯繫，而後者則增進了新九龍與新界西部尤其是葵涌及荃灣的聯繫。由新界及內地出產的農產品與日用品可以經大埔道大量運到新九龍以至舊九龍的市集；而由葵涌及荃灣生產的綿紗也可經青山道運到深水埗至荔枝角一帶，以致九龍西部的織造廠及成衣廠開始興起，促成了該區的針織業及成衣業的發展，當中以位於旺角砵蘭街的利工民製造廠為代表，其後利工民亦遷到深水埗南昌街。

日治時期新九龍的區域被重新劃分。日本軍政府於1942年將全港劃分為28個區役所，即28個行政區。1943年7月21日，日本軍政府改劃區役所。[45] 1943年，日軍為了擴展啟德機場，將九龍城寨的城牆拆掉，而且將原本

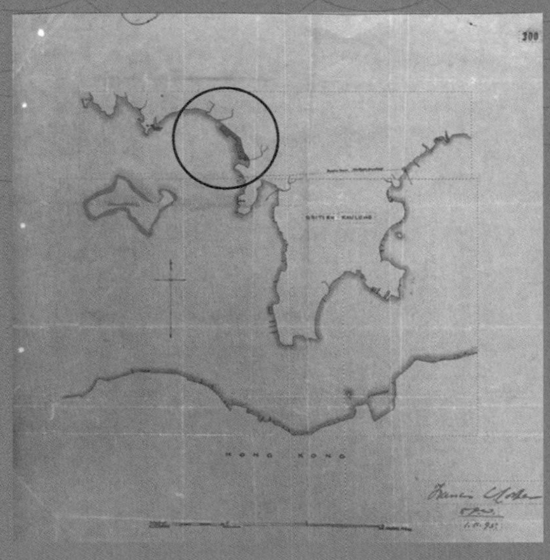

此份規劃圖顯示了李陞和何亞美提議的開發地點（圈住區域），由港督羅便臣於 1895 年 11 月 5 日發送給英國殖民地部

1930 年代的長沙灣，可見橫貫區內的主要幹線——青山道

戰前的荔枝角一帶，背景為昂船洲

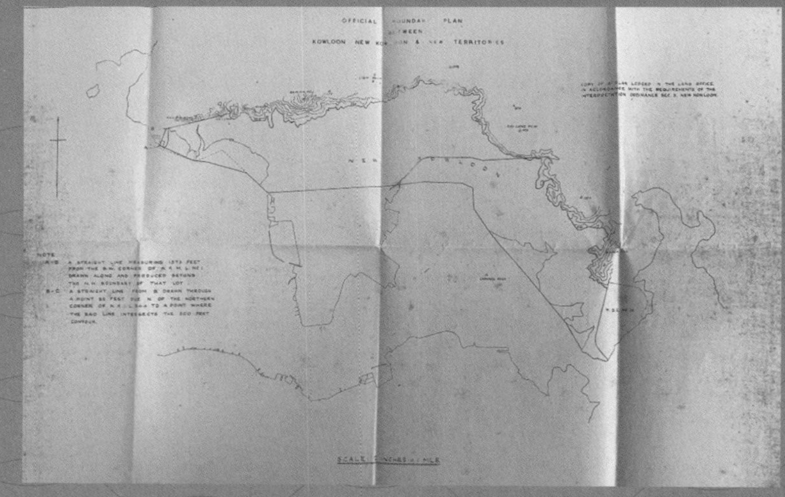

1950 年代「九龍、新九龍、新界界線」官方地圖：顯示新九龍的北部邊界是沿着九龍山嶺如筆架山、獅子山、飛鵝山及黑山的山腰而劃定

住在九龍城海濱一帶的居民遷到今天九龍仔附近的模範村（今浸會大學校園部分）。[46]

三、戰後新九龍的發展

1. 新九龍與新界邊界的劃定

根據官方在戰後出版的地名集，「九龍」這個大範圍的區域面積為 14 350 平方英里：

> 西起荔枝角岬角，東南至牛頭角村山麓，北至尖山、筆架山、獅子山、大老山及九龍山，南至尖沙咀海角。該區域還包括昂船洲和海心島。該區域包括以下地域：
>
> (a) 九龍割讓領土，包括界限街以南的半島及昂船洲。界限街沿着 72 號網格線（Grid Line）大致東西走向。九龍屬於市區範圍，土地管理受工務局（Public Works Department）管轄。
>
> (b) 新九龍——位於界限街以北、一條由 KV045733 經 KV048737 至 KV063740 的線以南，然後沿五百呎等高線[47]（地圖上約 160 米）至 KV158691，再至第 21 區鯉魚門角 KV157671。新九龍屬於租借新界一部分，但土地管理方式與九龍相同，且屬於市區範圍。
>
> (c) 上文 (b) 所述線以北的新界租地地區，該土地由民政事務專員管理。

根據此地名集記錄，九龍半島除了東北部的丘陵和少數農田外，整個地區人口稠密，人口密度與港島維多利亞部分相若。

1950 年代，政府的規劃概念更為具體。根據 1950 年代「九龍、新九龍、新界界線」的官方地圖顯示：新九龍的北部邊界初時仍以新九龍山嶺的五百呎等高線（即大約 160 公尺）為基準，是沿着九龍山嶺如筆架山、獅子山、九龍山（Kau Lung Peak，即飛鵝山）及五桂山的山腰而劃定。政府將九龍山脈的山腰線作為與新界的界線，是將 1910 年代至 1920 年代發展的新九龍概念加以確立及演繹[48]，將市區範圍從界限街一直擴張至新九龍，以九龍山脈為界的規劃理念昭然若揭。雖然有關基準算得上與山嶺的自然分水線有一定關係，但界線又是人為設定，往往關係到主管兩地官員的權力範圍，因此曾造成一定程度的爭議。

2. 馬游塘及九華徑：兩條踩界村落

雖然在劃定界線上有法律依據，但在法律的執行上仍然會存在灰色地帶，而且新九龍的邊界問題有時會按實際需要而作調整，馬游塘村便是一個典型例子。馬游塘村是一條客家村，1950 年代人口數量為 125 人，姓氏以朱、張和李為主。[49] 該村落位處高山之中，位於新九龍東北部，與新界接壤，一直被當地的居民視為位於新界。但是負責為狗隻接種瘋狗症疫苗的警犬隊按錯誤資料將該村視為位於九龍範圍內，並因此按照九龍市區標準為村裏的七隻狗收取了疫苗接種和牌照費用。然而在新界鄉村地區為狗隻接種疫苗是不收取任何費用，只需支付兩元的許可證費用便可。因此，雖然當時殖民區官員稱讚預防狂犬病的工作執行得非常出色，但此事使官員意識到該村其實遠離市區，只有從清水灣道經井欄樹才可到達。此事促成了政府將這個村莊從新九龍劃出，而邊界的劃定為此向南調整約一百碼左右，而且該村一早已歸屬位處新界的坑口鄉事委員會，因此主管新九龍的官員與新界理民府溝通後，進行了領土交換，將該村撥入新界範圍。[50]

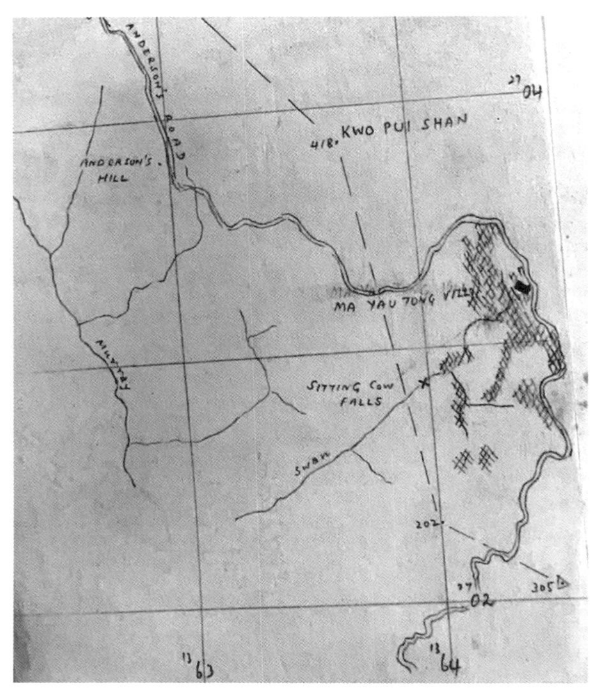

1950 年代的馬游塘村地圖：由安達臣道到達，馬游塘村位於過背山之南，由於接近新九龍於新界邊界，曾一度被當作市區[51]

在新九龍與新界邊界另一端的荔枝角亦發生相似的事。位於荔枝角海灘後面山谷的九華徑村，本是一條舊村，原居民以客家為主，姓氏為曾氏。[52] 按照現時的普遍觀念，該村顯然是位於九龍，但在 1950 年代該村的耕種問題，特別是對荔枝角海的污染一直困擾着主管九龍衛生部門的官員。當時的市政事務署報告指出，九華徑的村民會將耕地的糞便運送到附近的遊樂場垃圾收集站：

> 現時，村民會把垃圾倒入坑內，然後由村民把垃圾運到荔枝角遊樂園的垃圾收集站，再由本署的垃圾車運送。種植水稻違反了防蚊法規，但我們無疑可以設計出一種方案來容忍這種違法行為（不可能停止種植水稻）。
>
> 小販販賣新鮮肉類、魚類、熟製禽肉、冷烤肉類、水果和蔬菜，均無證販賣。其中一些商品，如新鮮肉類、魚類、熟製家禽和烤鱈魚，只能在理事會許可的場所出售，而且許可證標準很高。有幾家無證餐廳必須獲得許可，現在無證出售的礦泉水必須在衛生檢查員的指導下出售。這項服務由衛生檢查員執行，無需挨家挨户檢查。[53]

然而，當時新界民政署指如果市政事務署認為合適，他們可以向政府提出將屬於新界租借地的九華徑劃入新九龍，卻提醒此舉會遭到九華徑村民的反對，因為他們成為市區一部分後便要繳付差餉及遵循市區的衛生標準，而且更提出這會影響到在那裏經營的荔枝園遊樂場（荔園前身）的經營成本，會導致其破產，對在那裏耕作的農民亦要收取較高的牌照費：

> 新九龍多年來一直沒有擴展，我們或許應該警惕那些以犧牲租借地為代價來擴大割讓地的政治宣傳。毫無疑問，如果您認為合適，您會向政府提出這一點。我提到這一點是因為九華徑村民可能會對這項交換提出強烈抗議。當新九龍納入其中時，絕對不會只有公共衛生法規會對他們產生影響。該地區將成為應稅區域，我想詢問差餉物業估價處處長對村屋可能要繳交的差餉進行「現場」估算，其中許多村屋的面積對於一個村莊來說異常大；還有報道稱遊樂園經營狀況不佳，如果徵收重稅，可能會破產。另外，還有許多在私人土地和官地上建造臨時建築以及在官地上耕作所需的牌照，這些牌照由工務局頒發時，其年費將從約 12 元增加到 60 元（建築牌照），從 1 元增加到 6 元、10 元、15 元和 34 元（耕作牌照）。[54]

當時九華徑村可說是一條相當繁榮的鄉村，共有二十多間不同類型的店舖，包括髮型屋、雜貨店、木匠店、餅乾糖果店、熟食小販、燒臘店、煙酒店

LIST OF SHOPS AND HAWKERS IN KAU WA KANG.

Name of Owners	House No.	Name of Shops
Cheng Kim Chun	64B	Lai Lai Beauty Saloon.
Chow Wah	66	Wah Lai Beauty Saloon.
Cheng Kang Chow	86B	Wah Hop Lung Earthernware and Misc. Goods.
Tso Chum Wah	86	Chum Wah Mason, Carpenter, Biscuits and Candy Shop.
Chan Hoi	86D	Chan Hoi Kee Cooked Food Hawker.
Leung Kau	87	Leung Sang Cheong Grocery, Roasted Meat, Cigarettes & Wine Shop.
Chan Cheuk Tong	88	Kam Lan Store.
Chan Biu	61A	Yan Wo Tong Chinese Herbs Shop. (Licensed)
Jim Choi Kei	89	Chan Kai Hing Grocery and Cigarettes. (Applied for a licence)
Ma Cho Fui	65A	Kam Kee Store.
Yu Sain Wai	89B	Cheung Tai Grocery.
Lai Chiu	101	Lai Chiu Kee Vegetable Stall.
Chan Hing (in front of)	101	Meat Stall.
Sum Yau		Meat and Fish Stall.
Ng Sau		Meat Stall.
Lee Tung (side door of)	40	Tung Kee Vegetable Stall.
Lai Bun		Fish Stall.
Mak Sha		Fish Stall.
Wan Chung Loi	99	Yan Wah Grocery.
Wan Kwai Tong	100	Tong Kee Fruit Shop.
Siu Tim Shing	100	Siu Shing Kee Salt Fish Shop and Grocery.
Chan Ting Cheung(side door of)	41	Wo Hing Grocery.
Tsang Him Lun	200	Choi Kee Biscuits Shop.
Tsang Him Hung	20	Fook Lee Store.
Tsang Kam Ling(opposite)	58	Fook Hing Store.
To Ah Yuk	23B	Yuen Fat Lung Biscuits Shop and Grocery.
Wu Po	2A	Kau Wah Shop.
Choi Ying Tai		Fish Stall.
Chan Fook		Fish Stall.
Ho On		Coffee Stall.
Yu Fong Hing	37	Eating House(Cooked Food and Noodle).
Cheng Nam Kee(in front of)	86A	Fruit Stall.
Leung Fu	29	Chun Chun Laundry.

1950 年代九華徑村的店舖清單

事由：呈為九華徑村民反對將該村劃入九龍市區懇予呈請督憲收回成命由

一九五六年八月三十一日
新總字第四十八號

新界鄉議局呈

案據荃灣鄉事委員會、轉據九華徑村代表曾慶鵬、曾憲貴暨闔村戶主六十餘人，聯名具呈，及該代表等到局報告畧稱：

「民村本屬新界轄區，村民一向習慣鄉村生活，數十年來，政府為尊重吾人傳統風俗與生活習慣，特立法例管理新界，以示與港九市區有別，新界理民府之官吏，亦能瞭解民情，故此官民合作無間，惟聞當局近欲改弦易轍，有將我村劃入九龍市區範圍之議，

新界鄉議局代九華徑村上呈信函予督憲，反對該村劃入九龍市區

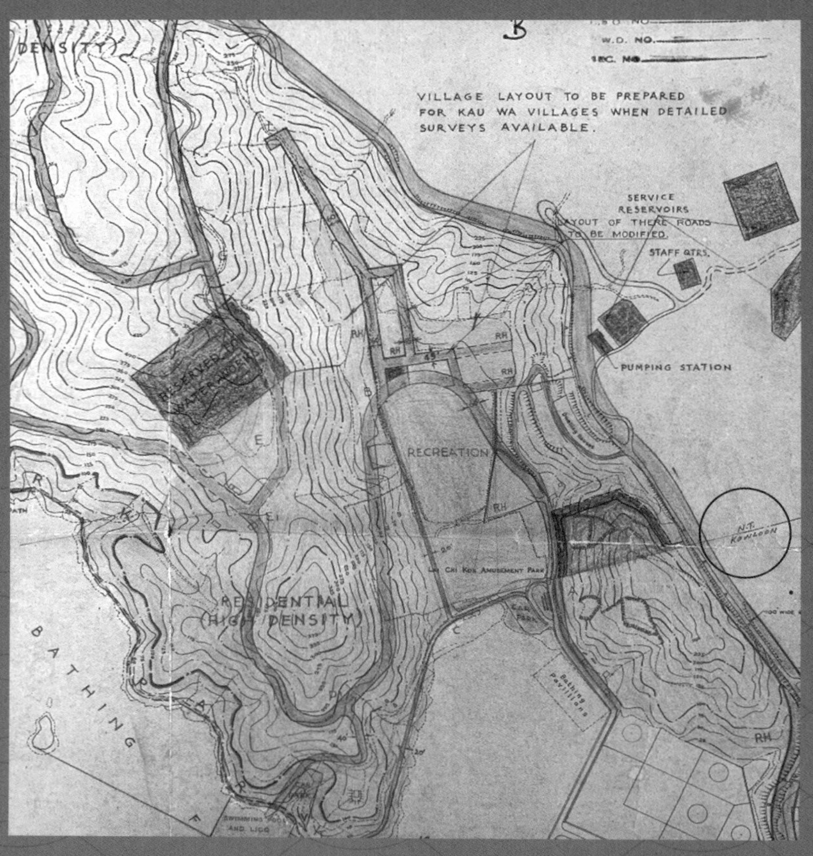

1950 年代九華徑及其周邊的規劃圖，可見右下角「新界」及「九龍」的分界線

及中藥店，亦有售賣蔬菜、肉類、魚類及水果的販商，可說是形成了一個墟市。但這些攤販均是無證經營，另外亦有沒有領證的餐廳經營，官員認為應該由市區主管衛生的人員進行檢查。主管新九龍的市政事務官員一直認為九華徑是屬於荔枝角範圍，已經包括郵寄地址及警察巡邏區域，為了更好管理，故建議將九華徑村正式納入市區範圍，但受到新界理民府的質疑。理民府認為村民會反對，原因是他們不想交地稅，而且若被正式納入市區，許多適用於市區的衛生或小販管理法例，便要在這條仍然維持種水稻的村落實施。1956 年 8 月 31 日，新界鄉議局主席何傳耀向新界民政署署長彭德呈上請願信函，表示村民提出反對的理由是九華徑一直以來屬於新界，將該村劃入九龍市區並不合理（見本書附錄一）。

當時九華徑所處地屬南約理民府（District Office, South）管轄，理民府認為如九華徑要留在新界，必須保持鄉郊狀態，即不能將稻田轉變作為建房用地。直至到 1950 年代末，亦有村民建議只保留舊村在新界範圍，可以剔出九華新村，後者是戰後由舊村發展出來的村落，原稱「九華徑新村」，其後簡稱「九華新村」。當時新界南約理民官向新界民政署長匯報曾與九華徑村代表會面：

> 關於九華徑的情況現如下：
>
> 曾三度與村民代表會面，其中兩度在荃灣鄉事委員會的陪同下出席。從這些談話中可以明顯看出，反對將他們納入新九龍的唯一理由是，他們須繳納更高的稅款，因此如果邊界要修改，他們要求至少將「舊村」剔除在新九龍之外。在這些討論之前的幾周裏，有三個人找我，他們提出了不同的計劃，要改造山谷中的整個農田，而且每個人都聲稱得到了所有相關土地業主的同意。然而，代表們在被問及此事時，表示如果批准他們的改建計劃意味着將其納入新九龍，他們寧願不繼續進行農地改建。這裏應該記住，該地區的佈局規劃將這片土地指定為運動場，並且可能透過交換計劃將用於住宅區的山頂土地來進行轉換。房屋委員會和房屋協會也已詢問是否有可能在該山谷獲得土地用於建屋計劃。

南約理民官進一步認為對整個地區幾乎沒有實施任何形式的管控，例如所有小販和商店都沒有執照或沒有經過檢查，排水系統也完全不足，而南約理民府似乎也沒有辦法能讓這個地方恢復秩序，執法顯得無能為力。因此，他勉

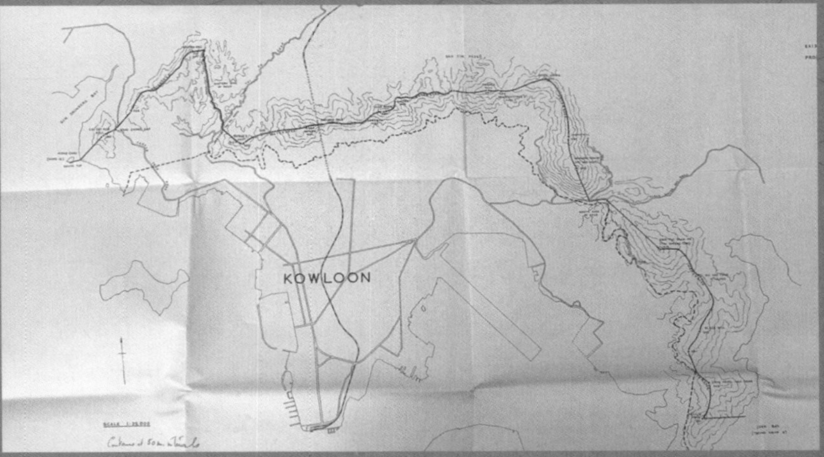

1959 年由布政司署通告各部門首長的新九龍界線修訂圖，可見以九龍山嶺的主峰連線成為分隔市區與新界的界線，建議五百呎等高線（500’ contour，圖中以虛線標示）的舊界被廢除。

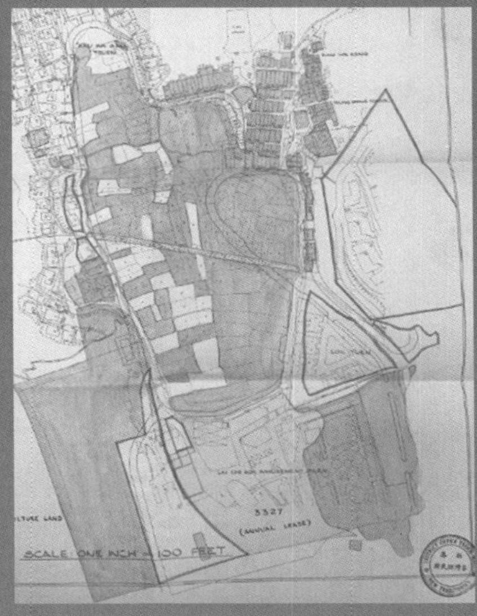

1950 年代，新界荃灣理民府的九華徑村地圖（來源：政府檔案處）

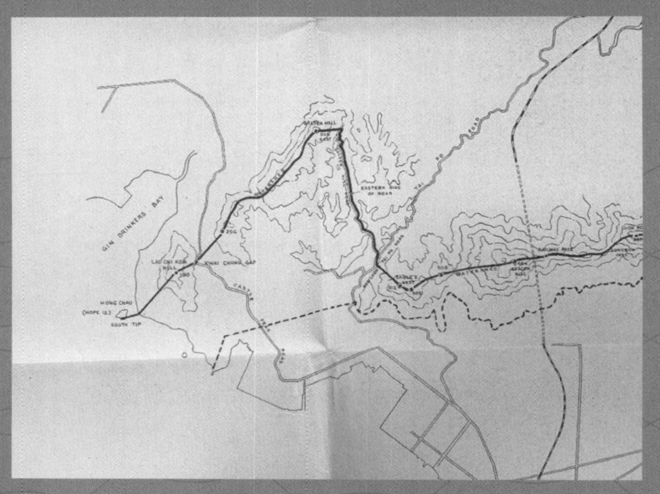

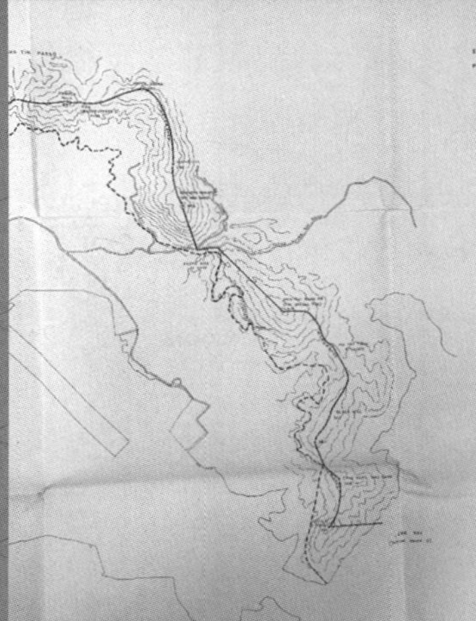

政府曾建議新九龍在 1950 年代重劃邊界，將邊界線後由五百呎等高線（虛線）後退至山峰上（實線）

滄桑嬗變 **歷史沿革篇**

強認為，新九龍邊界必須調整，將九華徑納入其中，而且為使荔枝角岬角成為市區以供住宅發展，該界線應按照圖則調整，即向北移納入荔枝角岬角及九華徑。但如果認為原村民的反對意見有理據的話，應該嘗試尋求市政服務部門的協助。此外，時任市政事務署署長（兼任市政局主席）何禮文（David Ronald Holmes）對發展荔枝角一帶十分熱心，使得九華徑村的村民欲留在新界的希望更頓成泡影，而且他們的理據——繳交差餉，並未獲政府的認同。因此，新九龍範圍的擴展在1950年代末獲得長足的進展，並且進入立法階段。其後新九龍與新界的界線在荔枝角與葵涌之間劃定，並定立了17段的劃線（見本書附錄二）。[55]

經過一輪討論後，1959年7月20日，香港政府副布政司戴麟趾（David Clive Crosbie Trench, 1915-1988，其後成為港督）正式向各政府部門主管發出通告，提出修改新九龍分界線的建議，各部門首長須就此項變更對其部門職權（包括簽發牌照、許可證等）的影響作出報告，並須說明是否需要修訂現有法例（《釋義條例》除外）。主要的變更如下：

（1）荔枝角灣、遊樂場、九華徑村及中山台將納入市區；

（2）邊界將不再沿着九龍山南坡500呎等高線劃定，而是沿山峰劃定，這樣更容易識別。

但有關《釋義條例》的修訂最終被擱置，因為有關擴展範圍早已被納入新界南約理民府、荃灣理民府及新界鄉議局等體系而沒有成事，最終新九龍的定義仍然沿用回《釋義條例》中所指的1937年的地圖。

政府曾建議將九華徑村納入九龍範圍，最終該村保留在新界荃灣理民府範圍內，然而1960年由政府出版的《香港、九龍及新界地名志》一度標示九華徑（Kau Wa Keng, KV048741）及九華徑新村（Kau Wa Keng San Tsuen / Kau Wa Keng New Village, KV046742）位於九龍區，九華徑是一條古老的中國鄉村，原為客家人，所有姓氏為曾。九華徑新村是一條由舊鄰居而來的戰後鄉村，該村名字是一般簡稱為「九華徑村」，這反映出九華徑村雖然都市化程度高，村莊接近荔枝角，形成地理模糊的情況，但其行政上仍屬新界，反映新九龍沒有因為荔枝角填海而進一步西擴。但隨着荔枝角灣的荔枝角大橋建成，一般人認為跨過大橋便算進入新界。

然而 1970 年，政府再劃定新界與新九龍的界線，由荔枝角灣西面的海牆開始，畫一條直線至荔園，再畫一條直線至石籬貝坳，因此將九華徑劃至新界內。然而九華徑一直被誤認為是九龍，原因是政府一直希望其受到市區法例的管轄，但執法並不嚴謹，相信跟它在界線邊緣有關。1980 年 6 月，政府發表《香港地方行政的模式》綠皮書，徵詢市民對發展地方行政的意見，1981 年 7 月前立法局通過《區議會條例》成立 18 個行政區的區議會，包括荃灣。當時九華徑已經納入荃灣區議會的範圍。1985 年，香港政府有鑒於荃灣區急劇發展和範圍過大，把葵涌及青衣島劃成第 19 個地方行政區，設立獨立的區議會。而葵涌之界線南面為九華徑，西為藍巴勒海峽，北面則有大窩口邨及城門水塘，與青衣島合為一區，均自荃灣區中劃出。因此九華徑在 1980 年代中期開始脫離九龍的範圍，成為新界的一部分，其村民保持着原居民的權利。

3. 調景嶺是否屬於新九龍？

將軍澳屬於九龍還是新界？編寫地方志的機構曾提出有關問題，官方、私人公司或社會福利機構均有將其在將軍澳的建築物或辦公室列入九龍的範圍，例如將軍澳警署是隸屬東九龍警區，將軍澳醫院屬於東九龍聯網，位於調景嶺的靈實醫院的地址列明「香港九龍將軍澳寶琳南路」，而位於將軍澳地鐵站上蓋的皇冠假日酒店標明地址位處「九龍東」，中原地產網頁所示的將軍澳樓盤亦是在「九龍」分區而非「新界」。[56]

根據當時有關新九龍邊界的政府文獻，新界民政署長曾建議將調景嶺劃入新九龍，以黑山頂向東延伸一條界線往將軍澳（Junk Bay），便可將調景嶺納入新九龍市區範圍：

> 然而，現在的邊界既無韻律也無理由，我同意你建議的線，在所有情況下都優先選擇較高的那條線，沿着分水嶺，給你最大的面積。我建議，這條線應從黑山[57]頂向正東延伸至大海，以便將新九龍的調景嶺也包括在內。[58]

若果這個提議落實，即從黑山向東伸延界線，今天會有一大部分的將軍澳區會劃入新九龍範圍。雖然有地方志研究者指出，時任市政事務署署長何禮

橫跨荔枝角灣的荔枝角大橋，昔日大橋下仍可划艇

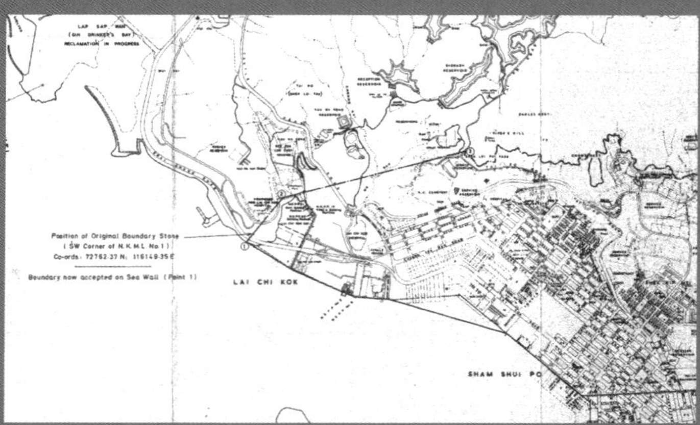

1970 年政府劃定新九龍與新界的界線，界線從荔枝角灣橫過，北為九華徑村

DESCRIPTION

New Kowloon - Northern Boundary

Commencing at a point on the High Water Mark at Lai Chi Kok coordinates North 72539 East 115981 on the Colony New Plane Rectangular grid in feet and bounded thence by a straight line bearing North-easterly to a point being a boundary stone of the New Kowloon/New Territories boundary coordinates North 73835.21 East 116952.35 and bounded thence by a straight line bearing East-north-easterly to a second boundary stone of the New Kowloon/New Territories boundary on the 500 foot contour line coordinates North 75162.31 East 121987.48 and bounded thence by the said 500 foot contour line bearing generally Easterly and South easterly to a point coordinates North 65708 East 150279 and thence by a straight line bearing South-easterly to a point coordinates North 65412 East 150538 on the 500 foot contour line and thence South easterly and Easterly by the said 500 foot contour line to a point coordinates North 64960 East 151320 and thence by a straight line bearing Easterly to a point on the 500 foot contour line coordinates North 64950 East 153200 and bounded thence by the said 500 foot contour line bearing generally Southerly and South-easterly to a point coordinates North 59560 East 153230 and thence by a straight line bearing South-south-westerly to a point coordinates North 55706 East 152030 and thence by a straight line bearing Southerly to a point coordinates North 55206 East 152072 and thence by a straight line bearing South-south-westerly to a point coordinates North 54715 East 151938 and thence by a straight line bearing South-south-easterly to a point coordinates North 54271 East 152181 and thence by a straight line bearing South-easterly to a point coordinates North 53965 East 152479 and thence by a straight line bearing South-south-easterly to a point coordinates North 53765 East 152569 and thence by a straight line bearing South-easterly to a point coordinates North 53690 East 152665 and thence by a straight line bearing East-south-easterly to a point coordinates North 53635 East 152814 and thence by a straight line bearing South-easterly to a point coordinates North 53575 East 152845 and thence by a straight line bearing South-easterly to a point on the coast at Lei Yue Mun point coordinates North 53490 East 152900.

1970 年政府劃定新九龍與新界的界線，北部邊界續以五百呎等高線為準文曾提醒將調景嶺納入新九龍後，政府會面對昂貴的開支問題，而且因接鄰的馬游塘原居民的抗議，政府無意將馬游塘納入新九龍，如強行將調景嶺再納入新九龍，將令馬游塘的問題變得更複雜，因此政府放棄將新九龍界線擴展至調景嶺一帶甚至更遠的將軍澳。[59] 然而根據當時主管新界的南約理民府的意見，如果以分水嶺為基準，調景嶺及馬游塘應該保留在新界的範圍內，沒有考慮過有村民抗議或開支問題。1958 年 6 月 18 日南約理民官許舒（James William Hayes, 1930–2023）向署理新界民政署署長提議：新九龍的界線可以由過背山一直延伸到黑山，反映自然的分界線，亦可以保留到邊界之東面的馬游塘及調景嶺在新界境內，故此兩地均由南約理民府管轄：

> 關於馬游塘地區的邊界，我完全同意泰勒先生在第十九頁的記錄，即邊界線應從過背山[60] 一直延伸到黑山（五桂山）。然而，如果我們要保留調景嶺，邊界就應該按照泰勒先生的建議延伸，即從黑山（五桂山）正西延伸到平面圖上紅色所示的當前邊界，然後延伸到海岸。從我們的角度來看，只要調景嶺營地目前的邊界位於新界線內，海岸線的終點在哪裏並不重要。[61]

因此新九龍的邊界最終從魔鬼山（Devil's Peak）延伸向將軍澳（Junk Bay, Tseung Kwan O）而沒有終點，反映當時沒有發展將軍澳區作為市區的計劃，因此界線的終點留在將軍澳海中心沒有問題。但從這條線的劃分，可見由於調景嶺一直留在新界範圍，故將軍澳地區直至今天，包括已經填海的部分，也不算是新九龍或者九龍市區，因為它一直是由新界南約理民府管轄，而跟市政總署考慮到的開支問題似乎沒有特別大的關係。

4. 工業化與經濟轉型：新九龍東部從農業社會轉向工業社會

探討戰後人口增長和移民對新九龍社會結構的影響，特別值得重視是戰後觀塘新市鎮的發展。自新九龍範圍在 1960 年正式通過，明顯地在新九龍西部多出了荔枝角一帶作為住宅發展，因此其後有美孚新村的興建，但 1960 年的新九龍範圍原則上仍然沿用 1937 年的一幅地圖。[62] 在政府劃定新九龍後，政府鋭意發展黃大仙、觀塘作為九龍半島的新發展區，包括於 1960 年代至 1970 年興建多個廉租屋邨，包括彩虹邨、坪石邨、慈雲山新區、黃大仙上邨、黃大

黃大仙新區的七層徙置大廈

仙下邨、橫頭磡村及東頭邨等，包括七層的徙置大廈（沒有獨立廁所），以及較新的 16 層高大廈，以安置清拆木屋區的居民，並提供了集中的勞動人口。九龍東部原本屬於偏遠沿海，坐落在山谷的鄉村，包括牛頭角、雞寮、茜草灣及茶果嶺等從事耕作的鄉村，漸漸地被工業區和住宅區所包圍，雖然少數山谷和沿海地帶仍有農耕，但除了三家村和鯉魚門附近以及較偏遠的山坡外，隨着平整和填海工程的進行，農耕用地迅速消失，這在雞寮河谷更為明顯。[63]

新九龍鄉村的管治方式與市區相若，故此即使是該區有過百年歷史的古村，其原居民也未能享受與新界原居民一樣的權利，因此如引用《收回土地條例》，新九龍鄉村的原居民不會獲得如新界原居民相若的賠償金額。因此在推行新九龍市區化的過程中，港英政府曾遇到不少反對聲音，其中以九龍十三鄉各村落的反對最為激烈。

牛頭角：九龍十三鄉及「四山」屬村

牛頭角鄉今天是屬於觀塘區的一部分，但昔日是一條古老客家村，牛頭角鄉亦屬「四山」，「四山」包括牛頭角、鯉魚門、茶果嶺及茜草灣在內，昔日以打石為生。1950 年代初，東九龍與牛頭角一帶仍然是荒蕪之地，只有山頭及幾戶農家。[64] 牛頭角在 1960 年代開始被工業發展所包圍，其北面即九龍灣一帶進行大規模填海，由於牛頭角原位於沿海地區，故原本有不少跟船務有關的重工業，如造船、修船、拆船等；而在輕工業方面，則有紡織、五金及塑膠等，較大規模要數淘化大同公司建立的豉油廠。[65] 1961 年開幕的淘大工業邨，便是由淘大集團於 1950 年代在牛頭角海邊建立的食品製造工廠發展而成，曾是九龍區一個大型工業中心。1978 年，有財團收購工業村大片土地以興建私人屋苑，取名為「淘大花園」，並設有淘大商場，成為商住混合區。

牛頭角東南面有一處原名為「長沙」（Cheung Sha）的狹長地，是一個無人居住的地區，以前以廣闊的沙灘聞名，在 1960 年代亦開始填海造地，並被劃作觀塘工業區的一部分，因此「長沙」這個名稱其後在官方地圖中被刪除。這裏曾經有一個海灣和一個名為「深灣」的小村莊，亦被填海成為觀塘工業區的一部分。[66]

眾所周知，新界鄉村有丁屋權，但新九龍鄉村沒有這權利。政府為了發展觀塘新市鎮而需要拆遷九龍鄉村，1957 年成了「戰場」的竹園村拉開了官民衝突的序幕，事件除了引起中英外交風波之外，亦團結起九龍十三條鄉村，展開護村運動。[67] 牛頭角村在政府收地發展期間，是九龍十三鄉的成員之一，但沒有作出反對行動。他們採取的策略是將土地相讓，並且是最先接納政府收地賠償的鄉村之一。1965 年牛頭角鄉面臨清拆，時任村長繆其安説服大部分村民，接受賠償和安置，棄村搬往新建成的徙置區油塘邨，後來該村長亦成為觀塘街坊會的管理成員。這件事亦成為政府的範例，使居民失去「討價還價，以地換地的依據」，牛頭角鄉被譏為「獻村運動」。該村的土地其後建成房委會的牛頭角上下邨，以及房屋協會的花園大廈，成為東九龍的主要公共屋邨。

觀塘：新市鎮及工業區

觀塘在 1960 年被開發成為一個新市鎮，觀塘工業區位於主要通道開源道的沿海位置，而住宅區和商業區將位於觀塘道另一側的土地一直延伸到東北的山區，包括裕民坊、月華街住宅區及康寧道住宅區，觀塘最初常被錯誤地譯為「Kun Tong」（官塘）。觀塘工業區是戰後香港工業化的代表性地區，亦是香港首個有規劃的工業區，首家工廠於 1957 年出現，高峰時區內有近八千家工廠，佔全香港工廠的二成，僱用近十八萬工人。[68] 當中以開源道的鱷魚恤及海邊的九龍麵粉廠為代表地標，鱷魚恤更在馬蹄徑設有員工宿舍，觀塘仔灣附近的油塘則成為貨倉集中地，另外亦設有油庫（亞細亞火油公司）。因此觀

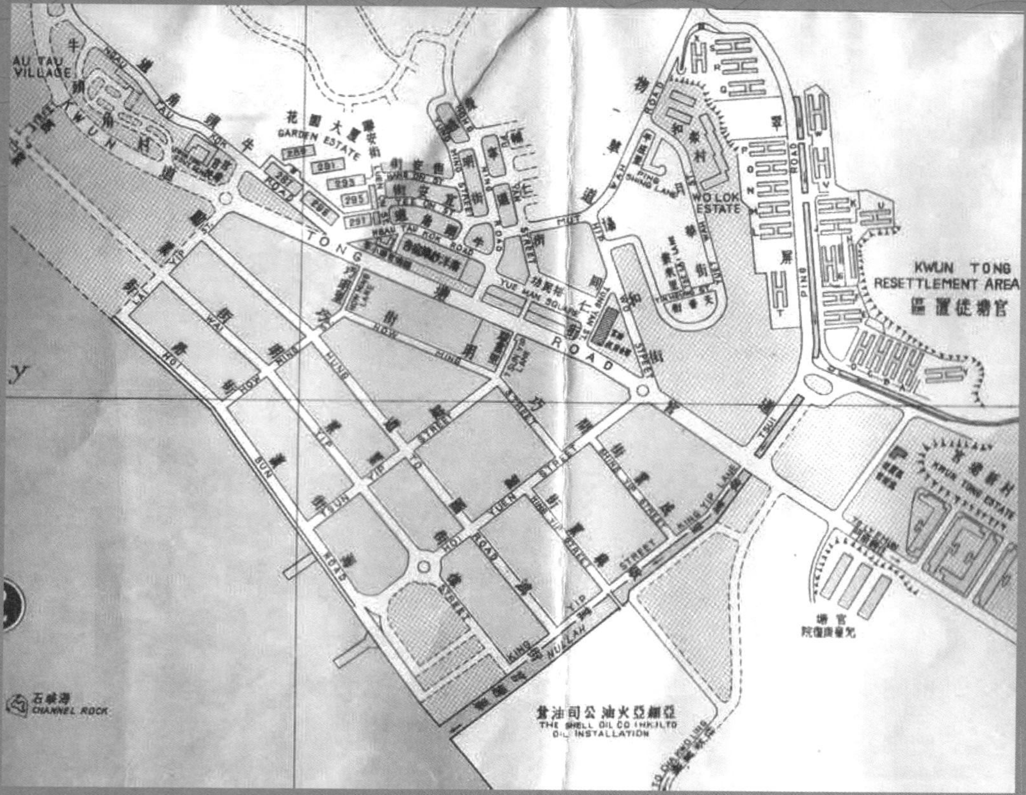

1960 年代觀塘分區地圖仍見牛頭角村存在

正在開發的觀塘新市鎮，遠景見觀塘工業區

1970 年代觀塘裕民坊一景

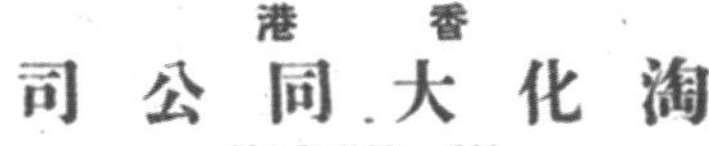

香港
淘化大同公司
ESTABLISHED 1908.
THE AMOY CANNING CORP.,
HONG KONG FACTORY

新式自動製罐機每分鐘能製罐二百個
(High Speed Automatic Can Making Line Speed 200 Cans per minute)

發行所

第二支店

製造廠

第三支店

第一支店

香港淘化大同公司早於 1950 年代在九龍牛池灣地段設製造廠（來源：《香港年鑑 1950（第三回）》）

牛頭角淘大工業村的外牆（約攝於 1970 年代）

1976 年興建中的觀塘線樂富站，附近為橫頭磡村（即今樂富）附近的徙置大廈

1979 年剛通車的觀塘線，列車正從觀塘站駛向牛頭角站，左邊為裕民坊及鱷魚恤員工宿舍

塘工業區是戰後新九龍製造業的重鎮。香港淘化大同公司早於 1950 年代在九龍牛池灣地段設製造廠，為之後淘大工業邨的前身。

在觀塘區北部近山地區有多個山谷，包括佐敦谷及翠屏谷，在觀塘北的翠屏山谷原本坐落着一條名為雞寮的木屋區，政府於 1958 年通過清拆此村的非法僭建木屋的計劃，興建 24 幢七層高的徙置大廈，作為觀塘徙置區，可容納 70 000 人，是當時全港徙置區中最著名者。首期及次期大廈分別於 1959 年及 1961 年建成，其中六座大廈的地下設有學校，為區內兒童提供教育，但徙置區的設計擠迫，每個成年人的平均空間為 2.2 平方米。[69] 該地位於秀茂坪西南方一個斜坡下，1972 年 6 月 18 日香港暴雨成災，導致該斜坡發生嚴重山泥傾瀉，將徙置區大廈的住戶活埋，是次災難造成 71 死 52 傷。[70] 原茜草灣亦是一條古老的鄉村，在 1950 年代至 1960 年代，村內密集分佈着棚戶區，這些棚戶區一直延伸到附近的山坡上，該村所在的山谷最終亦成為觀塘工業區的一部分，進行開發，以應對香港的人口增長與移民潮。

1970 年代港府開始興建地下鐵，1979 年地下鐵路（港鐵前身）通車，首條開通的路線是「觀塘線」，由觀塘站一直至油麻地站。而在觀塘區的車站包括觀塘總站、牛頭角站及九龍灣站。地下鐵路將新九龍東部與九龍半島西南部聯繫起來，促進了兩區的發展。

雖然隨着九七回歸，英國按照《中英聯合聲明》將新九龍連同香港島、九龍界限街以南以及新界一同歸還，然而根據 1937 年 12 月 8 日制定之《香港法例》第一章「釋義及通則條例」附表五，「新九龍」的範圍仍然適用，而且其範圍卻因為城市化發展，在 2001 及 2007 年曾兩度擴大，包括在九龍灣填海區的新批租約上使用「新九龍地段」，而在最近的前啟德機場填海區（即啟德體育園）的公用設施也使用「新九龍地段」，是跟從以往對機場設施以「新九龍內地段」的批出方法。

除了闢地發展工業外，政府亦撥地使一些公共事業、教育、社會及宗教機構落戶觀塘區，因此現存有不少新九龍地段的特殊用途契約仍然有效，這些契約的持有人屬於以下項目：公共事業（如戲院）、特殊工業、教育（如浸會大學）、福利（如診所等）、宗教（如教堂）、康樂、碼頭、機場、員工宿舍、公務員合作建屋計劃、加油站、煤油商店及其他用途。

特殊用途契約在契約內標明「新九龍海旁地段第 X 號」、「觀塘內地段第 X 號」、「新九龍內地段第 X 號」、「油塘內地段第 X 號」及「新九龍永久碼頭第 X 及增批部份」等。根據《中英政府關於香港問題的聯合聲明》附件三第二款的規定，除了短期租約和特殊用途的契約外，所有在 1997 年 6 月 30 日以前期滿的土地契約，如承租人願意，均可續期到不超過 2047 年 6 月 30 日，不補地價。新界的土地契約共有超過三萬份，當中不少契約是當年政府批出給觀塘區的一些民間組織或機構，讓他們能提供教育、醫療及社會福利服務，故令到不少觀塘區民受惠。根據以上條款，他們的土地契約可以續期至 2047 年 6 月 30 日為止。[71]

在新九龍，現在我們仍可在許多學校、教會、廟宇、私人屋邨、醫院建築的牆角或路面發現無數的「新九龍地段編號」的界石，當中最為人熟悉的位於基督教香港崇真會深水埗堂的「新九龍地段一號」（N.K.I.L. No.1）界石，是歷史愛好者及歷史保育專家關注的文物，有獨特的歷史文化意義，其他值得保留為歷史古蹟的「新九龍地段」界石包括大坑西新邨達之路、陳樹渠紀念中學（原址）、香港佛教醫院、九龍城侯王古廟、九龍塘基督教中華宣道會、歌和老街變電站、茅湖山觀測台等。而且更有商場或商舖以「新九龍」為名，包括「新九龍廣場」（New Kowloon Plaza）（雖然新九龍廣場的名稱包含「新九龍」三字，但其所處位置並非屬於新九龍的範圍之內）、海外華人以「New Kowloon」作為中餐館的名稱等事例。

這些「新九龍地段」界石或以「新九龍」為名的商舖或使我們意識到新九龍這一歷史區域，並非完全是一個概念或已經消失，反而仍在我們生活中隨時可見，加上在界限街以北內銷售的樓盤，其銷售書內仍舊列明樓盤所在地段屬於新九龍地段，因此新九龍範圍比想像中還要大及其影響均不能忽視，其區域在蛻變過程中產生新的意義。

四、小結：新九龍的現在及將來

新九龍最初為農業社會，村落散佈，人口稀少，經濟活動以農耕和漁業為主。然而隨着香港島的發展，新九龍逐漸成為城市擴展的目標，基礎設施和住宅區開始興建，人口迅速增加。

十九世紀中期，道路和橋樑的建設改善了新九龍的交通條件，促進了該區域與香港島及其他地區的聯繫。十九世紀末，九廣鐵路的規劃與建設進一步推動了新九龍的經濟發展和人口流動。隨着城市化興起，商業和工業逐漸取代農業，成為新九龍新興的經濟支柱，工廠和商店數量增加。靠近維多利亞港的地理優勢使新九龍成為重要的物流和貿易中心，港口活動日益頻繁。新九龍的城市化吸引了大量移民，人口結構變得更加多元，包括本地居民、內地移民和外籍人士。

二十世紀隨着人口增加，學校和文化設施逐漸建立，推動了新九龍教育和文化的進步。為應對城市化帶來的挑戰，港英政府實施了多項行政改革，加強了對新九龍的管理，包括訂定法律和出台法規，以規範包括新九龍及舊九龍在內的城市發展和社會秩序。

註解：

1 官富場是北宋政府在現今九龍東部一帶所設的官方鹽場，至清朝時廢置，也是觀塘名稱之起源。元朝時，官富場被改為「官富巡司」，明朝則被改為「官富巡檢司」，設有巡檢及司吏各一，並駐弓兵 50 名，以打擊販賣私鹽。

2 清廷於 1847 年修建九龍寨城，駐兵數百，以加強海防。九龍司巡檢辦公地方為九龍寨城衙門。參閱：劉蜀永，〈九龍半島、九龍巡檢司、九龍城史事考略〉，《劉蜀永香港史文集》（香港：中華書局，2000），頁 332–351。

3 蕭國健，〈清代九龍半島上之軍事設施〉，《香港歷史與社會》（香港：香港教育圖書公司，1994），頁 117–130。中國第一歷史檔案館編，《香港歷史問題檔案圖錄》（香港：三聯書店，1996），頁 87。

4 蕭國健，〈香港開埠〉，《簡明香港近代史》（香港：三聯書店，2013），頁 2–11。

5 葉靈鳳，《葉靈鳳文集第三卷：香港掌故》（廣州：花城出版社，1999），頁 82。

6 「亞羅船事件」（The Arrow Incident）是引發第二次鴉片戰爭的關鍵事件，事源 1856 年 10 月 8 日清朝廣州水師在商船亞羅號（Arrow）上搜查及逮捕海盜及相關嫌疑犯，後續英國強烈抗議及用武力恫嚇，相關衝突最終成為 1857 年英國對清朝用兵的藉口。參閱：劉潤和、九龍城區議會，《九龍城區風物志》（香港：九龍城區議會，2005），頁 26–27。

7 「馬賴神父教案」亦稱「西林教案」、「廣西教案」，發生於 1856 年 2 月 29 日，清朝地方政府以姦淫婦女、侵佔民田、違背禮教、違反《黃埔條約》越界傳教為由，判處於西林縣傳教的法國天主教傳教士馬賴神父及其他天主教信徒死刑，繼而引發一系列外交事件。事後法國與英國組建聯軍前往進行軍事報復，史稱「第二次鴉片戰爭」。最後，清政府與英法雙方正式簽訂《天津條約》，教案始告結束。

8 劉蜀永編，〈強租九龍半島南部〉，《割佔九龍（香港歷史問題資料選評）》（香港：三聯書店，1995），頁 81–98。

9 陳昕、郭志坤合編，《香港全記錄》（香港：中華書局，1997 年），頁 70。

10 劉蜀永編，《割佔九龍（香港歷史問題資料選評）》，頁 101。

11 譯自《北京條約》英文文本，見於英國外交部檔案 F.O.17/337，頁 239–241。參閱：劉蜀永編，《割佔九龍（香港歷史問題資料選評）》，頁 92–93。

12 即 1860 年 3 月 21 日。

13 〈英國續增條約〉（即「北京條約」抄本，咸豐十年九月十一日，大英一千八百六十年十月二十四日），中國第一歷史檔案館編，《香港歷史問題檔案圖錄》（香港：三聯書店，1996 年），頁 122–124。

14 參閱：1861 年 1 月 20 日依利近伯爵佈告。參閱：葉靈鳳，《葉靈鳳文集第三卷：香港掌故》（廣州：花城出版社，1999），頁 88–93；英軍佔據九龍的日期是 1861 年 1 月 19 日，參閱：蔡榮芳，《香港人之香港史》（香港：牛津大學出版社，2001），頁 36。

15 九龍城風物志編撰小組，〈九龍城自南宋至英佔前的歷史風貌〉，《九龍城風物志》（香港：九龍城區議會，2005），頁 27。昂船洲在 1822 年的《廣東通志．海防略》裏被稱為仰船洲，因為它形似仰船。英國佔領香港期間，由於島上有人從事採石，故英人稱之為「石匠島」（Stonecutters Island）。此島被割讓予英國後，港府將其列為軍事禁區直至 1997 年。參閱：葉碧青，《從深水步到深水埗》（香港：深水埗區公民教育委員會，1998），頁 15。

16 葉靈鳳，《葉靈鳳文集第三卷：香港掌故》（廣州：花城出版社，1999），頁 96–97。

17 "From Acting Governor Mercer to Edward Cardwell, Boundary Stones at Kowloon"，英國國家檔案館殖民地部檔案，CO129/105，1865 年 5 月 12 日，頁 114–135。

18 梁炳華、深水埗區區議會，《深水埗風物志》（香港：深水埗區區議會，2011）。

19 城寨官員雖然不審判罪犯，但可即時在九龍灣淺灘上集體處決。

20 阮志，《禁區：夾縫中的沙頭角》（香港：三聯書店，2021），頁 154–162。

21 阮志，《禁區：夾縫中的沙頭角》（香港：三聯書店，2021），頁 154–162。

22 參閱：漁農自然護理署，〈軍部界石〉及 1930 年代香港軍用地圖及醉酒灣防線地段圖。

23 "Appendix B", *Hong Kong Administrative Report,* 1909, pp.20.

24 "Appendix H5 B. Southern District–Revenue", *Hong Kong Administrative Report*, 1909, pp.20.

25 "Military contribution of Colony–assessment of contribution"，英國殖民地部檔案，CO129-516-3，1929 年 3 月 13 日至 1930 年 3 月 28 日，頁 78。

26 "Appendix K3, Annex B, Joint Report of the Principal Civil Medical Officer and the Medical Officer of Health, for the year 1909", *Hong Kong Administrative Report*, 1909.

27 "Appendix K3, Annex B, Joint Report of the Principal Civil Medical Officer and the Medical Officer of Health, for the year 1909", *Hong Kong Administrative Report*, 1909.

28 啟德濱是九龍城海旁的高檔住宅區，原有兩幢別墅及一列三層高的樓宇，面對鯉魚門，其中別墅後期是著名的民生書院，附近有啟仁道、長安街、啟義道及西貢道直透清水灣。清水灣道昔日叫稅關道，是由於飛鵝山道交界是清朝時稅關所在地，該地現稱茶寮坳。啟德濱原有九龍城碼頭，有來往中環與九龍城的小輪，只可惜九龍城碼頭及上述街道已經於日治時期因日人擴建機場而剷平。參閱：叔台，〈九龍城舊貌〉，《大公報》，1985 年 2 月 23 日。

29 何佩然，《城傳立新 —— 香港城市規劃發展史（1841–2015）》，頁 83。

30 何佩然，《城傳立新 —— 香港城市規劃發展史（1841–2015）》，頁 83；"Report on the Census of the Colony for 1911", pp.38.

31 何佩然，《城傳立新 —— 香港城市規劃發展史（1841–2015）》，頁 83；"Report on the Census of the Colony for 1911", pp.39.

32 "Report on the Census of the Colony for 1911", pp.39.

33 Wesley-Smith, Peter, *Unequal Treaty 1898-1997: China, Great Britain, and Hong Kong's New Territories* (Hong Kong: Oxford University Press, 1980), pp. 138-141.

34 劉潤和、九龍城區議會，《九龍城區風物志》（香港：九龍城區議會，2005），頁 30–31。

35 1933 年 6 月，港府為了改善九龍城寨的衞生，宣佈以換地賠屋方式，要求九龍城寨的全部居民遷往狗虱嶺（今慈雲山山腳），並以 1934 年 12 月為限，期後批准遷往較近的隔坑，該批居民曾向國民政府投訴。同上，頁 35–37。

36 根據 1911 年的《釋義條例》（*Interpretation Ordinance, 1911*）："New Kowloon" means that portion of the New Territories which is delineated and shewn upon a plan marked "New Kowloon" signed by the Director of Public Works and counter-signed by the Governor and deposited in the Land Office. 有研究指根據 1900 年 1 月 9 日《1900 年第 9 號條例》所附地圖，新九龍北邊界沿着九龍山脈的山脊

線，通過筆架山、獅子山、大老山、象山及飛鵝山等山頂直到鯉魚門咀。這與 1937 年新九龍北邊使用 500 呎等高線為分界略有不同。參閱：Historical Walk HK，〈新九龍界線分析 —— 新九龍北界線的構成〉，香港行跡，<https://www.facebook.com/HistoricalWalkHK/posts/>, [取用時間 2025-05-04]。

37 有研究指 1937 年「新九龍 / 新界」界線由四組界線組成：(1) 西界線：A-B-C 界線；(2) 北界線：九龍山脈（包括筆架山、獅子山）500 呎等高線與 WAR Department Lot No. 33A 界線共用界線；(3) 東界線：與 WAR Department Lot No. 15 界線共用界線；(4) 南界線：英方稱為的「界限線」(Boundary Line），直至 1898 年改稱為「舊邊境線」(Old Frontier Line），及海岸線組成。見 Historical Walk HK，〈新九龍界線分析 —— 新九龍北界線的構成〉，香港行跡，<https://www.facebook.com/HistoricalWalkHK/posts/> [取用時間 2025-05-04]。

38 〈由古物古蹟辦事處界定的政府文物地點〉，2022 年 5 月。

39 鄒文君，〈殖民時期新界治理及其演變 —— 以 1940 年代初至 1980 年代大嶼山規劃發展作為線索〉，國立陽明交通大學社會與文化研究所碩士論文（2024 年 7 月，未出版）。

40 饒玖才，《十九及二十世紀的香港漁農業傳承與轉變（下冊農業）》（香港：郊野公園之友會，2017），頁 24。

41 《香港年鑑 1950（第三回）》（香港：華僑日報，1950），頁 70。

42 "The Hong Kong Government Gazette", April 16, 1926, from *Hong Kong Government Reports* (Online).

43 Cheung, Ka Lok, Peiran He and Division of History, Graduate School, Chinese University of Hong Kong, "Town Planning of New Kowloon and Colonial Governance in Hong Kong, 1898-1941", MPhil Thesis (Chinese University of Hong Kong, 2019).

44 劉智鵬，〈香港人香港史：黃耀東 —— 深水埗皇帝〉，《AM730》，2012 年 3 月 15 日；許日彤，《九龍照舊》（增訂版）（香港：中華書局，2022），頁 243。

45 香港地方志中心，〈將軍澳屬於九龍還是新界？〉，香港地方志中心網頁「香港志。大事記」，<https://hkchronicles.org.hk/> [取用日期：2025-05-01]。

46 James Hayes, "Model Village, Kowloon Tsai, Hong Kong", in Journal of Hong Kong Royal Asiatic Society, (2000, Vol. 40), pp. 269–283.

47 刊憲等高線是五百呎等高線之意思，大約相等於 160 公尺（米）等高線。參閱：Colonial Secretariat, Hong Kong Government, *Gazetteer of Place Names in Hong Kong Kowloon and the New Territories* (Hong Kong: Government Printer, 1960), pp.118.

48 何佩然，《城傳立新：香港城市規劃發展史 1841–2015》（初版）（香港：中華書局，2016），頁 83。

49 *A Gazetteer of Place Names in Hong Kong, Kowloon, and the New Territories* (Hong Kong: Govt. Printer, 1960), pp.128.

50 "Boundaries of New Kowloon and New Territories"，政府檔案處檔案，HKRS 934-4-26.

51 圖片來源："Boundaries of New Kowloon and New Territories"，政府檔案處檔案，HKRS 934-4-26.

52 *A Gazetteer of Place Names in Hong Kong, Kowloon, and the New Territories* (Hong Kong: Govt. Printer, 1960), pp.128.

53 同上。

54 原文為英文。"Boundaries of New Kowloon and New Territories"，政府檔案處檔案，HKRS 934-4-26.

55 "Notes on Revised New Kowloon Boundaries, Boundaries of New Kowloon and New Territories"，政府檔案處檔案，HKRS 934-4-26.

56 香港地方志中心，〈將軍澳屬於九龍還是新界？〉，香港地方志中心網頁「香港志。大事記」<https://hkchronicles.org.hk/> [取用日期：2025-05-01]。

57 黑山、黑鬼山（Black Hill）即今五桂山，屬衛奕信徑的一段。

58 "Boundaries of New Kowloon and New Territories"，政府檔案處檔案，HKRS 934-4-26.

59 香港地方志中心，〈將軍澳屬於九龍還是新界？〉，香港地方志中心網頁「香港志。大事記」<https://hkchronicles.org.hk/> [取用日期：2025-05-01]。

60 過背山（Kwo Pui Shan）位於井欄樹村以南一哩的主要山峰，一般稱為「大上托」(Tai Sheung Tok）。參閱：*A Gazetteer of Place Names in Hong Kong, Kowloon, and the New Territories* (Hong Kong: Govt. Printer, 1960), pp.128. 大上托曾是九龍東部的大石礦場，從對岸港島區能清晰看到在大上托的山腰有一片被開採的遺跡。

61 “Boundaries of New Kowloon and New Territories”，政府檔案處檔案，HKRS 934-4-26.

62 何佩然，《城傳立新：香港城市規劃發展史 1841–2015》（香港：中華書局，2016），頁 82–83。

63 參閱：*A Gazetteer of Place Names in Hong Kong, Kowloon, and the New Territories* (Hong Kong: Govt. Printer, 1960), pp.126.

64 梁炳華，《觀塘風物志》（香港：觀塘區議會，2008），頁 63。

65 同上。

66 *A Gazetteer of Place Names in Hong Kong, Kowloon, and the New Territories* (Hong Kong: Govt. Printer, 1960), pp. 126–127.

67 《九龍十三鄉委員會銀禧紀念特刊 1957–1982》（香港：九龍十三鄉委員會，1982）。

68 「走出觀塘・香港風華」，亞洲電視節目，2005 年 6 月 26 日，轉引自：Hong Kong University Digital Repository, <https://digitalrepository.lib.hku.hk/catalog/1j92gf82x>。

69 梁炳華，《觀塘風物志》（香港：觀塘區議會，2008），頁 77。

70 參閱：「秀茂坪慘劇中死亡人士名單」，《一九七二年雨災調查委員會中期報告書》（香港：香港政府印務局，1972 年），頁 16–17。

71 《新界土地契約續期（包括新九龍）》（1987 年 4 月）。

織造夢想

工商發展篇

第三章

新九龍的工業肇始：深水埗的織造業與成衣業發展

阮志、曾家明

香港從 1841 年開埠以來一直以轉口貿易為主導，逐步發展成為戰前在遠東區的轉口港，並形成以航運、倉庫碼頭及船塢業、銀行及保險等金融業為輔助的產業結構。[1] 太平洋戰爭期間，香港對外貿易中斷，但香港在戰後迅速恢復了遠東轉口港的地位。

1950 年代初韓戰爆發，聯合國對中國實施貿易禁運，而美國亦對由中國內地經香港轉運的進口產品實施制裁。一些從上海等內地城市移居到香港的企業家為香港的製造業打下了基礎，而最早發展起來的是紡織業。[2] 伴隨着紡織業的發展，香港的製衣業也迅速擴張。本章簡述香港經濟從加工業過渡為製造業的發展經過，並探討新九龍深水埗及長沙灣一帶的織造業及成衣業發展。

一、香港經濟轉型：從加工中心到製造中心

在 1937 年 7 月 7 日爆發「盧溝橋事變」以前，香港除了造船業外，還有一些輕工業如五金、化學工業，但主要以加工為主。八年抗戰開始，不少工廠從上海遷到香港，加上英國開始備戰，在港訂購大量的帆布、橡膠及五金製品，以備不時之需，這些都帶動了香港工業發展。

1. 戰前九龍的織造廠

戰前香港一般以織造業為最發達的行業：當中以華洋織造廠為香港華商織造廠之鼻祖，創業於 1909 年，創辦人為陳廣慶，為美國華僑，與一美國婦人結婚後回國創設，該廠為美國之咸希織造機總代理。雞仔嘜的故事源於 1930 年代，當時雖然前景不明朗，但是始創人譚躍雲卻在這時開設震歐線衫廠，從事成衣出口業務，開創事業。[3] 有中山背景的謙信織造廠於 1930 年至 1931 年在深水埗建立，其創辦人為王志鵬，中山隆都石門村人，在福華街設廠（今北河戲院附近），是一條龍的織造工廠。因此在 1930 年代，香港織造業已是本地的重要工業。1932 年，在九龍半島的大小織造工廠有 300 至 400 家，[4] 多集中在旺角水渠道、砵蘭街及油麻地一帶。織造業的前景有賴於技藝之革新及所製產品的銷路，而香港與中國內地接近，受惠其幅員廣闊而且人口眾多，有利香港的工商業發展。雖然日本的傾銷政策對香港織造業造成打擊，但歐美國家在研發機械上的先進，亦對香港的織造業帶來一些機遇。

第二次大戰前後，香港的織造品分為襪、笠衫及羊毛織品數種。1940 年本港共計有三百多家織造廠，較大規模者約有二十多家，主要出品線襪、毛巾、頸巾、手帕、背心、內衣、汗衫、土布等。[5]

2. 戰後新九龍的織造業

日佔時期，香港工業被摧殘。香港重光後，因為海外航運未即時恢復，國內及南洋市場呈真空狀態，刺激了香港的工業發展。1947 年香港的對外貿易總額達 27.7 億港元，到了 1951 年增加至 90 億。此時香港貿易迅速恢復，歸因於中華人民共和國成立後急需加強對外經濟聯繫，香港對內地的貿易量於是激增。[6] 在 1950 年，香港的紡織廠已增加至

1930 年代深水埔街道圖，刊登廣告介紹富貴牌線衫

421 家，分別從事紡紗、織造、針織及紡織品整染等不同工作，僱用人數達 25 000 千人，約佔當時全港工廠總數的 29% 和僱員人數的 31%，成為製造業中最大的行業。[7]

1950 年香港織造業相關的主要工廠及僱用人數

業務	廠數	較大工廠	設備	生產能力	僱用人數
織布業	600 家	大都相仿	電機 2 600 部 手機 4 000 餘部	月用棉紗 5 500 包，日生產棉布 28 萬碼	最多有工人 6 萬名
紡紗業	9 家	南洋、九龍、大南、大元、偉綸、南海、香港、聯泰	紗綻 26 萬枚	每月生產量約 3 000 包左右	開足時有幾千人，現不景氣
絲織業	6 家	美亞、華綸、新昌、華藝、勤工、富華	電機 330 台 手機 90 台	最高日生產 31 萬碼，現約 20 萬碼	多時工人近千名，現約 700 左右

資料來源：《香港最新指南》（1950）[8]

由於當時美國及英聯邦國家要求香港產品付運時須備有產地來源證，香港產品（Made in Hong Kong）和中國產品（Made in China）便有了區別。雖然如此，但自從 1953 年香港製衣廠商購進新型電動衣車後，製衣業開始蓬勃起來。到了 1962 年，香港紡織業僱用人數達 27.5%，而製衣、鞋及紡織成品行業的僱用人數達 19.2%。[9] 兩行業的總僱用人數達近 50%，是支持香港勞動市場的兩大經濟支柱。

因應戰後新九龍的發展，一些工廠開始由旺角遷去較大地方的深水埗（當時包括長沙灣），包括利工民織造廠、藝生織造廠等。

二、1950–1970 年代：紡織業興盛帶動成衣產業鏈

戰後，香港的紡織業及成衣業都先後興盛起來，而深水埗及長沙灣作為兩大工業區，見證了兩大工業的興衰，也都曾經發展了香港最具規模的成衣市場。其中深水埗及長沙灣早期聚集大量的紡織廠，包括棉紗、織布、漂染等工序，形成完整的上游供應鏈。

1. 深水埗在戰後成為上游供應鏈

在英國租借新界後，九龍半島西北面的深水埗於 1900 年成為新九龍的其中一區，其區域大部分屬於界限街以北。深水埗曾一度成為英軍發展軍營的地方，與鄰近的昂船洲聯繫起來，其後深水埗軍營坐落在荔枝角道與長沙灣道之間（即今天麗閣邨），惟政府亦銳意發展此區為新的住宅及工商業區。由於成衣生產須經過紡、織、染、縫四個工序，需要的廠房佔地較大，深水埗的新填地成為工業生產的一個具有潛力的地區。於是深水埗區（當時包括長沙灣）聚集了大量紡織廠，進行包括棉紡、織布、漂染等工序，形成完整的上游供應鏈，其中長沙灣香港紗廠是表表者，供應布料給本地成衣廠使用。另一方面，深水埗的南昌街及基隆街逐漸形成布料街，販售各種紡織原料，成為製衣業的物料中心。當時布匹行遍佈汝州街、基隆街、大南街、鴨寮街、石硤尾街、南昌街及黃竹街。1957 年後，政府有意整治市容，於攤檔原地規劃了一列多個三呎闊、四呎長的單位，供布販賣布。[10]

2. 利工民：深水埗區的紡織業名牌

發源於廣州，拓展於香港

在深水埗，戰前的紡織業集中在元州街和北河街一帶發展，主要是家庭式的工廠，以生產內衣褲為主。[11] 到了 1950 年代，有些紡織廠已漸具規模，其中包括了利工民羊毛內衣公司。香港利工民織造廠有限公司（簡稱「利工民」）由祖籍廣東順德的馮籌如（1885–1952）創辦，在創辦利工民織造廠前，他從事洋貨買賣生意。1923 年，馮籌如在廣州龍津路成立了利工民織造廠有限公司。[12]「利工民」的名稱與工人及農民有關，意思是「有利於工人和農民」，反映馮氏關心平民百姓所需，是希望所生產的衣物能有利於工人及農民等普羅大眾。早於 1930 年代，馮氏已經開設門市於香港中環德輔道中，於旺角砵崙街（今砵蘭街）設廠，由於深水埗的地點屬於新九龍地區，政府亦開發了貫通新界的青山道及大埔道，使運輸更為便利，加上地價較便宜，馮氏在戰前已將廠房遷至深水埗南昌街。[13]

在 1950 年代，利工民的廠房面積已有一萬多呎，有針織衫襪機械及附屬機械共百餘台，每月衫類有四千餘打，襪類有三千餘打，在有需要時可以增加產量，而工廠工作間可容納 200 名工人。[14]

1930 年代，利工民織造廠港行位於中環德輔道中

1930 年代，位於旺角砵蘭街的利工民織造廠

利工民廠房內工人的生產情況

1974 年的利工民電視廣告，右面男角穿秋蟬牌羊毛內衣（螢幕截圖）

戰前的北河街，是華人商鋪的集中地（圖片由許日彤提供）

利工民商標

利工民出品的產品以鹿牌、光華牌、秋蟬牌為商標，並在本港及外地註冊商標使用，在 1950 年代出品衫襪有數十種之多，而行銷地區主要是香港及南洋各地。[15] 該廠出品有棉織及毛織貨品，當中以棉織為主，其鹿牌產品包括金鹿、藍鹿、紅鹿，其中以金鹿牌被認為是利工民的代表作。[16] 其實一件線衫的製造包括了機織、漂染、裁剪、鈒骨、車縫、打鈕及焗熨等多個工序，並經過十幾重部門的工作才能完成，[17] 其中所涉及的技術並非簡單。現將 1952 年 5 月及 1953 年 7 月的利工民衣服價目列出作參考：[18]

1952–1953 年利工民衣服產品價目

1952 年 5 月

產品	每打售價（港元）
金鹿短袖衫	138
藍鹿短袖衫	103
藍蟬文化衫	46.8
鹿牌十四年精緻襪（一骨）	29

（續上表）

產品	每打售價（港元）
鹿牌十四年精緻襪（四骨）	37.8
鹿牌蘇絲精緻襪（一骨）	33
秋蟬牌 500 絲光線襪（一骨）	23.5
秋蟬牌 500 絲光線襪（四骨）	27

1953 年 7 月

產品	每打售價（港元）
金鹿文化衫	128
藍鹿文化衫	100
紅鹿文化衫	88
藍光華牌文化衫	61
藍蟬文化衫	26
紅蟬文化衫	27

1953 年利工民曾舉辦比賽，徵求廣告，[19] 可見該公司認識到廣告宣傳的重要性。利工民在當年工展會設有大攤位，吸引買家顧客參觀。1967 年 11 月 19 日無綫電視啟播，利工民看準當時的電視觀眾市場，即製作利工民廣告：一位男士見另一位老人沒有穿着羊毛衫打冷顫，向他說：「着番件利工民秋蟬牌羊毛衫啦，好暖㗎！」成為成長於這個年代的香港人的集體回憶。[20]

利工民秋蟬牌

集體回憶：香港製造的名牌

因應功夫熱潮，在李小龍和周星馳的功夫電影中，主角常穿着類似利工民線衫，因此這類線衫又名為「功夫衫」。時至今日，利工民是香港歷史最悠久的內衣生產及零售商。商戶遍及世界各地，主要有日本、美國、新加坡等國家。凡有華僑的地方差不多都有鹿牌線衫的銷行。而利工民出品是最負時譽的針織產品，其榮譽出品有金鹿牌及藍鹿牌、光華牌及秋蟬牌等貨品，均受社會廣大人士所歡迎。[21] 馮壽如於 1952 年 8 月 21 日去世，之後公司繼續

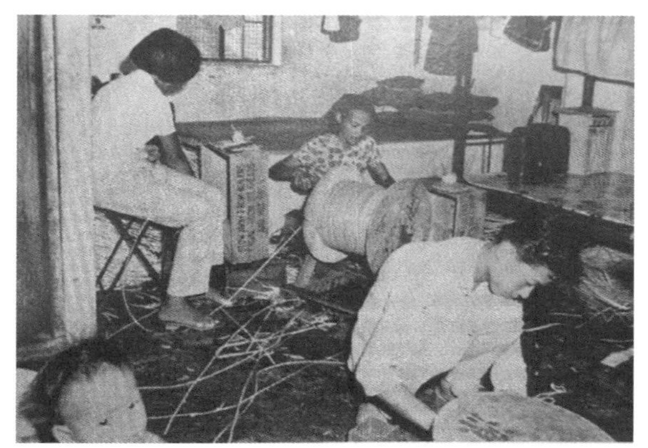

早期的山寨式工廠

現在的永康工廠大廈入口（Margaret Wong 攝於 2018 年）

由姪兒馮白堅和兒子馮嘉祥、馮浩卿及馮嘉鎮管理。[22]

今天，深水埗南昌街與元州街的交界處仍然可見在 1950 年代設立的利工民門市。多年來，利工民堅持在香港設廠生產，現時廠房設於九龍深水埗青山道的百美工業大廈，佔地約萬多平方呎，大部分生產線也設於香港，並仍在灣仔莊士敦道及深水埗南昌街設有門市。同時設有數十個代理商，遍佈港九、新界及澳門，是名副其實的「香港製造」（Made in Hong Kong）。利工民這品牌彷彿見證了香港紡織和製衣工業的發展變化，代表香港人的創業精神。

3. 家庭式工廠的運作及地域：以金輪織造廠為例

深水埗是香港織造業的發源地，早於戰前在元州街、福華街及北河街一帶已建立不少家庭式織造廠（俗稱山寨廠）。到了戰後，織造廠的廠址較多分佈在長沙灣及深水埗，特別是長沙灣道、元州街及青山道等地。

▌創業於深水埗唐樓

王紀常（1908–1963），祖籍中山隆都石門村，他曾在廣州惠福西路開設謙信織造廠。[23] 1949 年後他來到香港，在深水埗元州街開設織造廠。當年王紀常掌握了其兄王志鵬的技術，為了創業，他毅然從朋友的手上接手了一間織造廠，將這門手藝在香港由頭做起。位於元州街 80 號（近欽州街）的金輪織造廠因王紀常的努力打響名聲，從家庭式工廠發展為一間有外國買家投資的公司。王氏沒料到其生意由五十至六十年代愈做愈有規模，由元州街 80 號，再於元州街 136 號加設工廠，然後王氏再將工廠遷到長沙灣永康街的永康工廠大廈，以及其後的元州街泰盛工廠大廈；其間王氏亦曾在大埔道昌發工廠大廈（泰盛隔鄰）、元朗十八鄉村屋開設橡筋廠，生產內褲所用的橡筋。然而，後來政府加強推行防火條例，工廠需要登記及領牌，故橡筋廠最後才搬進了長沙灣的政府工廠大廈。[24]

金輪織造廠生產布匹的廠址就在該幢唐樓地面的一個舖位，是前廠後居的家族式經營模式。其後因原址不夠地方，便在元州街 136 號加設工廠，生產內褲，並因生意愈做愈大，不斷擴充。當年深水埗區本身有很多織造廠，包括王志鵬的謙信織造廠（該廠在 1930 年初已開業）。那時整條元州街都是成衣工廠，附近的醫局街、福榮街、福華街及青山道均分佈不少成衣工廠，這些街道的工廠均是廠住混合，被稱為「山寨廠」。它們通常後面是住宅，前舖為門市、工廠或商舖。後來成衣生意增加，製衣廠規模擴展，才逐步分散至長沙灣、荔枝角的工業大廈內設廠。因此王氏的織造廠規模擴張後，廠房便遷出住宅，搬入正規的工廠投產。

1954 年王紀常最初接手元州街 80 號的金輪織造廠時，前舖設有打紗機、翻紗機及織布機，這三部機均是設廠的必要機械。閣樓是父母的居住處；地下後面有一間房，是其女兒及兄長的睡房；其他地方包括天井、廚房等，是他們生活的地方。至 1956 年，王氏加設成衣部，先在閣樓加了裁衣部。但由於規模日益擴大，王氏後來在元州街 136 號多租了一個工廠單位作成衣部，開始生產內褲，單位內有不同種類的縫紉機及包裝部。據王氏女兒 Margaret 憶述，該單位在三樓，地方偌大，是一個約二千平方呎的長型單位，左面第一排有三四台裁衣機，做裁布；中間兩排為衣車，做鈒骨[25]及「車嘜頭」（即縫製商標），右面的一排是做熨衫、包裝及辦工的地方，連同車衣工人一共十多個員工。[26]

當線織成了布後，工人會找一塊白色的布條，寫上布料資料，便可安排送貨去進行成衣製作。以生產內褲為例，工廠在閣樓上共有五六個裁衣，工人多是女工。當時女工工資大約兩至三元一天（以 1950 年代計），以日薪計算。當時因為有大批熟練工人從內地湧入香港，工廠可聘請足夠的女工。她們先拿布去給其他工廠漂染顏色，然後裁布，再印上不同花紋，最後拿到元州街 136 號進行鈒骨、上線和上橡筋等工序。

元州街 136 號三樓（有舊式窗框的單位）是金輪織造廠原址（阮志攝於 2025 年 5 月）

約 1960 年代初，金輪老闆王紀常坐在辦公桌，後面為熨衣部

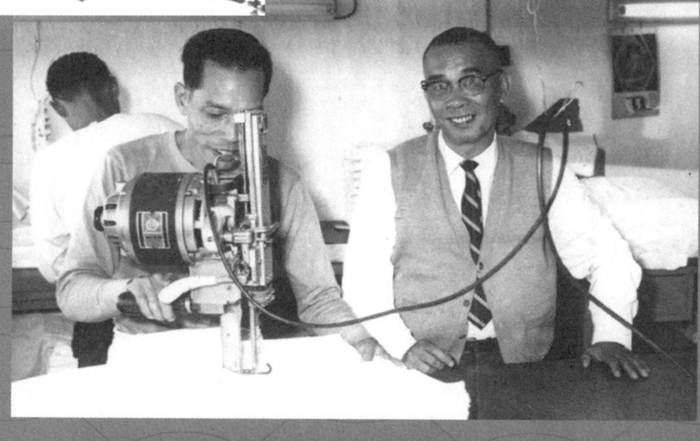

約 1960 年代初，師傅使用裁衣機裁布，金輪老闆王紀常站在旁邊

搬進工廠大廈

王紀常的針織廠規模擴張後，廠房便遷出住宅，搬入正規的工廠投產。在1962年至1963年，王氏的工廠搬到永康街的工廠大廈，即現時的永康工廠大廈，廠房比山寨時期大很多，可以分開不同部門（科）運作，如裁衣及熨衣部等，可以放置大型的裁衣機。後來工廠收到更多訂單，便開始製造內褲。那時棉紗公司會將棉紗送來，工人便用織布機織布，織布後交給外面的工廠漂染，然後取回再用裁衣機裁布，之後經外面工廠印花，再進行加工，包括鈒骨、上浪（褲襠）、冚骨、打腳、上橡筋、車嘜頭（商標）、熨平、入膠袋、入盒及入卡通箱等工序。

當時一部由日本進口的大型熨衣機可以同一時間熨很多塊布。另一部大的裁衣機可以根據手畫的樣板，裁出很多塊布。因為裁衣機體積較大，多由男師傅操作。至於打紗、翻紗的工作，全由女工負責。織布亦多為女工，而包裝則是全男班。王紀常女兒Margaret記得在金輪結束營業時，她將那部體積很大的日本進口熨衣機贈送給伯父經營的謙信織造廠。當謙信也結束營業時，她捐贈該熨衣機予理工學院的製衣學院。當時福華街有不少織造廠及染廠，Margaret伯父在福華街開設了謙信織造廠，另外同鄉方東來在欽州街亦開設僑光織造廠，後來這些織造廠中的大部分都搬至大角咀、青山道和近美孚段的永康街。

當時的工作時間其實是全天候：每日12個小時，由上午7點一直至晚上6時至7時，一星期七天工作，故此工人基本上沒有假期。Margaret在由耶穌寶血會女修會開辦的德貞中學就讀，她憶述讀中六時，工廠生意好轉。後來她畢業當教師時，因為要到父親的工廠幫忙，她要將教書的時間改為下午，在小學下午校任教，以遷就工廠的工作時間。1967年暴動後，金輪的生意開始收縮，加上英國的訂單價格愈來愈低，他們為了薄利多銷，轉而為美國配額繼續生產，但最終因經營困難於1971年左右結束營業。後來其員工另行自組公司，在醫局街設廠繼續經營，接英國的訂單來維持生意。1972年至1973年，Margaret轉到醫局街的泰盛出入口公司會計部，擔任兼職出入口文員，上午上班，下午則繼續在學校教書。該公司內也有工人做鈒骨等工序，而生意則是數人合資開辦，主要是金輪織造廠的前員工。

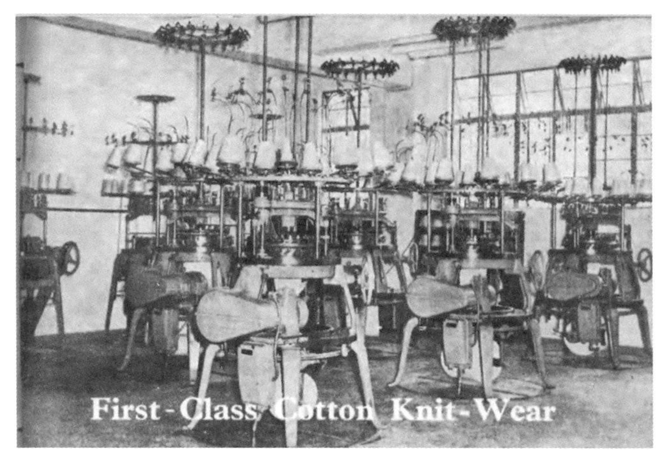

1950 年代設有先進針織機的織造廠內觀

4. 織造廠的生產程序

香港政府在戰後就香港的織造工廠進行調查，以了解工業的復甦動向。政府工業署在 1956 年代出版的《貿易月刊》，刊登對香港其中一間最先進的織造廠生產的一級棉織品所進行的研究。據報它是當時香港最新建立的一間針織廠，擁有最現代化的針織機及最優質的原材料，可以生產出世界市場認可的高品質產品，當中涉及頗複雜的生產程序，包括織布、漂布、裁布、烘乾等專業過程。

織布

一般針織廠透過安裝現代機械和使用最好的原材料，便可以生產出在世界市場受認可的高品質產品並獲利，生產的產品通常為背心、T 恤及其他類型的服裝。從當時的照片所見，工廠有八台針織機，廠房內部有通風系統，因隨着市場的走勢而創立，他們多收來自英國、印度、非洲和加拿大的訂單：

> 工廠會使用優質的棉紗，並且都是在當地市場購買的。有工廠可以有多達八台針織機運行，每台機器有 1 488 根針，每小時可處理一磅紗線。它每次使用 20 個線軸，以互鎖方式或多種羅紋圖案之一編織出連續的織物「袖子」。這些機器透過壓縮空氣清潔並自動潤滑；它們的結構使得一旦紗線斷裂，它們就會立即停止。

針織物進行徹底的清洗、漂白和染色處理

布料經過蒸汽加熱的滾筒處理。

將布料通過加熱的空氣流，導引到樓上的地面來進行乾燥

漂白

員工對針織物進行徹底的清洗、漂白和染色處理，其間透過一部烘乾燥機將布料的水分全部去除：

> 前兩個工序使用鹼性溶液，在一個巨大的桶中進行，大約 15 000 磅的織物可以在三到四個小時內被漂白。然後，材料在三台超現代化的不銹鋼機器中進行染色和清洗，這三台機器的容量分別為 400 磅、200 磅和 70 磅。採用優質瑞士染料，每台機器在最大容量下過程耗時長達十小時。最終將為外套提供九種迷人的顏色。染色完成後，將織物放入容量高達 300 磅的烘乾機中去除水分。然後，「袖子」被放入另一台烘乾機，該烘乾機透過將織物向上拉過一股熱風去除任何殘留水分。[27]

裁布

工廠的佈置使得布料從天花板上升到樓上，直接經過壓延工序，蒸汽加熱的滾筒對布料進行整理，並為裁剪做好準備：

> 裁剪完成後（目前由三名熟練的工人負責），布料被送到縫紉機整理，然後送往壓榨車間。最後，檢驗員和包裝部門將服裝準備運往海外或當地零售商。這間公司的生產範圍迄今僅限於成人和兒童背心和 T 恤，但生產範圍很快就會擴展到其他類型的服裝……
>
> 任何產品在投入生產之前都會進行預裁，以確保舒適耐用。公司聲稱所有服裝均保持完美貼合且不會縮水。由於採用優質材料，成品異常柔軟細膩，經久耐穿。

根據報告資料，這家工廠僱用的所有工人都擁有豐富的工作經驗，「因此產品質量上乘，使其成為現有工廠名單中的重要一員」。當時，香港共有 245 家註冊針織廠，僱用了約 9 400 名工人，並為數百名外來計件工人提供了就業機會。他們提供的產品種類繁多，最著名的是手套，材質有羊毛、棉、尼龍或線，有素色或花紋，有串珠或刺繡。還有一些商品雖然不如香港手套那麼知名，但同樣質量上乘，價格也極具競爭力，例如內衣、襪類、泳衣、童裝、運動衫，以及一些非常漂亮的長袖套衫和兩件套。[28]

三、織造廠的行業聯繫

1. 織造業的工種及工會組織

1950 年代至 1960 年代，織造業的員工組織香港織造業總工會（Hong Kong Textile Labourers' Association），由各任職織造廠的員工自發組成，除了個別職位如理事長是上海人外，大部分會員均來自廣東西部的中山、南海、番禺及順德一帶，可見織造業的員工以珠三角以西的內地移民為基礎，而工種包括技工、文員、扁機、燙衣、漂染、裁衣及車衣，工會大部分會員從事織造技工。

有趣的是，有很多會員的住址也是任職商號的地址，即他們通常住在廠址，或者工廠有提供宿舍給他們居住，住在宿舍也方便介紹工作的同鄉照應。因為那位介紹工作的同鄉初來香港時也是如此。漸漸地，這些同鄉成為了一個社群，成立同鄉會。如中山隆都織造會，它位於南昌街，是一個由中山織造廠同鄉組成的會社，他們的會址現仍存在。

2. 織造廠的中山同鄉背景

1950 年代香港已有棉紗供應，位於青山道的香港紗廠是本地著名的紗廠。紗廠是高投資行業，廠房佔地廣。製衣廠採購棉紗後，交予小型布廠加工。針織和梭織屬於兩種技術不同的手藝，所用的機器結構亦不同，由兩類師傅操作。梭織不用織針，梭織布沒有彈性，包括斜布、恤衫布、燈芯絨、牛仔布等。謙信織的是針織布。[29]

在 1950 年代初，一批上海紡織業界企業家南下香港，將之前向英國購買的最新紡織機運來香港。為適應世界市場需要，不少紡織家轉為成衣製造商，當時英國商行有鑒於香港可享有英聯邦特惠稅，故大量在香港購貨。有不少來自中山的織造企業家來港，金輪是其中一間，這些企業家除了織布外，其後亦接訂單製作內褲，從織布、裁布、標籤、鈒骨、製衣以至出口都是一條龍，除了成衣的紙盒要找外判訂製外，基本上不假外求。

至於當時織造廠為何會比較集中在深水埗一帶，主要是因為同鄉都在深水埗。大家的籍貫都是中山，如王紀常籍貫是中山隆都，同鄉開設的廠房「多數會請自己人幫手，當然有規模後亦會請其他鄉里，因為同鄉不夠人手」。[30] 如欽州街僑光織造廠的老闆方東來，籍貫也是中山。整體來說，行業最興盛是

織造業員工總會會員的職業及任職商號 [31]

在會職位	籍貫	職業	任職商號	地址
理事長	上海	織造技工	美倫織造廠	長沙灣道 50 號 2 樓
副理事長 1	番禺	織造技工	李裕興織造廠	元州街 132 號
副理事長 2	雲浮	織造文員	民力製衣廠	旺角道 40 號 6 樓
會務主任	雲浮	織造技工	散工	—
副會務主任	中山	織造技工	明生織造廠	長沙灣道 268 號
財務主任	新興	織造技工	雅美織造廠	青山道 654 號 5 樓
副財務主任	台山	織造技工	散工	—
文書主任	四會	織造技工	南記廠	基隆街 205 號地下
副文書主任	三水	織造技工	新六織造廠	西洋菜街 456 號地下
福利主任	台山	織造扁機	東成織造廠	運動場道 3 號地下
副福利主任	南海	退休	退休	退休
組織主任	南海	織造燙衣	金山織造廠	醫局街 1037 號 6 樓
副組織主任	羅定	織造漂染	華興織造廠	鴨寮街 110 號 2 樓
調查主任	台山	織造裁衣	散工	—
副調查主任	清遠	織造扁機	永大漂染廠	李鄭屋村 M 座 77 號
交際主任	三水	織造扁機	散工	—
副交際主任	鶴山	織造漂染	同發製衣廠	福榮街 511 號地段
康樂主任	新興	織造技工	三和織造廠	欅樹街 17 號 7 樓
副康樂主任	中山	織造技工	奇峯織造廠 [32]	長沙灣道 928 地段
婦女主任	新會	織造文員	大昌織造廠	大南街 216 號 6 樓
副婦女主任	順德	織造車衣	散工	—
候補理事	新會	織造技工	大昌織造廠	大南街 211 號 6 樓
候補理事	鶴山	織造漂染	昌興漂染廠	永康街 24 號地下
候補理事	番禺	織造漂染	英昌漂染廠	九江街 135 號地下
候補理事	上海	織造技工	華安織造廠	必發道 99 號
監事長	中山	織造漂染	永大漂染廠	荔枝角道 2357 地段
副監事長	連縣	織造扁機	散工	—
風紀主任	惠陽	織造裁衣	福強織造廠	福華街
副風紀主任	南海	織造扁機	棉翔織造廠	福華街
審查主任	梧州	織造文員	散工	—
候補監事	東莞	織造扁機	文旺織造廠	福全街 14 號 2 樓
候補監事	新會	織造扁機	散工	—
核數員	新會	織造技工	協成織造有限公司	荃灣柴灣街 303 號地段

六十年代尾至七十年代，當時英美的經濟強勁，紡織廠的生意周期都是跟隨美國和英國的大勢，大約三年便是一個循環。由於與外國做生意，英文必須流利，以前在中上環商業區有很多洋行開始做出入口，由於他們熟諳生意技巧及英文，故此可以跟英美的買家保持緊密的聯繫。Margaret 的父親跟英國的買家有生意來往，其中一位名為 Pugh 的先生，她記得某次他親自來到香港洽談生意，幾位紡織廠的大老闆及其他企業家均大擺筵席招呼他，在席的還有人稱「十一叔」的步陞鞋廠老闆陳先生 [33]，欽洲街僑光的老闆方東來、其弟及兒子，以及金輪針織機師傅劉國，可謂相當熱鬧。中山同鄉需要保持聯繫，有需要時可以幫忙，特別是在貨源或資金短缺時，同鄉可以有一個照應，互相扶持。

3. 謙信織造廠：支援同鄉

在王志鵬的謙信織造廠工作的王惠娟，現在已九十多歲，1934 年她沒有隨父親移居美國。雖然家境富裕，但她與父親的關係不理想，故此十幾歲時隻身從中山隆都來港投靠王氏，因為她的父親與王志鵬是朋友。王惠娟便寄人籬下在謙信打工，她憶述謙信織造廠位於福華街 102 號至 108 號，102 號是車衣、燙布，104 號是正門、辦公室及包裝部，而 108 號是織布、閣樓裁衣及睡房。[34] 王惠娟記得織造廠有漂染部，設於地下，工人在那裏漂染布匹，而染布的染料味道濃烈。她當時基本上每個部門都有做過，工作十分辛苦，但其實最

本地廠商設宴款待來港的英國買家 Mr. Pugh（前排中），金輪織造廠老闆王紀常（後排右二）、金輪針織機師傅劉國（後排右一）、僑光織造廠方東來（前排左一）及步陞鞋業老闆「十一叔」陳先生（前排右三）當年的合影

約於 1960 年代的青山道，可見以售賣麵包著名的金門餐廳（左）及檀島冰室（右，與東沙島街交界）（圖片由許日彤提供）

不為外人道的是，獨自一人在香港會有一種離鄉別井的感覺。她當初來港時在新法書院就讀，未正式畢業已在工廠打工，雖然父親有給零用錢，但也不敢隨便亂花。

青山道是戰後新工業區，該區的工人需要大量食肆以解決早午餐，因此形形式式的茶餐廳、冰室在青山道及元州街一帶出現。王惠娟記得在北河戲院對面的星洲冰室，當時因為沒錢在冰室內用膳，只會去光顧新鮮出爐的蛋撻及麵包，她喜歡買星洲的椰絲包。因為經常光顧，老闆娘多年後在元朗重遇她時，也會與她打招呼，令她喜出望外。另外，該區出名的雪山冰室於 1956 年創立，現址在元州街近嘉頓的位置，而檀島冰室則在 1942 年創立，舊址在青山道及東沙島街交界。[35]

四、織造廠品牌：款式永不過時

1. 李裕興織造廠：爵士牌

金輪織造廠隔鄰的李裕興織造廠，位於元州街 132 至 136 號地下，而金輪則在三樓，亦是 136 號。李裕興織造廠的織造技工梁澤波籍貫是番禺，他曾担任香港織造業員工總會的副理事長。[36] 李裕興織造廠生產的品牌包括爵士牌、

李裕興織造廠，位於元州街 132 至 136 號，中間樓梯通往三樓金輪織造廠

李裕興織造廠出品的線衫

李裕興織造廠在工展會的攤位

千里鏡牌笠衫的註冊商標，廠址在水渠道 42 號

藝生織造廠的三鎗牌線衫廣告

單荔牌、雙燕牌、三荔牌及歌王牌各種線衫，[37] 亦曾在工展會設攤位銷售及推廣其品牌。

2. 藝生織造廠：三鎗牌

藝生於 1929 年在香港創立，創辦人岑崇輝原先從事東南亞進出口業務，東南亞也是藝生的主要市場，尤其是菲律賓、泰國和山打根（今馬來西亞）。1949 年鼎盛時期，香港有超過 70 家製造商，藝生、周藝興、全新和利工民並列為香港四大線衫製造商。藝生原廠房位於旺角水渠道 36 號至 44 號，距離周藝興及全新廠房不遠。該公司成立時資本為 20 萬元，最初工廠擁有約 70 名工人、300 台機器，每天生產約 1 000 件汗衫。藝生行銷的品牌包括千里鏡牌（1931 年註冊）、自由車牌（1935 年註冊）、BBB 牌（1936 年註冊）和三鎗牌（1940 年註冊）。[38]

1949 年，藝生織造廠在青山道 205 號開設新工廠。1952 年，該工廠有約 100 名工人，日生產量為 200 打背心。[39] 然而，由於 1949 年後失去了大陸市場

（該市場曾占據行業銷售的 40%）以及菲律賓的進口管制，該公司與其他同行一樣遭受困境，實際產量大約只有生產力的一半。

3. 周藝興織造廠：周藝興牌

旺角白布街和黑布街交界，是昔日染製及售買布料的周藝興織造廠，由廣州商人周頌庭創立，廠房包含織造、漂染、製衣及銷售，實行一條龍生產，價廉物美，周頌庭更享有「毛衣大王」的美譽。1960 年，周氏將廠房改建成周藝興大廈，後改名為「藝興大廈」。雖然染廠已不復見，但街名仍記住了昔日紡織染製的痕跡。[40]

4. 全新織造廠：555 牌

創立於 1928 年的全新織造廠，原位於新九龍的塘尾道，初時以「粵港澳叻全新織造廠」為招牌，是一家堅持百分百由香港人手生產縫製及管理的廠房，以傳統方式生產客戶支持的線衫。全新針織廠的 555 牌棉質內衣行銷馬來西亞、新加坡、中國內地及港澳台地區。

全新織造廠的 555 牌旗下分三種款式：三粒鈕功夫衫、圓領文化衫和無袖背心。在 1984 年的《號外》中，筆名何瀚妮的文章細說穿「白 Tee」的男人如何性感，當中所指的就是全新織造廠出品的文化恤衫：

> 棉紗幼滑如絲，貼薄輕盈，夏天穿起來時，給人的感覺是爽涼清醒，舒適暢快……雪白的薄內衣，被下面結實的軀體襯上一層若隱若現的肉色，那種東方式的性感，實在出乎我意料之外。

除了 555 牌外，全新亦有製造五環牌，李小龍在電影中穿着他們的產品。另外，1956 年 11 月 20 日出生於美國加利福尼亞州的荷里活女星兼製片人寶黛麗（Bo Derek），於 1979 年的影片《十》（*TEN*）中有一個性感造型就是穿上全新織造廠的純白長袖上衣，令人印象深刻。此後她相繼主演了多部影片，1980 年更憑電影《十》榮獲最佳新人女演員提名。

可惜經過 90 年，全新織造廠位於九龍大角咀埃華街 33 號安業工廠大廈 6 字樓的第一工廠於 2018 年 6 月停止運作，標誌着這間以「香港製造」著稱的織造廠完成歷史任務。雖然全新織造廠已結業，但關閉前生產的 555 牌線衫依

周藝興織造廠的包裝部

位於塘尾道以「粵港澳叻全新織造廠」為招牌的全新織造廠

全新織造廠內部，女工使用針織機編織布料（圖片由全新織造廠提供）

織造廠熨布部工作情況

555 牌線衫及荷里活女星寶黛麗穿着線衫的電影海報

全新織造廠生產的五環牌成衣包裝盒

然於各大門市或分銷商有存貨，有興趣穿着這款劃時代線衫的朋友，現仍可以在裕華國貨等傳統百貨公司選購。

五、深水埗與織造業有關的工業或廠房

自戰後到1960年代，深水埗的南昌街、基隆街逐漸形成布料街，販售各種紡織原料，成為製衣業的物料中心。此外，成衣業的發展亦帶動其他相關工業的發展，政府亦因應山寨廠可能對附近民居造成影響，籌建一些徙置工業大廈，讓山寨廠搬進正式的工廠大廈。

漂布廠——當年與織造廠有密切聯繫的染布廠多在工廠大廈地下設廠，以方便去水及可利用天井，染布使用的染料是帶有酸性的染色劑，會發出刺鼻的氣味，可說是一種厭惡性行業。漂布廠通常等候製衣廠下單，但曬布的地方則在天井或天台，當時在青山道及荔枝角道一帶的工廠大廈天台經常見到一批一批的布匹，可見漂布廠成為該區的一個特殊工業。

橡筋廠——內褲的其中一樣重要工序就是上橡筋，原先金輪織造廠的內褲橡筋要向人訂購，其後該廠老闆索性自己生產，在元朗十八鄉村屋開設橡筋廠，廠房原屬於他們的祖屋，鄰近昔日光明學校。後來政府加強推行防火條例，工廠需要登記及領牌，故橡筋廠才搬進了長沙灣徙置工廠大廈，另在昌發工廠大廈也開設過橡筋廠。[41]

徙置工廠大廈——長沙灣徙置工廠大廈區位於東京街口，是香港首批徙置工廠大廈，於1960年至1965年間落成，位置處於1950年代第一階段的填海造地區域。這些公營的工廠大廈既提供廉價的廠房給工業家，也促使深水埗的工業生產走上多元化的密集式發展。[42] 深水埗碼頭附近及區內徙置區人口集中，當中不少是貧苦居民，他們為成衣業提供了大量勞動力，[43] 促成深水埗迅速發展製衣業。此外，當時紗廠工業還衍生了不少的行業，如北河街的匹頭行及附近的織帶業和鈕扣業，而荔枝角道則有多間賣縫紉機的店舖。徙置大廈在1973年起由香港房屋委員會管理。[44]

布料批發攤檔——由於香港紡織業發達，成衣廠能快速取得優質布料，減少進口成本，提高生產效率。深水埗的汝州街及大南街出現大量裁縫店和車衣工廠，形成「前店後廠」模式，一些廠家直接從附近布行採購原料，再加工為

周藝興織造廠的漂染部，工人在漂染布匹（攝於 1941 年）

長沙灣徙置工廠大廈是香港首批徙置工廠大廈

六十年代荔枝角道與界限街交界處可見漂染後的布料在天台晾乾

位於大南街的布料批發檔

成衣。由於成衣廠的集中，深水埗的基隆街、大南街一帶有商販批發布料，主要供應本地客戶及東南亞買家。一些廠家在長沙灣的工廠大廈內設立小型批發部，直接銷售庫存及次貨。

六、1970 年代以後：織造業衰退，成衣批發依然蓬勃

1970 年代後，香港織造業因成本上升逐漸北移，加上美國配額限制等因素，發展衰退。但成衣業仍保持競爭力，深水埗和長沙灣的成衣廠轉向高附加值產品如牛仔褲及時裝等。織造廠的生意，由於利潤開始收縮，美英的訂單價錢愈來愈低，織造廠未能在薄利多銷的情況下繼續生產，最終因經營困難於 1970 年代後期陸續結束營業。有員工自組公司，設廠繼續經營，續接歐美訂單。另一方面，成衣業依然蓬勃，由於生產規模擴大，廠家需要更專業的批發渠道，因此有時裝批發大廈開始興起，例如長沙灣的成衣批發中心。此外，在荔枝角道及南昌街，現在仍然有售賣縫紉機、剪線頭機、鈒骨機、衣車等織造業用的機車，針車廠如東成、葉榮安及環球等繼續經營，反映此區的成衣業特色並沒有改變。

深水埗的荔枝角道、欽州街一帶因靠近工廠區，逐漸形成成衣批發集中地，例如荔枝角道集中了大量低價成衣批發商，供應街市攤販和小型零售商。近西

位於南昌街與荔枝角道交界的東成針車行有限公司

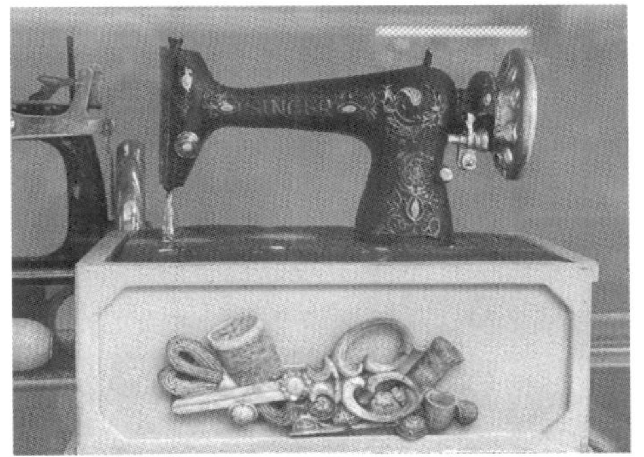

東成售賣的古董勝家衣車

九龍中心的深水埗欽州街布匹批發市場（簡稱「棚仔」），亦出現較多時裝批發店，吸引本地時裝店主採購。由於深水埗租金較低，不少中小型批發商選擇在此設點，形成平民時裝基地或平民時裝批發中心。長沙灣的工廠大廈如香港工業中心、長沙灣廣場等，聚集了較高檔的成衣批發商，主要做歐美品牌代工（OEM）或本地設計師品牌。部分廠家直接設立 Showroom，供海外買家看樣訂貨，形成「廠家直銷」模式。

1990 年代後，香港紡織業幾乎完全北移，但深水埗的布料市場（如「棚仔」及南昌街布市場）仍存活，供應小批量訂單、文創品牌及學生設計師。成衣批發市場因本地生產減少，轉向進口批發，如從中國、東南亞進貨。深水埗的成衣批發仍集中在荔枝角道、鴨寮街，但顧客從本地零售商擴展至遊客、網店店主。近年興起的文創產業（如 D2 Place、賽馬會創意藝術中心）也吸引年輕設計師到深水埗採購布料，形成「設計—生產—銷售」的小型生態圈。長沙灣的成衣批發趨「B2B」模式，如時裝批發中心（Fashion Wholesale Centre）主要做品牌訂單，或供應連鎖店。部分工廈轉型為時裝陳列室，吸引國際買手，延續香港作為亞洲時裝樞紐的角色。

七、小結：延續「香港製造」的關鍵角色

二十世紀初，深水埗作為新九龍的重要工業區，憑藉臨海的地理位置、低廉的土地成本及充裕的勞動力，逐漸成為香港紡織業與製衣業的發源地。1920年代，區內開始出現小型織布工廠與家庭式裁縫作坊，主要生產粗布、蚊帳布等低技術紡織品，供應本地及華南市場。此時的深水埗仍以傳統漁農業為主，但隨着九龍半島的都市化，工業雛形已悄然成形。

1930年代，隨着香港轉口貿易的興盛，深水埗吸引了部分上海及廣東商人投資設立小型紡織廠，例如利用唐樓底層開設的「山寨廠」，使用手搖紡紗機和腳踏縫紉機生產棉紗與簡單成衣。然而日佔時期，工業活動幾近停頓，許多廠房遭破壞或徵用，工人流散。

戰後，深水埗迎來轉機。1940年代末，大量內地移民（尤其是上海紡織資本家與技術工人）南逃至香港，帶來資金、設備與技術。深水埗因交通便利、土地寬敞（如荔枝角道與欽州街一帶的倉儲空間）及政府寬鬆的工業政策，成為新興紡織業的核心區。1950年代，南豐紗廠、中央紗廠等標誌性企業相繼在青山道設廠，引入自動紡紗機，推動產業機械化。同時，周邊的布行與輔料市場（如基隆街）逐漸形成聚落，奠定深水埗作為全港紡織原料集散地的地位。

這一時期，深水埗的紡織製衣業仍以代工為主，產品遠銷東南亞，但已為1960年代香港成為「亞洲成衣之都」埋下伏筆。密集的廠房、嘈雜的機器聲與工人日夜輪班的身影，共同構成了戰後深水埗的工業圖景，也塑造了該區草根而勤奮的社區性格。

深水埗區於上世紀五六十年代是香港織造業及成衣業的核心區，不論布料、鈕扣、拉鏈、花邊，批發或零售一應俱全，亦聚集不少織廠、染廠和製衣廠，織造業和製衣業帶動香港經濟起飛，並晉身「亞洲四小龍」。即使這行業於上世紀八十年代漸趨衰落，但現時深水埗仍是本地設計師尋找靈感的天堂。今天，深水埗和長沙灣的紡織業與成衣批發業雖不如昔日興旺，但其創業精神在新時裝產業發展中繼續傳承下去，是延續「香港製造」的關鍵角色，並在文創經濟中找到新定位。

註解

1 馮邦彥，《香港產業結構轉型》（香港：三聯書店，2014），頁 42。
2 同上，頁 58。
3 〈雞仔嘜故事〉，震歐線衫廠網站，<chickslifestyle.com> [取用日期：2025-05-04]。
4 在香港島的織造廠甚少，可能設廠需要較大空間的緣故。
5 逸廬主人，《香港九龍便覽：附粵語舉要（一九四零）》（香港：心一堂有限公司，2019），頁 103。
6 馮邦彥，《香港產業結構轉型》，頁 45。
7 馮邦彥，《香港產業結構轉型》，頁 58–59。
8 湯建勛，《香港指南：一九五〇年》（香港：心一堂有限公司，2018），頁 32–33。
9 同上：頁 58–60。
10 葉碧青，《從深水步到深水埗》（香港：深水埗區公民教育委員會，2006），頁 35。
11 同上，頁 34。
12 龍津路是位於廣州市的一條呈「┌─」走向的道路，全長約 2.3 公里，寬 10–17 米。全路分東、中、西三段，東起人民中路至康王中路段為龍津東路，往西至華貴路段為龍津中路，再往西至荔灣湖公園前向南折段名為龍津西路。道路兩旁騎樓眾多，具有濃厚的西關特色。
13 梁炳華編著，《深水埗風物志》，頁 197。
14 〈利工民廠巡禮〉，《華僑日報》，1953 年 7 月 11 日。
15 同上。
16 〈鹿牌線衫與利工民〉，《大公報》，1954 年 12 月 31 日。
17 〈利工民廠巡禮〉，《華僑日報》，1953 年 7 月 11 日。
18 〈利工民廠衫襪織造廠〉，《華僑日報》，1952 年 5 月 20 日；〈利工民廠巡禮〉，《華僑日報》，1953 年 7 月 11 日。
19 〈利工民廠巡禮〉，《華僑日報》，1953 年 7 月 5 日。
20 〈HEATTECH 沒有的香港製造溫暖　利工民羊毛內衣是我們冬天集體回憶〉，HK01 網站，2018 年 12 月 10 日，<https://www.hk01.com> [取用日期：2025-05-04]。
21 香港利工民織造廠有限公司，〈公司簡介〉，香港利工民織造廠有限公司網站，2003 年，<leekungman.com> [取用日期：2025-05-04]。
22 〈香港製造｜堅持香港製造 利工民 百年老店 傳承遇挑戰〉，Capital 網站，2023 年 6 月 20 日，<https://www.capital-hk.com/interview/hkbrand-juneissue-lee-kung-man> [取用時間：2025-05-04]。
23 惠福路是廣州市越秀區的一條東西走向的道路，位於北京路以西、龍津東路以東。全路分東、西兩段，由北京路至廣州起義路路口段為惠福東路，廣州起義路至人民中路路口段為惠福西路。
24 金輪織造廠王紀常女兒 Margaret Wong 訪談錄，訪問人：阮志，訪談地點：北角滙匯，訪談日期：2024 年 12 月 26 日。
25 鈒骨，即鎖邊、拷邊、拷克，指將布片的邊緣向內縫合少許，以避免布料邊緣的紗線散脫。一般來說，機器鎖邊都會用到多於一組線，通常都是三組到五組不等。鎖邊機由麥羅縫紉機公司於 1881 年發明。
26 金輪織造廠王紀常女兒 Margaret Wong 訪談錄，訪問人：阮志、Oskar Ho，訪談地點：北角，訪談日期：2024 年 12 月 26 日、2025 年 3 月 26 日、2025 年 5 月 17 日、2025 年 5 月 21 日。
27 Commerce and Industry Department, "First-Class Cotton Knit-Wear from one of Hong Kong's Most Modern Knitting Mills", *Trade Bulletin* (Hong Kong: Hong Kong Industry Department, October 1956), pp.11–12.
28 同上。
29 吳昊，《香港服裝史》（香港：香港服裝史籌備委員會，1992）。
30 金輪織造廠王紀常女兒 Margaret Wong、謙信織造廠王惠娟訪談錄，訪問人：阮志，訪談地點：元朗港晶軒，訪談日期：2025 年 5 月 27 日。
31 香港織造業總工會（Hong Kong Textile Labourers' Association），HKRS1364-2-5、HKRS1364-2-6。
32 奇峯織造廠有限公司（KEA FUNG KNITTING FACTORY LIMITED）成立於 1961 年 03 月 21 日，公司

類別屬於私人股份有限公司，公司註銷日期是 1998 年 3 月 5 日。該公司從成立到註銷，共經營了 36 年 11 個月 15 天。Hong Kong Company Directory，〈奇峯織造廠有限公司〉，香港公司目錄網站，2019–2025，<WWW.TEMPB.COM/COMPANY?UTM_SOURCE=KEA-FUNG-KNITTING-FACTORY-LIMITED> [取用時間：2025-05-04]。

33 步陞鞋業，由藝人蘇絲黃母親陳氏家族於 1941 年創業，當年引入最新的外國技術，專門製作皮鞋、學生鞋、軍用鞋、安全鞋、運動鞋及制服部隊專用鞋，當時廣告標榜薄利多銷，將出口貨放回內銷。公司深水埗現址有 1 500 平方呎的鞋舖，有半世紀歷史，與步陞工商業大廈一起在 1970 年落成。

34 金輪織造廠王紀常女兒 Margaret Wong、謙信織造廠王惠娟訪談錄，訪問人：阮志，訪談地點：元朗港晶軒，訪談日期：2025 年 5 月 27 日。

35 阮志，《冰室情味：形塑香港的飲食文化遺產》（香港：中華書局，2024），頁 25–76。

36 香港歷史檔案處檔案，香港織造業總工會（Hong Kong Textile Labourers' Association），HKRS1364-2-5、HKRS1364-2-6。

37 香港中華廠商聯會會，《第七屆中國貨品展覽會畫刊》（香港：香港中華廠商聯合會，1949–1950），頁 24。

38 "Ngai Sang Knitting", The Industrial History of Hong Kong Group, <industrialhistoryhk.org> [accessed 2025-05-08].

39 《華僑日報》，1952 年 4 月 29 日。

40 〈敲敲記憶〉，賽馬會藝術科技及文化教育計劃，<https://website.howmemorysticks.org/articles/44>。

41 金輪織造廠王紀常女兒 Margaret Wong 訪談錄，訪問人：阮志、Oskar Ho，訪談地點：北角，訪談日期：2025 年 3 月 26 日；金輪織造廠王紀常女兒 Margaret Wong 訪談錄，訪問人：阮志，訪談地點：北角，訪談日期：2024 年 12 月 26 日、2025 年 5 月 17 日、2025 年 5 月 21 日。

42 葉碧青，《從深水步到深水埗》，頁 41。

43 梁炳華編著，《深水埗風物志》（香港：深水埗區區議會，2011），頁 295。

44 香港記憶，〈戰後工業〉，香港記憶計劃網站，<https://www.hkmemory.hk/> [取用日期：2025-05-08]；葉碧青，《從深水步到深水埗》，頁 34。

第四章

邊界上的花墟：殖民記憶與跨境墟市的流變

許家朗

2025 年 4 月，政府核准市區重建局發展「洗衣街 / 花墟道發展計劃」，該處的土地用途將會被重新規劃，花墟快將迎來新面貌。當局又表示將加強花墟的特色和氛圍，為其注入多元發展及新活力。惟當局並未明言，花墟有甚麼特色要被保留？如果花墟初期是個傳統墟市，它如何演變成現時的花卉市集？其發展軌跡又盛載甚麼歷史文化意義？

根據康熙十七年（1678）《廣東新語》解釋，「墟」是周期性的市集，人流隨開市而聚集，隨閉市而散去。

> 粵謂野市曰虛。市之所在，有人則滿，無人則虛。滿時少，虛時多，故曰虛也。[1]

現時位於九龍旺角花墟道的花墟是一個富有本地特色的花卉市集，是香港旅遊發展局所列的特色旅遊景點。花墟內有許多售賣鮮花、盆栽及園藝用品的店舖。然而花墟固定店舖的商業模式卻與中國傳統民間經濟的「墟」相距甚遠，惟在花墟附近地方已發展成為一個圍繞這市集的特色社區，而且不少街道均與之有關，如花墟道、園藝街及園圃街等。我們不禁要問：在推動發展巨輪的同時，花墟富有歷史及文化的意義會被保留嗎？這個歷史悠久的市集的原有特色會否被淘汰而漸漸被人遺忘？

從花墟道往北橫過界限街，便會到達花墟公園。它因花墟而得名，卻看似與鮮花買賣沒有關係。「花墟公園」與「花墟」兩者是否曾有過互動？本文將聚焦這兩個以花命名的地點及圍繞界限街一帶，梳理花墟在殖民時期的發展軌跡，並探討花卉業與界限街的歷史淵源。

一、源於邊界，花墟雛型

1860 年，清廷被迫簽訂《北京條約》，割讓九龍半島予英國，並以地圖上一條橫線作為邊界，即今界限街。這條界線由九龍炮台南方伸展至盎船州（今昂船洲）最北點，初時其上豎立界石以資識別，後來以木製的柵欄分隔，設有哨站。據説，邊境的關卡每天早上 6 時開放至日落後關閉。由於外籍人士喜愛在家中擺放鮮花作為裝飾，這令鮮花的需求日增。來自邊界以北農村的花農運送鮮花南下過關卡，在接近邊界的地點集中販賣鮮花予英界的小販，該處因而名為花墟。除了華界的花農外，位於中英邊界以南的芒角村（今旺角一帶）農戶可能也曾到花墟擺賣。政府後來在芒角村收地及發展時，便把其中一條新街道命名為花園街，以紀念昔日村中的花圃。[2] 隨着清廷在 1898 年被迫簽訂《展拓香港界址專條》，租借新界予英國，中英邊界從界限街北移至深圳河，花墟從此不再坐落於邊境。

二、戰前面貌，政府規管

二十世紀初，香港的鮮花市場方興未艾。1920 年，港九花卉工商總會成立，由花農及花販組成，前者以種植花卉並在市場出售為生，後者則從市場購得鮮花再轉售予不同客戶。即使工會名稱有「港九」二字，但來自新界的同業亦可入會。該會以維持及增進花卉同業的共同利益為宗旨，其章程呈交予華民政務司署並獲核准。[3] 政府文件及報章曾經分別提及，戰前香港有三個銷售花卉的市場，但均未明確指出具體地點。[4]

直至 1930 年代，其中一名深水埗居民曾在報章以〈九龍塘邊的花市〉為題撰文形容花墟的景象。他憶述花墟座落於最南端的一段大埔道以東一片曠地，以「天光墟」形式運作，每天晨早時分便「散墟」。

市集的人們，除了一些作鄉村裝束穿着樸素衣裳的農夫農婦之外，就是一些小販裝束的花販；摩登的男女，就很少在這裏發現的。這裏有中國農村式的筐簍，擺着顏色不同的各式各樣的花；有着新鮮的瓜果，有着鮮美的蔬菜。

這居民後來搬離深水埗，事隔兩年，在 1935 年重臨舊地，卻發現花墟從曠地遷至街上，位於界限街靠近彌敦道處。花墟雖仍以鮮花作為主要商品，但貨品種類變得廣泛，「趁墟」者也不僅限於花農及花販。除了普羅大眾，也有婦人、女傭、洋婦等光顧。

馬路兩旁，擺着花、蔬菜、水果、盆栽、金魚的擔子，還有什食擔、洋貨攤……混合成為一種鄉間的小墟市。做買賣的，都是一些由新界村落來的農夫農婦，而顧客們，由摩登男女以至於赤足的市民，品類不齊的混合着。這些買賣的擔子，在界限街上，排成兩條長長的行列。[5]

政府似乎一直對花墟的買賣活動採取放任態度，未作規管，但情況在 1937 年有變。當時，負責環境衛生工作的潔淨局剛於 1936 年 1 月 1 日改稱市政局。自此，小販牌照發放及管理的職能亦同時從警務處轉移至這個新政府部門，以凸顯後者在易名後作為市政服務機構的性質。市政局檢視有關政策，並提出以取締小販為長遠政策目標。短期政策的重點在於限制及管制，並細化流動小販牌照的分類。以牌照分類而言，鮮花被歸類為第五款生果，花生及欖也屬同類，販賣者須領取第五款牌照。[6]

Fruits Class 5. 第五款生果

Fruits .... 生果
Nuts .... 花生
Olives. .... 欖
Flowers. .... 花

Vegetables. Class 6. 第六款菜

Vegetables .... 菜

鮮花被歸類為第五款生果，販賣者須領取第五款牌照[7]

1937 年，政府劃定界限街以北、九龍山以南地區為新九龍區，位於範圍內的花墟因而須受到市政局的監管。當局要求花墟的擺賣者領取小販牌照，否則將被警方驅逐。同時，市政局拒絕撥出指定地點予花農及花販集中交易，擔心引來其他小販擺賣，影響秩序。[8] 逾兩百名花農曾經就此向當局上書，理據為香港缺乏正式售賣鮮花的街市，所以唯有集中在花墟銷售，並闡明其擺賣時間僅為每天早上數小時，且位處偏僻，經營方式有別於當眾擺賣的小販。他們以此為由，請求撤回領牌的規定，並建議當局劃出一地作鮮花買賣，由花農自行管理，以免其他小販混入。[9] 然而，其訴求被拒絕，花農只好按規定向政府領牌，可惜再遇波折。慣常在花墟賣花的花農大約 230 人，但當局估算該處僅能容納 150 個小販，所以只發出 150 個牌照。換言之，八十餘人未能繼續在花墟經營，其生計大受打擊，遂請時任立法局非官守議員羅文錦（1893–1959）代為向政府交涉，解釋大部分花農並非每天到花墟擺賣，所有持牌者通常不會同一時間齊集，因此有空間批出更多牌照。當局最終是否首肯，則不得而知。[10]

三、落戶官地，自成一角

日佔時期花卉行業被迫停頓，戰前成立的港九花卉工商總會也解散。香港重光後，本地經濟復甦緩慢、生活迫人，導致更多市民投身小販行業，幫補家計。小販人數大幅上升，令港府有需要重新審視有關政策。

1946 年，總督楊慕琦（Sir M. A. Young, 1886–1974）宣佈成立小販問題研究委員會，除了審視小販在戰後香港經濟中扮演的角色之外，亦檢討規管制度的修改需要，還會建議令小販數目足夠但不過量的措施，以免導致公共衛生問題。委員會經研究，認同政府應以小販絕跡於市區為長遠政策目標，這與戰前的市政局政策取態一致。但委員會明白這難以一蹴而就，因此也提出數項臨時建議，其中之一是禁止小販在主要道路擺賣（變相限制他們只於次要街道擺賣，減低其活動所引致的交通阻塞）。他們也同時建議開闢一條花卉街（Flower-street）作鮮花買賣。1947 年 4 月 1 日，工務司署或許受這項建議影響，撥出一幅位於界限街的官地用作花卉交易，並批准在該處建築一座更亭及一座敞口棚寮。這個新花墟的面積為 6 050 平方呎，使用者需每年向政府繳納 726 港元地租。前述的港九花卉工商總會全權負責管理，並繳交地租及差餉。

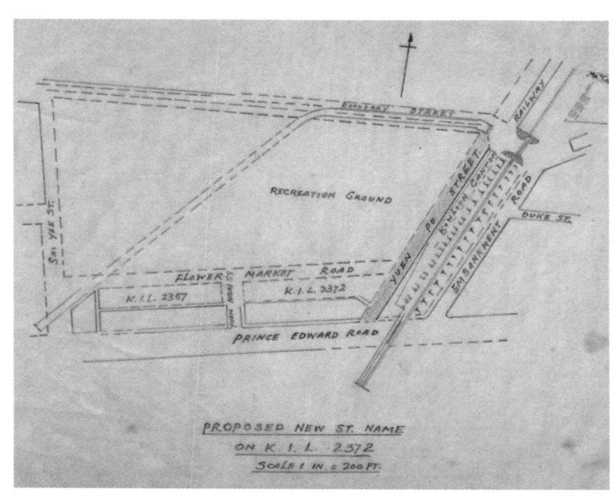

1949 年，工務司署建議命名園圃街時所繪製的地圖，圖中亦見花墟道及園藝街 11

花農在戰前提出自行管理花墟的要求，等待十年後終於落實。12

花墟啟用不久後便在《香港年鑑 1948（第一回）》被列為九龍區名勝：

> 一到天亮就有人擺賣，萬紫千紅，形成墟市，其範圍西邊從彌敦道起，東邊到基堤道止，約佔（界限街）全街三分之一。13

花墟實際佔地之廣，似乎超出政府所批出的 6 050 平方呎。1948 年 4 月 23 日，政府刊憲公佈，把一條位於太子道以北、東西走向的街道取名為「花墟道」。此路雖非當時花墟所在，但仍以其命名，而 1940 年代末期的兩條新街道——園藝街及園圃街，亦與花墟有關。14

政府文件稱花墟是當時全港唯一的鮮花批發市場，並記載花墟的日常運作：每天凌晨 2 時 30 分至 5 時開墟，期間約有 500 人進出，所售賣的花卉來自牛池灣、新界各處以至內地，經貨車送抵。在一般日子，花墟面積達約一萬平方呎，顯然大於工務司署所批准面積，且佔地面積更有上升的趨勢，反映花墟買賣活動日益蓬勃。而農曆新年等特別節日會吸引更多人前來採購，侵佔行人路以至車路。花農每天凌晨 1 時多乘搭工會安排的貨車或單車趕赴花墟，各據一方陳列鮮花。墟內也有牛奶咖啡檔、麵食及香煙攤。夜間運作的花墟有數盞大光燈照明，前來選購的花販亦會每人手持電筒，也有人借助小食檔煤氣燈的餘光。

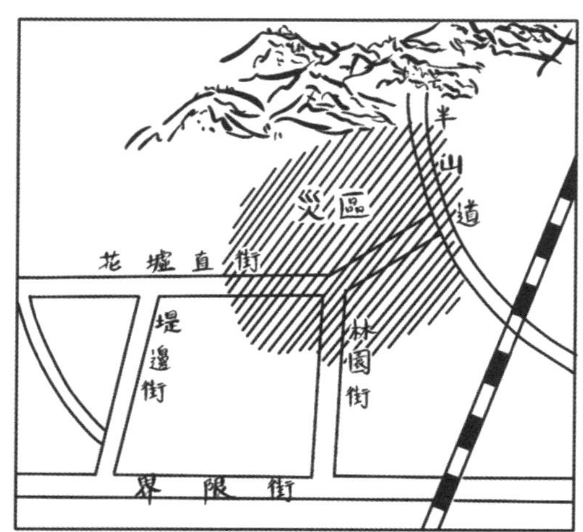

花墟村位於界限街（圖下方橫路）以北及九廣鐵路（圖右方黑白相間斜線）以東的山丘，主要範圍是花墟直街、堤邊路、林園街、半山街 [15]（作者按原稿重繪）

花墟售賣的鮮花大致可分為三大類，按數目多寡，依次為枝花、碎花及盆栽，因為枝花可供應給各類客戶，用途比碎花廣泛；盆栽最為累贅，不易攜帶，所以並不普遍。散墟後，花農在深水埗基隆街街市乘貨車回家休息。花販則以肩挑竹籃盛載購入的花枝，在早上到各處轉售。[16] 負責管理花墟的港九花卉工商總會分拆為左派的港九花卉職工總會及右派的僑港鮮花行總會，兩者先後在 1949 年及 1952 年成立。

四、花墟山上，遍地開花

1949 年，內地難民紛紛逃至香港，部分人在花墟後的山間搭建木屋，形成一條小村落，其範圍在界限街以北及九廣鐵路以東的山丘（花墟山），村內原有九條街道：分別為花墟直街、花墟中街、堤邊路、渠邊街、井邊街、林園街、井後街及半山街。花墟與村落之間，還佈滿多家花圃。[17]

花墟村有數百間木屋，依山而建，居民多為勞動階層，亦有住戶養豬。1951 年 1 月 16 日，該村遭遇祝融之災，約三分一的木屋付之一炬，造成一名老婦喪生及約百頭豬隻死亡，受災人數千餘人。[18] 禍不單行，事隔四年多，花墟村再成焦土。消防隊總長的報告透露，1955 年 11 月 1 日，渠邊街一間兩層木屋的地下起火，火勢迅速蔓延，逾一小時才被撲滅。是次災情更為嚴峻，有

花墟村附近的界限街，右側是依山而建的花墟木屋區

5 人葬身火海，16 人受傷，400 多間木屋化為灰燼，約 5 000 人無家可歸。[19]

這次火災後，政府計劃清拆花墟村餘下的未受波及部分，把土地改作其他用途。市政局建議將把災場闢成公共公園，警務處則希望將之發展為員佐級警察宿舍。[20] 政府高層還未「拍板」採納何者的方案，花墟村在不足一年後再歷火劫，百餘間木屋被燒毀，災民近 2 000 人，相信令政府拆村的決定更加塵埃落定。時任工務司包寧（T. L. Bowring, 1901–1967）認為該區非常鄰近又一村，因此不適合建屋，並認同那裏亟需要休憩用地。副輔政司 D. W. B. Baron 持類似看法，認為九龍城及深水埗地區人口密集，把鄰近兩區的花墟村災場改建為公園是理想選擇。最終，花墟村改建為公園的想法由時任輔政司戴維德（E. B. David, 1908–1965）在 1957 年落實，他將之交由市政局發展作公眾康樂用地。事實上，當時九龍只有一個公園，即佐敦道的喬治五世紀念公園，規劃更多開放空間符合當時的社會需要。市政局議員沙理士（A. de Oliveira Sales, 1920–2020）便曾在會議上動議當局研究利用毗鄰鐵路路軌的九龍土地，為民眾提供休憩用地，動議最終獲通過。報章亦有評論認為人口激增的社會極之缺乏公園或運動場之類的公共設施，更說新公園的面積將會與港島的維多利亞公園相若。[21] 雖然在事後看來顯然是誇大其辭，但可見公眾對九龍休憩設施的期望甚殷。

動工前，政府要先安置本來在花墟及花墟村的各類使用者。徙置事務處早已安排木屋區居民「上樓」，入住快將落成的大坑東徙置區（今大坑東邨）。另外，政府亦先後三次撥款，賠償給使用該地的栽種者（Cultivators），相信是指本來在花墟村前方開設花圃的主人。1959 年初，擬建為公園的那片土地已大致清空，僅餘少量寮屋及花圃用地，後者將被遷至荔枝角監獄後方。至於在花墟買賣的花農及花販，又何去何從？當時，花墟仍然天天運作。按照初期規劃，花墟所在地會建成新公園的兒童遊樂場及公眾康樂空間，大約佔整個公園面積的四分之一。在市政局會議上，官員與議員討論如何安置花墟。會議文件指出在公園落成後，花墟不能在原址運作，首要原因是新公園將會在晚上關閉，未能讓花農進入。另外，「散墟」後將無可避免遺下垃圾，除了要加聘清晨清潔工，更會剝削欲在清晨使用公園的市民之權利。議員沙理士在會議上反對此看法，考慮花墟的悠久歷史及將來成為旅遊景點的可能，認為不應將之遷至別處，並獲其他與會者同意，通過花墟將可以在新公園內營運的決定。[22]

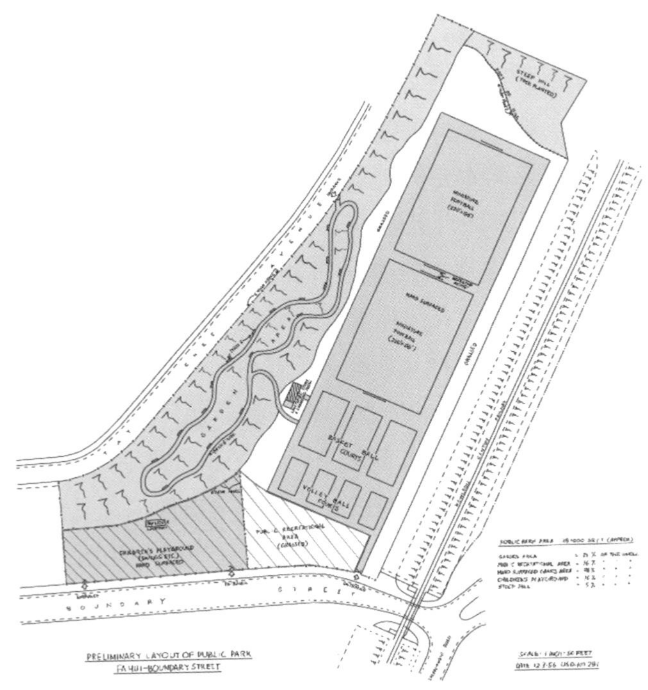

按照政府檔案繪製而成的花墟公園的初期規劃圖，經筆者加文字說明，斜線範圍是本來的花墟佔地，當時仍未計劃加建模型船水池 [23]

1930 年代，位於大坑東附近的馬球場（Polo Ground，今大坑東遊樂場），場內可見騎術跨欄，背後是花墟山

在籌建過程中，市政局內部一直把新公園稱作花墟公園，而在正式命名前，須先經過一番討論。在市民心目中，花墟所指的範圍早已不僅僅是鮮花市場，而是擴展至新公園坐落之處及毗鄰區域，從花墟道的命名及花墟村木屋區的慣稱便可見一斑。花墟亦是本地球迷對該區的回憶。位於西洋菜北街的足球場隸屬於警察體育遊樂會，但當時警方外借予香港足球總會（足總）進行部分甲組足球聯賽的賽事，因球場鄰近花墟而俗稱為「花墟場」。按照比賽會章，競逐甲組聯賽但沒有主場球場的球會，可以向足總申請場地進行主場賽事。[24]「花墟場」被認為「旺丁旺財」，所以這些球會每每在賽季之初均力爭借用之作主場，期望可增加門票收入及吸引更多支持者進場。未能如願者，也希望獲安排在「花墟場」比賽。[25] 市政局有鑒於市民已約定俗成，早已將公園附近一帶稱作花墟，便建議以此作為公園名稱，並就此徵詢市政局議員。不過，當局特意提醒議員，「墟」字除指市集，亦有墳墓、山丘、廢墟等意思，徵詢他們是否確實要以此為公園名稱。議員認為傳統名稱應該被保留，因此決定新公園名為「花墟公園」。[26]

花墟公園在 1962 年 6 月 15 日開放予市民，除了常見的兒童遊樂場、小型足球場、籃球場及排球場，還有在當時屬新穎設施的兒童圖書館及模型船水池[27]，非常受大眾歡迎。兒童圖書館是一幢單層小型圖書館，市政局委託小童群益會負責其日常運作，是當時新推出的措施，[28] 以防止兒童流連「公仔書檔」，吸收淫褻或暴力資訊。[29] 至於模型船水池則是首設於九龍，是全港第二個同類設施。隨着港島維多利亞公園獲批准建設模型船水池，市政局認為人口更多的九龍也有同樣需要。在考慮九龍的不同地點後，當局決定選址在花墟公園。[30]

五、被迫讓路，委身路旁

花墟公園落成時，花墟並不能按預期在原址運作。當時，對面仍有一處未被清理的寮屋區，政府特意在公園邊緣加裝圍欄，以免公園被寮屋居民入侵[31]。但是被拒之圍欄外的，不只他們。市政局決定公園的開放時間為早上 6 時至晚上 12 時，變相不能容納深宵開市的花墟，推翻了早前在會議上所通過的容許花墟留在公園內營運的決議，改為將之重置於花墟公園外，其位置為公園邊界與其旁的行人路之間。該土地 15 呎闊，面積為 6 450 平方呎。[32] 換言之，比 1947 年所撥出的用地還要略大 400 平方呎。港九花卉職工總會仍負責為花墟的用地繳納差餉。[33] 相關安排在 1960 年開始實施，當局規定花墟每天在淩晨 2 時 30 分至 5 時 30 分之間運作。[34]

花農及花販曾違反此規定，在其他時間到花墟開市。1962 年 9 月颱風溫黛襲港，不少花卉被摧。虧蝕慘重的花農為求增加銷量以彌補損失，曾一度提早至晚上 6 時「開墟」，望能搶佔先機。當時連月天氣寒冷，此舉亦可避免花卉午夜風霜威脅，卻惹來花販反對。因為鮮花徹夜置於室外環境，保養欠奉，到早上出售時難免質素下降，甚至凋謝，影響價格，令花販收入減少。再者，他們購買鮮花後已值半夜，不能如以往立即轉售給商戶，而需等候至翌晨。換言之，花販較從前提早赴市，變相加長工作時間，難免疲於奔命。在港島兜售的花販更需在深水埗碼頭露宿，等待頭渡，以濕布包裹鮮花莖部，一擔擔放在其側。另外，花墟一帶在黃昏時分交通繁忙，對人流及貨物集散的影響遠超過往在淩晨「開墟」的做法。[35]

市政局議員李有璇（1911–1972）亦留意到這情況，特意在會議上指出售賣鮮花者在下午 5 時起已阻塞花墟公園外的界限街行人路，有違當局為了准許花墟僅在黎明前營運而特地加闊路段的原意。經工會協調後，大部分會員同意按照慣常做法，把經營時間回復至清晨，但仍有少量花農在晚上 9 時買賣。其後數年間，又有花農希望捷足先登，早着商機，令花墟的「開墟」時間又數次提早至午夜前後，惟引起其他持份者反對，所以僅屬短暫變動，花墟大致仍然維持「天光墟」運作。36

六、方寸之地，擁擠不堪

新界的花卉產量及進口鮮花增加，花墟地方愈見不敷應用，花農及政府雙方均嘗試突破這個空間局限。鮮花行業曾數度爭取面積更大的批發市場但不果。例如，右派的僑港鮮花行總會便曾申請一幅位於界限街以南、鄰近九廣鐵路的狹長土地，欲作售賣鮮花之用，但被工務司署拒絕。37

漁農處並沒有對花農的需要不屑一顧。1969 年，漁農處估計全港有大約 1 100 個種植花卉的家庭，在 470 公頃的土地上作業，反映鮮花行業如日方中。要滿足蓬勃的鮮花批發活動，土地面積需達 24 000 平方呎，即接近當時花墟面積的四倍。位於長沙灣的蔬菜批發市場及魚類批發市場之間有一片土地，其上的寮屋被拆除後，將由蔬菜統營處接管。漁農處主動建議該地可讓花農在付

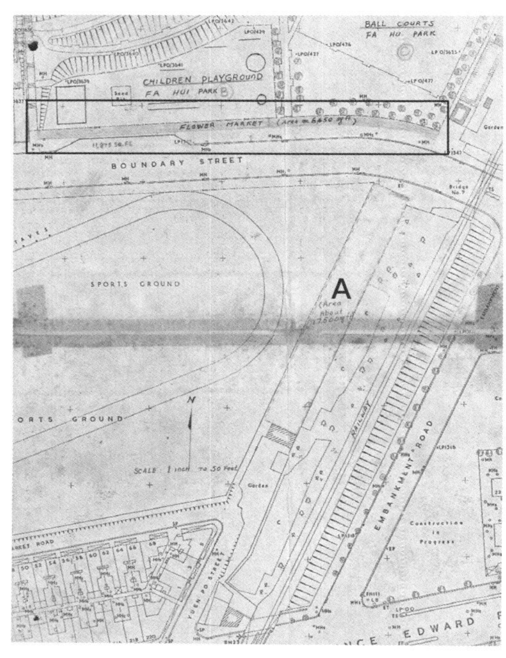

花農被限定於花墟公園外的行人路（地圖中框線部分）擺賣，惟空間不敷應用。僑港鮮花行總會曾申請附近一塊狹長土地（地圖中以英文字母 A 標示）欲作售賣鮮花之用，但被工務司署拒絕 38

費後於晚間使用，但兩個工會均以選址不便利花農及買花的市民為由，異口同聲反對，並建議把花墟從行人路現址搬進公園內的足球場。[39]惟決定公園用途不在漁農處的權限之內，遷移之事無疾而終。

兩年後，漁農處再次試圖改善花農的營銷環境，建議把鮮花納入官方的批發市場。批發市場的傳統角色是為零售商及商店東主搜羅各式各樣的新鮮漁農產品。[40]不過，當時長沙灣的批發市場僅出售部分本地生產的蔬菜及魚類，其他新鮮食品（例如進口水果、鮮蝦、甲殼類海鮮、家禽等）的批發活動則主要在街頭進行，這對人口急劇上升的香港社會造成問題。在擠擁的市區，街上的空間不足以容納日益頻繁的食品交易，除了阻塞交通，亦影響環境衛生。

有見及此，政府在 1971 年考慮擴建長沙灣的批發市場，把街上的食品批發遷移其內。漁農處處長李國士（E. H. Nichols, 1925–2016）特別提到，花墟鮮花市場的情況不理想，從交通角度，界限街顯然並非適合選址，因此希望藉此機會將之納入擴建後的批發市場。[41]可惜，建議最終不被採納，花墟繼續留在原址。作家西西（1937–2022）回憶當時的花墟，特別着墨於其批發市場性質，毫無零售商的特色，不過這種情況很快便有所改變：

> 午夜後的花墟，才是真正賣花的墟市……花墟的花，不是華麗花店的花，到這裏來選花的人要選擇的是花，不是包裝，這裏沒有禮盒，沒有銀光燦燦的絲帶蝴蝶結，也沒有沙沙作響的透明玻璃紙。[42]

七、農業式微，花墟轉型

1980 年代，本地花卉業生態大幅改變。花墟公園外的行人路交通繁忙，為免發生意外，花農自 1984 年開始改為在較僻靜的花墟道營業。[43]不過，大環境發展的影響更甚。新界的新市鎮發展導致可耕土地減少，花農數目因而下降，港九花卉職工總會的會員人數從 1970 年代最高峰時逾 8 000 人跌至不足 5 000，行業明顯萎縮。同時，面臨中國內地、荷蘭、新加坡、台灣地區等地的鮮花進口衝擊。本地鮮花供應減少，外來花卉加入競爭，造就花卉出入口批發公司及主打進口鮮花的零售商進駐花墟道，開設日間經營的商舖，其中部分批發商兼攬零售生意。[44]不過政府當局的理解不盡相同，時任市政事務署副署長夏思義（P. H. Hase）等官員在一次市政局會議上指出，花墟的營業模式由批發轉換為零售，營業時間主要是每天早上 9 時至下午 2 時，所以不可能繼續在凌晨進行買賣，便拒絕政府一貫在夜間「開墟」的安排。這變相令花農的批發商角色邊緣化，零售商取而代之。作為零售商，他們當中不少人都在花墟道擁有商舖，不過會在該路兩旁停泊貨車卸貨及賣花。[45] 無論何者的說法屬實，在 1980 年代中期開始，花墟的經營模式由「天光墟」批發市場變成批發及零售兼備的市集。

轉型後的經營模式引起花農、花販與當局的摩擦。運輸署在 1980 年代末限制有關路段不得在早上 7 時至 10 時及下午 4 時至 7 時泊車，卸貨及賣花的貨車變相違法泊車。市政事務署又不時派員檢控及驅趕在該處擺賣的花農，沒收花卉及貨車。花販認為擺賣活動承襲自多年的傳統做法，指責政府的行動剝削其一直以來的經營權利，因此在 1989 年 4 月 8 日組織了一次抗議。當天早上，他們動員 63 部客貨車，由園圃街出發，圍繞花墟道一帶慢駛遊行。港九花卉職工總會持續要求政府在花墟公園或市區範圍永久撥出土地作花卉買賣，但始終徒勞無功。[46]

雙方劍拔弩張的情況至近年才有好轉。自 2002 年起，油尖旺民政事務處統籌花墟一帶商戶與相關政府部門（運輸署、食物環境衞生署及警務處等）的溝通和合作。2007 年，他們終於就店舖門前陳列貨品及馬路上落貨等具體安排達成共識，並獲油尖旺區議會通過。商戶代表承諾按此標準自律，執法部門亦按此共識執法。

八、花墟的歷史文化意義

呼應文首，我們在回顧花墟歷史後，可再思考花墟的特色是甚麼。政府內部形容，種植者把花運到市場發售，其實是傳統新界農場的銷售系統運作方式。花墟至今仍然維持這種模式，花農為了讓花卉在凋零前出售，如同百年前的前人，過着日夜顛倒的生活，每天黃昏或晚間收割鮮花，披星戴月赴墟出售。略有不同的是，港九各處的花店東主現在通常不會親身「趁墟」，而是提前訂購，囑咐花農直接將花放上電召計程車，載走送往店址。換言之，花墟仍大致以多年來的「天光墟」模式運作，正標誌花農默默耕耘，貢獻社會。

誠然，其他農產品行業的艱辛也不遑多讓，例如菜農及果農同樣需在半夜出勤，以確保蔬果在最新鮮的狀態下售出。但這些食品早已被納入官方經營的批發市場，大多集中在現代化大廈內買賣，不像花墟般仍具墟市特色。我們不禁會問：為何蔬果與鮮花同屬本地生產的初級產品，但前者的批發活動歸漁農部門管理，而後者卻一直由市政部門主宰命運？我們對政策方向及資源無緣置喙，但假如鮮花與其他新鮮食品一樣，在 1970 年代被遷進長沙灣的批發市場，相信花墟早已被取締，難以成為至今仍存在於市區的一道獨特景色。

從地區角度看花墟歷史，其發展軌跡可說一直由新九龍的發展牽引。它起源於九龍半島被割讓後出現的中英邊界，其時尚未有新九龍的概念。至戰後，大批難民從內地湧港，在山邊搭建簡陋建築為家，類似花墟村的木屋區在新九龍如雨後春筍般出現。密集的房子及欠佳的生活環境容易觸發火災，烈火吞噬民居在當時司空見慣，花墟村也未能倖免，連帶影響村前的花墟。港英政府明白需要在人口稠密的新九龍設置文康設施，花墟公園因而落成，惟花墟市場要為其讓路，屈就於狹長的行人路上。1970 年代，新九龍的街頭空間不足以容納日益繁盛的食品及鮮花批發，花墟的交易活動對界限街的交通造成負荷。政府在長沙灣建批發設施，考慮納入花農及花販，最終並未成事。花墟彷彿見證新九龍一個半世紀的歷程。

此外，花墟盛載市民的共同回憶。這個地名的指稱隨時代變遷，從前僅是邊界上的一隅，後來曾經泛指圍繞過往鮮花市場的一片區域。清晨在「天光墟」挑選花束，午後在花墟公園放模型船，周末在「花墟場」欣賞扣人心弦的足球賽事，相信是不少港人昔日的經歷。這些記憶彷彿逐漸湮沒，人們現在談起花墟，可能只知道花墟道一帶的花店，就連掌故作者也有美麗的誤會，以為花墟自始便一直坐落在花墟道，可見民間逐漸失去對花墟的記憶。

如前文所述，花墟的特色扣連花卉行業傳統生態、九龍的地區發展、地方記憶，但如果這些特色在市區重建計劃中被忽視，花墟蘊含豐富的歷史文化意義恐怕會完全消失。

註解

1 屈大均，《清代史料筆記：廣東新語》（全二冊）（北京：中華書局，1985 年），頁 47。

2 Patrick Hase, *Villages and Market Towns in Hong Kong–Settlement and History* (Hong Kong: The Chinese University Press, 2024), pp. 197–203. 夏思義，1947 年出生，在英國劍橋大學取得博士學位，於 1972 年加入港英政府擔任政務官。他同時是一名歷史學家，出版多本香港歷史研究的著作。參閱：梁濤，《九龍街道命名考源》（香港：市政局，1993 年），頁 50；爾東，《趣談九龍街道》（香港：明報出版有限公司，2004 年），頁 167、頁 180；《從深水步到深水埗》（香港：深水埗公民教育委員會，2006 年），頁 36；吳昊，《回到舊香港》（香港：博益，1999 年），頁 76。

3 〈港九花卉工商總會章程〉，Registration of Associations，HKRS837-1-239.

4 "A Preliminary Report on Flower Market in Hong Kong", 1969-7-18, HKRS2124-1-5.

5 〈晨曦一現的九龍賣花墟素描〉，《工商晚報》，1935 年 11 月 14 日；華胥，〈九龍塘邊的花市〉，《香港工商日報》；鄭樹森、黃繼持、盧瑋鑾合編，《早期香港新文學作品選（1927–1941）》（香港：天地圖書有限公司，1998 年），頁 111–112。

6 "Appendix B to Memorandum on The Hawker Problem in Hong Kong", 1936-7-27, HKRS334-1-8A.

7 圖片來源："Appendix B to Memorandum on The Hawker Problem in Hong Kong", 1936-7-27, HKRS334-1-8A.

8 〈九龍旺角「花墟」當局勒令花販領牌〉，《香港工商日報》，1937 年 1 月 7 日。

9 〈花農請求撤銷不准，衛生局通令花墟花販領牌〉，《香港工商日報》，1938 年 2 月 12 日。

10 〈九龍花農請政府多發賣花牌照〉，《香港工商日報》，1938 年 3 月 2 日。羅文錦是香港首位獲准執業的本地華裔血統的律師，1921 年獲委任為太平紳士，1935 年成為立法局非官守議員，1946 年獲委任為行政局（今行政會議）成員，獲頒授英帝國司令勳章（CBE 勳銜）。

11 圖片來源：P.W.D. 7355/49, 1949-9-23, HKRS477-3-22.

12 "Letter from Hong Kong and Kowloon Flower Dealers and Workmen's Association", 1946-7-23, HKRS 837-1-239; "Memorandum by Mr B. C. K. Hawkins", 1952-12-23, HKRS41-1-1336-1; "Report of the Committee on Hawking", HKRS41-1-1336-1; "A Preliminary Report on Flower Market in Hong Kong", 1969-7-28, HKRS2124-1-5.

13 《香港年鑑 1948（第一回）》（香港：華僑日報，1948），頁 78。

14 "The Hong Kong Government Gazette No. 20", 1948-4-23, HKRS477-3-22.

15 圖片來源：〈焚屋三百，花墟村死一老媪，侯王廟燒了廚房〉，《華僑日報》，1951 年 1 月 17 日。

16 "Memorandum for Members of Parks, Playgrounds and Urban Amenities Select Committee Paper 24/85/58-59", 1959-3-10, HKRS438-1-13；〈天光墟的花香淚痕〉，《大公報》，1957 年 12 月 2 日；〈一年的心血期待於年宵〉，《華僑日報》，1960 年 1 月 20 日；〈天光墟的花香淚痕〉，《大公報》，1957 年 12 月 2 日；〈我們的花墟環境已變遷〉，《華僑日報》，1961 年 12 月 24 日。

17 〈花販工作辛勞生活尚屬安定〉，《華僑日報》，1967 年 6 月 23 日；〈花販採辦年花應市花墟一帶恢復熱鬧〉，《華僑日報》，1968 年 12 月 31 日；〈花販採辦年花應市花墟一帶恢復熱鬧〉，《華僑日報》，1968 年 12 月 31 日。

18 〈焚屋三百，花墟村死一老媪，侯王廟燒了廚房〉，《華僑日報》，1951 年 1 月 17 日。

19 "Memo from Chief Officer, Fire Brigade to Hon. Colonial Secretary", 1955-11-3, HKRS41-1-8494, HKRS 156-1-4808.

20 "Memo from Commissioner of Police to Hon", Colonial Secretary, 1956-2-29, HKRS165-1-6569.

21 〈昨九龍仔花墟兩地大火，災民登記二千餘〉，《工商晚報》，1956 年 10 月 22 日。〈花墟將有公共大運動場〉，《華僑日報》，1957 年 9 月 20 日；"Minutes of a Meeting of the Playgrounds and Parks Select Committee", 1956-3-18, HKRSHKRS438-1-2；政府檔案處檔案，M.1 in HKRS156-1-6569；〈政府決在花墟建宏大公園〉，《工商晚報》，1957 年 9 月 4 日；"Memorandum for Members of Urban Amenities Select Committee Paper 14/44/62"，政府檔案處檔案，HKRS41-1-9712-4。包寧（1901–1967）是一名工程師，在 1950 年至 1957 年在香港擔任工務司，此前曾在英屬洪都拉斯（今洪都拉斯共和國）及尼亞薩蘭（今馬拉威共和國）出任同等職位，先後在 1948 年及 1955 年獲頒授大英帝國勳章（OBE 勳銜）及聖米迦勒及聖喬治勳章（CMG 勳銜）；戴維德（1908–1965 年）在 1930 年加入港英政府擔任官學生（今政務官），在 1955 年至 1958 年擔任輔政司，先後在 1954 年及 1961 年獲頒授聖米迦勒及聖喬治勳章（CMG 勳銜）及英帝國爵級司令勳章（KBE 勳銜）；沙理士（1920 年至 2020 年）是葡萄牙裔的香港體育界知名人士，曾任港協暨奧委會會長達 37 年之久。他在 1957 年至 1981 年擔任市政局議員，並且自 1973 年擔任市政局主席。

22 政府檔案處檔案，M.1 in HKRS156-1-4808；"Requisition to Incur Expenditure", 1959-11-23, 1960-1-4 & 1960-5-20，政府檔案處檔案，HKRS156-1-6569；"Memorandum from Superintendent of Crown Lands & Surveys to Director of Urban Services", 1959-1-5, HKRS438-1-13; "Memo from Director of Urban Services to Hon", Colonial Secretary, 1956-6-29, HKRS156-1-6569; "Minutes of a Meeting of Parks, Playground and Urban Amenities Select Committeeb", 1959-3-26，政府檔案處檔案，HKRS41-1-9712-1。

23 圖片來源："Memo from Director of Urban Services to Hon", Colonial Secretary, 1956-6-29, HKRS156-1-6569.

24 〈李文傑昨赴警體會一度懇談尚無結果〉，《華僑日報》，1962 年 10 月 20 日。

25 〈花墟場地拒借風波〉，《華僑日報》，1962 年 12 月 18 日。

26 "Memorandum for Members of Parks, Playgrounds and Urban Amenities Select Committee Paper 23/18/57", HKRS438-1-13; "Minutes of a Meeting of the Parks, Playgrounds and Urban Amenities Select Committee", 1957-9-18, HKRS438-1-2.

27 "Agenda for Public Works Sub-committee Meeting for 1961-9-20 & 1961-9-22", HKRS156-1-6569.

28 "Memorandum for Members of Parks, Playgrounds and Urban Amenities Select Committee Paper 24/67/58-59", 1959-1-29, HKRS41-1-9712-1.

29 〈兒童圖書館日多公仔書檔漸淘汰〉，《華僑日報》，1966 年 8 月 2 日。公仔書檔指出租連環圖（俗稱公仔書）的書攤，其旁擺放長木櫈，讓租借者即場閱讀。公仔書如巴掌大小，內容多元化，包括民間故事、歷史演義、神怪、科幻、武俠等，深受小孩歡迎。

30 "Minutes of a Meeting of the Urban Amenities Select Committee", 1960-5-20, "Memorandum for Members of Urban Amenities Select Committee Paper 14/13760", HKRS41-1-9712-2.

31 "Minutes of Meeting of Urban Amenities Select Committee", 1963-11-29, "Agenda for Public Works Sub-committee Meeting for 1960-5-7, 1960-5-7, 1960-5-9", HKRS156-1-6569.

32 "Memo from Director of Urban Services to Hon. C.S.", 1959-7-17, HKRS156-1-6569; "Memorandum for Members of Urban Amenities Select Committee Paper 17/74/59", 1959-6-30, HKRS41-1-9712-1.

33 〈花販將請願兩局求解決花墟問題〉，《華僑日報》，1969? 年 3 月 9 日。

34 "A Preliminary Report on Flower Market in Hong Kong", 1969-7-18, HKRS2124-1-5.

35 〈花墟鮮花投買時間局部變更花販不便〉，《華僑日報》，1963 年 4 月 22 日；〈午夜起床赴市難得充足睡眠〉，《華僑日報》，1963 年 11 月 7 日；〈花販生涯不易過〉，《華僑日報》，1965 年 2 月 11 日；〈花墟鮮花投買時間局部變更花販不便〉，《華僑日報》，1963 年 4 月 22 日；〈午夜起床赴市難得充足睡眠〉，《華僑日報》，1963 年 11 月 7 日。

36 "Minutes of a Meeting of the Urban Amenities Select Committee", 1963-5-17, HKRS41-1-9712-5;〈花墟鮮花投買時間局部變更花販不便〉，《華僑日報》，1963 年 4 月 22 日；〈午夜起床赴市難得充足睡眠〉，《華僑日報》，1963 年 11 月 7 日；〈花販生涯不易過〉，《華僑日報》，1965 年 2 月 11 日；〈花販工作辛勞生活還算安定〉，《華僑日報》，1967 年 4 月 7 日。李有璇在 1938 年畢業於香港大學醫學院，隨後在母校任教並在瑪麗醫院行醫。日佔時期，他在英軍服務團任醫官。戰後，他重返母校任教，並在 1953 年至 1967 年任市政局議員。

37 "Preliminary Report on Flower Market in Hong Kong", 1969-7-18, HKRS2124-1-5.

38 圖片來源："Preliminary Report on Flower Market in Hong Kong, 1969-7-18, HKRS2124-1-5.

39 "Letter from Director of Agriculture & Fisheries to Commissioner of Police", 1969-9-9, HKRS2124-1-5; 港九花卉職工總會在 1969 年 9 月 25 日致漁農處信件及 M21 錄事，HKRS2124-1-5。

40 《批發市場研究》，立法會 CB(2)1676/13-14(11) 號文件，2014 年 6 月 10 日。

41 "Memo and Draft PWSC Paper from Colonial Secretariat to Director of Agriculture and Fisheries" 1971-2-5, HKRS409-9-17; "Memo and Draft PWSC Paper from Director of Agriculture and Fisheries to Colonial Secretariat", 1971-4-30, HKRS409-9-17；李國士是英國殖民地部的漁農官員，在 1959 年到香港出任農林漁業管理處助理處長，並在 1965 年出任漁農處處長，有份創建香港郊野公園。

42 西西，原名張彥，是香港作家。她曾任小學老師，1980 年創辦《素葉文學》雜誌並擔任編輯。西西，〈花墟〉，《素葉文學》，1984 年 8 月，頁 6。

43 “Trade Union Visit Reports”, 1989-3-5, 1992-3-25, 1993-6-25, HKRS837-1-239.

44 〈花卉工會昨發表聲明促解決花墟場地問題〉，《大公報》，1989 年 4 月 8 日；〈花販屢次遭逼遷何日始可獲安置〉，《華僑日報》，1990 年 12 月 23 日；〈花販將請願兩局求解決花墟問題〉，《華僑日報》，1989 年 3 月 9 日。

45 “Minutes of the meeting of Markets and Street Traders Select Committee of Urban Council”, 1989-4-19.

46 〈花卉工會昨發表聲明促解決花墟場地問題〉，《大公報》，1989 年 4 月 8 日；〈花墟花販抗議書車隊慢駛遊行〉，《華僑日報》，1989 年 4 月 9 日；“Trade Union Visit Reports”, 1989-3-5, 1992-3-25, 1993-6-25, HKRS837-1-239.

教會燈火

社會民生篇

第五章

基督教在新九龍消失的村落：大坑東、大坑西與茶果嶺

黃彩蓮

戰後五六十年代，香港人口急增，新九龍聚居了不少難民，形成一片片寮屋區。其中一處位於界限街以北、九龍仔以西一帶，於五十年代形成大坑東、大坑西寮屋區，然而早於上世紀已經清拆與重建。另一處，位於新九龍東邊茶果嶺山腳的茶果嶺村，五十年代也有不少難民從調景嶺遷來，但近年才開始全面清拆重建。

有關這兩處地區之學術研究，十分欠缺，只有一些普及著作略有提及，如有關大坑東、大坑西歷史，可參閱鄭寶鴻編著之《香港城區發展百年史》(2018年)第五章、第六章、第八章和第九章；[1] 有關茶果嶺歷史，可參閱林若雁、許美娥、郭海晴合著的《村梭茶果嶺：城中村的回憶備份》。[2] 至於基督教在兩個地區之歷史及社區貢獻，除了筆者 2024 年於《時代論壇》撰寫的兩篇文章〈講東講西：「大坑東、大坑西」之基督教足跡〉及〈告別茶果嶺村：「尚未完場」之傳教足跡〉，其他相關研究依然匱乏。[3] 本文遂以這兩篇文章為基礎，大幅補充與修訂，期盼繼續為這段歷史補白。

一、大坑東、大坑西

大坑東、大坑西一帶於 1949 年前偏僻荒蕪，只有客籍人士零散居住，有菜地與豬屋。旁邊小山崗原設有基督教墳場，後搬至九龍聯合道華人基督教

墳場。這區有一條深且闊的「大坑」，從界限街向北曲折延伸至山腳，故東西兩邊被稱為「大坑東」、「大坑西」。[4] 1949 年後，眾多從內地南下香港之難民或基層人士，沿着大坑兩旁興建木屋，形成一大片寮屋區。由於木屋設備簡陋，加上密度高，因而經常發生火災，多次經歷重建。

1954 年大坑東發生大火，翌年政府將其重建為大坑東徙置區。1974 年起，政府又把徙置大廈改建及重建，成為今天的大坑東邨。至於大坑西，政府於 1961 年清拆南面大批房屋，以特惠地價批予香港平民屋宇有限公司，興建成大坑西新邨。其中七座於 1965 年落成，最後一座因該區興建地鐵延至 1980 年方才落成，那時香港只餘這座私營公共屋邨。2024 年 4 月起，大坑西新邨清拆重建。

早於 1949 年，就有基督教牧者在大坑東與大坑西開始傳教；1950 年代起，救世軍與一些基督教會在此提供不同類型社會服務。1952 年 12 月，天主教瑪利諾神父也於大坑東工作，租賃地方建立診療所、臨時教堂。1955 年，教堂命名為「聖伯多祿受刑小堂」，1957 年升格為教區，1962 年易名為「聖伯多祿受刑堂」（St. Peter in Chains Church）。[5] 辦學方面，1957 年教會成立瑪利諾神父教會學校（Maryknoll Father's School），1959 年於大坑東徙置區 A、B 座天台開辦聖伯多祿小學（St. Peter in Chains Roof-top School）。由此可見，五六十年代天主教與基督教已為這社區提供多方面社區服務。本章則以基督教為中心，論述其昔日在這社區之發展與貢獻。

1. 服務先鋒：救世軍大坑東隊

早於 1956 年，救世軍已成立大坑東隊，可謂基督教最早進駐該區提供社會服務的群體。三年後救世軍於龍珠街 1 號建成救世軍大坑東中心大樓，又稱「救世軍福利中心」，作為部隊、託兒所、養老院、診所及職訓中心之用。此外，大坑東隊亦於大坑東徙置區內設立天台學校——光耀學校。當該區之木屋發生大火時，救世軍曾開放中心禮拜堂及副堂，給予災民作為臨時棲身處，救世軍亦擔當各種關懷及慰問工作。託兒所方面，[6] 收費便宜，大坑東隊優先接收有眾多兄弟姊妹、家境特別貧困、喪父喪母或有傷殘父母之兒童，既提供益智遊戲、營養食品、衛生指導，也建立作息規律。至 1965 年，該託兒所收容了 160 名二至七歲兒童，每月收費 20 元。[7]

1965 年大坑東、大坑西地圖[8]：①大坑西新邨（東邊是大坑東徙置區 A–O 座）；②救世軍大坑東中心；③大坑東宣道小學

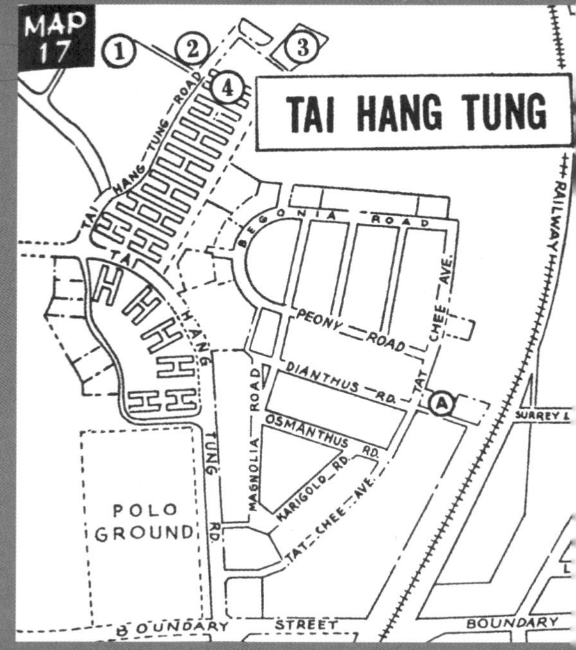

1962 年天主教在大坑東之服務位置[9]：①聖伯多祿受刑堂；②社區中心；③瑪利諾神父教會學校；④聖伯多祿小學天台學校

救世軍大坑東中心舊大樓[10]

聖伯多祿受刑堂

約 1960 年，於大樓內成立救世軍大坑東老人中心，接收對象為 60 歲以上無家可歸、不能與家人同住或需要人照顧之婦女，為當時鮮有只收容婦女之養老院。老人中心除了照顧她們身體，也向她們傳福音，照顧靈性之需要。起初中心名額只有 26 人，故經常滿額，至 1970 年代名額增至 86 人。1968 年，該院每月收費 60 元，費用包括宿費、膳費、三英寸厚之乳膠床墊、單人床、衣櫃、床頭櫃、電視、浴室及其他設施，可謂基本設備齊全。若院友經濟有困難，可經院方申請政府援助。[11]

這座大樓共有前後兩座，每座三層。至 1970 年代，大樓前座地下為禮拜堂、辦事處、會客室、醫療所等；二樓是廉價賣物部；三樓是興趣小組及訓練班課程。大樓後座地下是兒童圖書館、青年中心活動場地、大廚房；二樓有三個訓練課室；三樓全層為老人院宿舍，實用面積三千餘平方呎，包括大小房間五個。由此可見，救世軍之服務已多元化發展，其中附設之醫療所，可供中心的老人免費診療。在主日，大樓亦設有大坑東隊主日崇拜，晚上有救恩會（佈道會）；平日除了每天提供院友禱告會，周二晚也設婦女家政會，歡迎院友及區內婦女參加；周三晚有耆老團契活動，除了院友，也歡迎區內男女老人參加。有部分識字的老人也會參加聖經班。[12] 至 1976 年，大樓設有食堂，為中小學生及街坊提供廉價、營養豐富之食品。此外，中心也設有花園茶座。[13]

九十年代，隨着人口老化及社區重建，幼稚園停辦，安老院及青少年中心先後遷出。其後大樓重建為救世軍軍官訓練學院及全球華人事工訓練中心，於 2008 年落成，同時用作分區總部、青年處辦公室、軍官訓練學院及接待訪客之宿舍。[14]

2. 傳教辦學：宣道會及宣教會

早於 1949 年，香港九龍塘基督教中華宣道會（簡稱「塘宣」）有三位傳道人丘育靈、朱建磯和彭惠華姑娘，從教會葡萄園宿舍步行出發，走捷徑沿着火車路軌，穿過引水道，到達大坑西。他們在大榕樹底下，舉行露天主日學。塘宣也邀請九龍城伯特利神學院學生佈道隊，每逢周二晚上，帶着大鼓、樂器、氣燈到大坑東舉行露天佈道。此外，塘宣也開辦識字班，與傳教士海富生醫生（Dr. E. Stuart Harverson, 1908–1995）合作贈醫施藥。1950 年，教會在大坑西租賃一間木屋，購置簡單木椅和講台，把主日學改為在室內進行，主日晚上設有佈道聚會。[15]

1951 年，因租用的木屋頗為殘破，塘宣遂於大坑東東振路 5 號，購買一座兩層木屋，成立塘宣之大坑東佈道所——宣道會福音堂，為該區第一間教會，設有崇拜、主日學、佈道會等。教會雖然成立不久後兩遭大火，但是都平安渡過。至 1954 年 7 月 21 日，木屋又發生大火，大坑東二千所房屋被燒毀，災民超過二萬。教會建築物也被燒毀，傳道同工衣物盡失，多位會友的居所也被殃及。自此，教會共歷經八次遷徙，先後借用母堂塘宣、大坑東徙置區天台學校（如神召會嘉貞學校）等地。直至 1957 年，塘宣向政府申請於大坑東建堂建校，獲批棠蔭街 23 號，於 1960 年舉行動土禮，1965 年 9 月落成開課，名為「大坑東宣道小學」。[16] 教會隨後遷入，名為「九龍塘宣道會大坑東堂」（今名中華宣道會大坑東堂）。[17]

1954 年 7 月前，被燒毀前的大坑東宣道會福音堂 [18]

1960 年，興建大坑東福音堂暨宣道小學之動土禮 19

在香港的徙置區中普遍有基督教教會辦學，而在天台開辦學校，原來始於大坑東。1954 年大坑東寮屋區發生大火，翌年寮屋區被政府清拆，重建為大坑東徙置區，以容納災民。由於政府容許於屋邨天台辦學，有眾多教會或差會均提出申請，以致大坑東徙置區曾有九間基督教天台小學，為數不少。

大坑東徙置區天台學校

大坑東徙置區天台學校	天台位置
1. 救世軍光耀學校	A 及 B 座天台
2. 神召會嘉貞學校	C 及 G 座天台
3. 信義會信德學校	D 座天台
4. 宣教會頌恩學校	F 座天台
5. 基督教靈磐學校（也設幼稚園）	K 座天台
6. 信義會信光學校	L 座天台
7. 信義會信義學校	J 座天台
8. 浸信宣道會榮基小學分校	N 座天台
9. 四方福音會深培學校分校	O 座天台

其中最早成立的是宣教會頌恩學校，由屬衛理宗的西差會遠東宣教會創辦。[20] 該會於 1954 年 2 月 28 日起在香港開基，[21] 宣教士文玉棠師母（Mrs. Florence Munroe）得知大坑東需要災後重建，經家傭協助，迅速聯絡一位負責大坑東房屋建設的官員，以致一個月內獲政府批出大坑東邨 F 座天台開辦學校，條件是必須服務小童。差會遂於 1955 年創辦兒童會，後名「頌恩學校」（又名「頌恩小學」），成為香港開辦天台學校之始。學校聘請南下香港的老師、教授，設有上下午班，共招收 300 位學生。文師母不單提供教育，亦於主日早上在學校設崇拜，晚上設福音聚會，讓學生、家長及大廈居民參與。[22]

自 1957 年起，遠東宣教會又向政府申請撥地興建學校。等候多年，宣教會最終於 1962 年獲批大坑東棠蔭街一幅 25 828 平方呎地皮，其中 19 364 平方呎由政府免費提供，用作興建一所有 12 個課室的學校（棠蔭街 11 號）及醫療中心。餘下的 6 464 平方呎地，以每平方呎 7 美元向政府購買，用作興建禮拜堂——宣教會恩磐堂（棠蔭街 7 號）。1963 年，學校落成，頌恩小學遷入，為該區首間座堂式基督教學校，學生人數增至 600 人。後來為回應社區需要，頌恩小學於 1974 年結束辦學，轉型為中學——匯基書院。1965 年，救恩醫療中心開幕，由遠東宣教會特別撥款 35,000 元作為開辦費，惜於 1971 年因為缺乏

宣教會於大坑東建築群之設計圖 [23]

醫生及醫療開支昂貴而停辦。至於宣教會恩磐堂，前身為遠東宣教會恩光堂，本位於九龍深水埗鴨寮街 102 號，為宣教會首間堂會，於 1966 年遷入大坑東，與本位於石硤尾新區 Z 座的宣教會大埔道堂合併，改名為「恩磐堂」。[24]

1988 年，宣教會與匯基書院、興學證基協會於棠蔭街 5 號合建九層大樓，名為「基督教教育中心」，設有興學證基協會開辦的基督教教育研究院、衛道神學研究院。前者於 1984 年創辦，目的是以基督教教育觀培訓老師；後者於 2001 年成立，由國際宣教協會、香港宣教會、香港循理會、基督教宣聖會香港區會、基督教協基會、救世軍港澳軍區及美國衛理教會等七個衛理宗團體聯合創辦，提供神學教育，培育教會領袖。[25]

至於最早在大坑東、大坑西傳教之塘宣，也於 1957 年 5 月向政府申請在大坑東區開辦一所政府津貼小學，後來成功籌募建校經費，獲棠蔭街 23 號地皮建校。1964 年 12 月 4 日舉行動土禮，1965 年 8 月學校落成，9 月 1 日開學，成為區內第二間座堂式基督教學校。起初，宣道小學設上下午校，一至六年級合共 24 班，學費及堂費共 80 元，清貧學生可獲免繳學費，那時政府尚未推行九年免費教育。[26] 1987 年，教育署推出「消減噪音計劃」，為一些受交通噪音影響的公營學校課室及特別室，安裝冷氣機及消減噪音設備。[27] 宣道小學亦於 1988 年 10 月為學校所有課室完成安裝冷氣機，為學生提供更為安靜的學習環境。至 1990 年，學生增至大約九百人。學校原樓高五層，至 2001 年增添一座新翼，樓高六層，增加了不少課室及設施。[28]

大坑東的基督教辦學，由起初簡陋的天台學校，至設有座堂式學校、基督教教育研究院及神學院，發展漸趨多元化。

3. 社會服務：遍地開花

至今大坑東的基督教社會服務集中於大坑東邨內與周邊地區，以及大坑東邨東西面之南山邨（1977 至 1979 年落成），合共九個基督教機構，為數不少，可謂遍地開花。至於大坑西新邨，可能屬私營屋邨，清拆前只在商場設有一家基督教機構——聖雅各福群會慈惠軒，提供短期食物援助及兒童營養計劃，但隨着該邨即將清拆而停辦。

基督教社會服務機構	
位於大坑東邨內及周邊地區	位於南山邨
1. 寰宇希望（東輝樓） 2. 視障人士福音中心（東海樓） 3. 聖公會深水埗綜合家庭照顧服務隊（東輝樓） 4. 中華便以利會恩慈長者鄰舍中心（東怡樓） 5. 救世軍大坑東中心（龍珠街 1 號）	1. 循道衛理楊震社會服務處（南逸樓） 2. 香港基督教服務處 PS33（南堯樓） 3. 救世軍大坑東長者綜合服務——南泰長者中心（南泰樓） 4. 救世軍大坑東長者綜合服務——南明婦女之家（南明樓）

二、茶果嶺

茶果嶺位於今天油塘與觀塘之間，相傳因山上長有大量茶果樹而得名。十九世紀初，九龍東部之四座山丘：茶果嶺、牛頭角、茜草灣和鯉魚門，由於石質較佳，故闢作石礦場，且彼此結盟，號稱「九龍四山」或「四山」。1860 年，法國根據《北京條約》得以在廣州城內興建一座歌德式天主堂——石室聖心大教堂。那時界限街以北尚未租借予英國，於是法國從兩廣總督處取得同意，在 1862 至 1869 年間，派遣法國教士在牛頭角至茶果嶺一帶開採石材，用於興建石室教堂，教堂於 1888 年落成。[29] 此外，香港西環碼頭之石壆、啟德機場及多條海底隧道採用的石材，也來自茶果嶺。

昔日，不少廣東客家人離鄉別井，不怕艱辛，來到香港以打石謀生，部分聚居於茶果嶺山腳，形成茶果嶺村。此村除了客家人，也有漁民聚居。今天位於村落東面的天后廟，原址位於西面茜草灣畔，於道光年間建成（1821 年至 1850 年間），為昔日漁民拜祭處。1950 至 1960 年代，有眾多外省難民從調景嶺遷來，令茶果嶺村最高峰時期多達二萬人，聚居處包括今天麗港城一帶。到了 1970 至 1980 年代，原來的村民陸續遷出，換來內地新來港人士。當他們也申請了公屋後遷出，又換來另一批人遷入。多年來，村民遷出遷入，成為此村的村落特色之一。

茶果嶺村近年被稱為碩果僅存的「城中村」，本為一片寮屋區，人口擠迫，火災發生頻繁。單是 2006 年初，不足一個月便發生兩宗三級大火。[30] 1980 年代，政府為配合鋪設現代化茶果嶺道及興建東區海底隧道，把上千戶茶果嶺居民遷至葵涌一帶，導致村內人口從高峰回落。1999 年，政府有意收回茶果嶺村

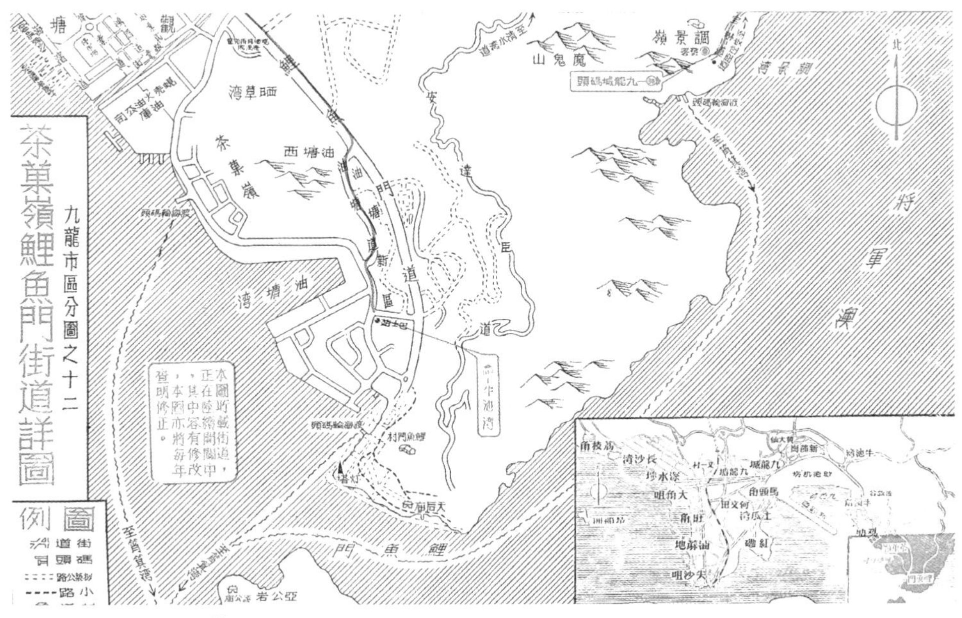

1965 年茶果嶺地圖[31]

發展用地，但無疾而終。2019 年，行政長官於《施政報告》宣佈清拆九龍東的三個寮屋區——茶果嶺村、牛池灣村和竹園聯合村。自 2024 年起，茶果嶺村村民陸續遷出。

1. 傳教先鋒：路德會聖馬可堂

由於茶果嶺位置偏僻，被形容為「三不管」地帶，一直沒有警察駐守。除非有毆鬥死傷，否則沒有警察出沒。1940 年代，政府曾允許一些村民持槍，協助維持村內治安。[32] 居民生活儉樸，多年來共用街喉、公廁，彼此熟稔。[33] 1948 年，居民因為爭用食水，二百多人集體打鬥，五人受傷，其中一人被流彈所傷，需要九龍城派警察來處理。[34] 至 1949 年，政府於茶果嶺曾增設警察分署。[35] 在五六十年代，賭博與吸毒猖獗，村民為了更好管治社區，自發開會商討村內大小事宜。此外，由於交通不便，外來消防隊難以前來救援，居民又於 1984 年自設鄰舍防火糾察隊，負責救火。[36]

茶果嶺首間教會，原來與一山之隔的調景嶺息息相關。1949 年，美國路德會（The Lutheran Church - Missouri Synod）四位傳教士：何傳捷、西門英才，包美達與白樂雲，分別於 11 月 29 及 30 日自成都來港，正等候返美之際，有感香港甚多難民需要援助，遂留港展開救濟與佈道工作。翌年 8 月 18 日，路德會在調景嶺設立協同聖經學院，由西門英才教士任院長。12 月 30 日，隨着難民遷入茶果嶺，聖經學院學生成為先頭部隊，開始在茶果嶺街頭佈道。[37] 1951 年，華籍傳道士賴約翰於茶果嶺建立佈道所，成為路德會在香港建立的第三間教會，名為「路德會聖馬可堂」，建堂於茶果嶺大街，採用附近石礦場之麻石興建，為區內第一間及唯一的座堂教會，甚具特色。至於天主教，則沒有在此建立教會與進行社區服務。

聖馬可堂曾發揮社區會堂角色，照顧村民日常所需。在五六十年代曾舉辦不同活動，支援茶果嶺村民的生活需要，如探訪村民、派發奶粉、安排老師幫忙託兒。雖然教會積極關心兒童的福音需要，然事奉人手缺乏，故此不少調景嶺路德會牧者（如西教士杜愛萊師母）不怕山路遙遠，前來幫忙。其中賴約翰牧師更從調景嶺帶來一些弟兄姊妹，參與司琴、教導兒童主日學等事奉。此外，教會亦曾提供場地予村民看電視，提供長者活動及戒賭輔導，甚至成為村民避雨、避火災的休息處，仿如小社區中心。當教會需要修葺，牧者也會放下鎖匙，請村內師傅幫忙，互相信任。[38] 至 1981 年，鄰舍輔導會茶果嶺中心於村內成立，逐漸取代教會昔日的社區會堂功能。[39]

聖馬可堂也曾因缺乏牧者，於 1969 年 9 月至 1971 年 1 月暫時停止聚會。復堂後，至 1980 年代因茶果嶺人口開始下跌、教友外遷，教會人數下跌至大約 50 人。至今教會人數大約 20 人以內，主要為老教友，均識於微時，已非居於區內。除了每周崇拜，團契、主日學及祈禱會等聚會只間歇舉行。然而，教會在人力、物力缺乏的情況下，於茶果嶺村清拆前，仍聘請老師開設功課輔導，服事村內有需要的學童，延續過去對孩童的關愛，為社區盡上棉力。

2. 教會辦學：聖馬可學校

路德會於茶果嶺開教不久，因看見不少適齡孩童難以到區外求學，遂於教會開辦小學——聖馬可學校，辦學宗旨是「服務人群」。根據 1955 至 1958 年全香港教會的一個統計，聖馬可堂有會友 180 人、兒童主日學 221 人、老師 6 人，可見教會成功吸納了不少區內兒童及成年人參與教會。1960 年代，隨着居民

茶果嶺碼頭

聖馬可堂及幼稚園

1975 年，教會獻堂啟用典禮

增加，開始有私人渡輪公司提供服務，早上及下午繁忙時間 15 分鐘一班，其餘時間半小時一班，路線來往茶果嶺至筲箕灣，票價三毫。1962 年，由於茶果嶺沒有中學，路德會又向政府申請，在聖馬可學校對面靠山處增建一所中學，惜未獲批准。1963 年，開始有小路東至油塘，西至觀塘。由於交通漸趨便利，加上不少學生入讀區內四山公立學校，聖馬可學校因收生不足，於 1972 年停辦。1973 年，開始有公共小巴來往觀塘與茶果嶺，兒童紛紛到區外小學就讀。然而，教會沒有放棄辦學，是年改為開辦路德會聖馬可堂幼稚園。[40]

聖馬可堂幼稚園設高、低、幼三班，除了中、英、數三科，也有音樂和聖經課。由於教堂地方不大，加上人手及資源不足，老師以梅花間竹方式安排三級同處一室。當高班上主題課時，低班學唱歌，幼稚班則安排上廁所。於是，小小的聖馬可堂在高峰時期竟可容納 50 至 60 名學生。在 1998 年度，幼稚園共有專職教師 3 名、學生 52 名，主要是附近的新移民。到了 2000 年，隨着人口逐漸遷出茶果嶺，路德會聖馬可堂幼稚園停辦，完成歷史任務。[41]

3. 植堂教會：茶果嶺浸信會

1967 年，茶果嶺第一座大廈——祐福大廈落成。1970 年代初，茶果嶺的高樓大廈向西延伸。短短數年間，遷入茶果嶺的居民驟增。[42] 大廈後面山腰山腳遷來許多印尼華僑，村內大街的山邊，也居住了許多內地新移民。在此背景下，已自立三十多年的尖沙嘴浸信會（簡稱「尖浸」），先後於 1971 年和 1975 年選擇兩個貧民區為植堂基址，此即「四山」之牛頭角與茶果嶺。[43]

尖浸在茶果嶺的植堂模式為，先在茶果嶺道 161 至 163 號龍門樓（1971 年入伙）購買地下舖位，成立佈道所，差派該堂伍東光傳道及弟兄姊妹前來事奉。1975 年 5 月 25 日，舉行獻堂禮，佈道所定名為「尖沙咀浸信會茶果嶺福音堂」。6 月 1 日，教會開辦首次主日崇拜，有 18 人參與。7 月 27 日，教會開辦主日學，人數也有 17 人。然而，這些來自中產教會的教友，如何進入窮鄉僻壤地帶接觸村民？

七十年代，由於人口劇增，茶果嶺村的環境衛生、交通、治安等問題漸趨複雜，福利需求隨之增加。1976 年 3 月 28 日，教會於村內空地開始開辦「茶果樂園」，提供遊戲給村內兒童遊玩，加上家庭探訪，令一些兒童、少年開始參與教會。然而，每隔一段時間，這些教會成員因可以「上樓」而搬離社區，難以繼續參與。故此，教會成員主要的增長乃來自觀塘寧波公學老師帶來的中學生，其後成為教會的骨幹成員。及後，教友不斷增加，地方不夠，母會於1983年購買堂會上層二樓作擴堂。1990年5月13日，教會自立，改名「茶果嶺浸信會」（簡稱「茶浸」）。那時已受浸人數增至156人，會友介乎15至35歲之間，為相當年輕化的教會。1996年，教會又購買旁邊單位龍門燒臘餐廳作擴堂。

2002年暑假，茶浸邀請短宣中心協助入村逐家佈道。2003年起，茶浸又開設英文班、功課輔導班、溫習室等。2008年起，茶浸開設媽咪組，與她們一起查聖經，教導如何教養孩子，教會有不少婦女信主。2016年至2018年，教會獲一位有心人士資助，與銅鑼灣浸信會愛羣社會服務處合辦社區飯堂。街坊可在教會購買飯票，10元一位，晚上到教會享用。其中領受此福利的有茶果嶺村的家庭、長者或單身人士。飯堂逢周一至周五晚開飯，每晚約三十多人受惠。

4. 社區服務：福音戒毒團契

茶果嶺曾經賭毒盛行，於九十年代，竟然有一位「黑社會大阿哥」信主，令教會開辦戒毒事工。這位信主叫鄧堅強，被稱為茶果嶺教父，曾擁有過千手下，在區內開賭檔、賣毒品等。由於吸毒30年，他身體愈來愈差。1994年，他到靈實醫院治療肺病期間，接受福音戒毒，三個月後成功戒毒，認定耶穌是「堅」的。信主後，他叫手下聽道，下令不准任何人在其地盤內賣白粉，並決心幫助其他吸毒者戒毒。1995年12月，在鄧保羅牧師協助下，茶果嶺成立恩典團契。起初由鄧牧師、陳威靈牧師負責牧養，晚上借用村內海天酒樓聚會。[44] 後來，陳牧師建議將團契移植入茶浸，以致聚會環境更為理想。茶浸與教友商討後，1996年起承辦團契，而此服事令村民對教會產生好感。若有吸毒者參與團契一段時間，會被轉介接受福音戒毒，有大約一百人被轉介。至2010年，由於其中一位主力的弟兄前往內地做福音戒毒工作，不久團契停止聚會。茶浸經此團契，共接觸人數約一千，信主人數超過一百。

2011年初，由於教會地方不敷應用，加上位置不便，弟兄姊妹難以帶親友來教會，教會遂租用觀塘寧晉中心為第二個崇拜聚會點，名為「觀塘堂」。2017年，此聚會點搬至牛頭角利基大廈，2023年11月9日再搬至觀塘

Koho。這年 11 月 12 日起教會只集中於觀塘崇拜，茶果嶺堂改為集中服事街坊，設兒童小組、英文班、溫習室及媽咪小組等活動。

5.「不消失的教會」遇上「不確定的未來」

最後，除了路德會與浸信會在茶果嶺建立教會，也有另一間教會出現於此，名叫「中華傳道會茶菓嶺福音堂」。然而，筆者只有照片，從此教會所屬的宗派中華傳道會也難以尋找相關紀錄。據說茶果嶺村之榮華冰室前身為基督教堂，[45] 可能正是此教會。中華傳道會於 1950 年從內地南下香港，而榮華冰室創於 1962 年，估計此教會設立於 1950 年代至 1962 年間。

面對正在消失的茶果嶺村，位於村落外圍的聖馬可堂與茶浸兩間教會，並不需要清拆。兩間教會在村民撤出前，繼續以功課輔導服事社區兒童，但隨着重建人口減少，只餘聖馬可堂保留崇拜聚會，茶浸之崇拜已遷往觀塘另一堂點聚會。此外，在清拆的過程中，基督教的竹園區神召會社會服務部獲政府撥款，組成社工隊，前來茶果嶺村為居民提供搬遷支援服務，有機會與村民同行清拆最後一里路。[46] 那麼，留下來的教會在村落清拆與重建後，又能否繼續服事社區？面對不確定的未來，教會須面對社區重建之挑戰與掙扎。

茶果嶺教父鄧堅強

中華傳道會茶果嶺福音堂 [47]

三、小結

綜上所述，新九龍之發展與戰後香港人口急增息息相關，而新九龍基督教亦隨着人口增加而傳入及發展，並把握時機，提供教育、醫療、養老、福音戒毒、功課輔導等社會服務，尤其填補了香港早期社區服務之缺乏。及後，隨着社區重建、人口變化、社會需求轉變，基督教會及其社會服務出現變化也是必然的歷程。然而，這段歷史為新九龍歷史、香港基督教歷史與社區重建歷史，都留下寶貴的一頁。

注釋

1 鄭寶鴻編著，《香港城區發展百年史》（香港：商務印書館，2018）。

2 林若雁、許美娥、郭海晴，《村梭茶果嶺：城中村的回憶備份》（香港：長春社文化古蹟資源中心，2022）。

3 本文按作者於《時代論壇》撰寫之兩篇文章，大幅補充修訂而成。參閱：黃彩蓮，〈告別茶果嶺村：「尚未完場」之傳教足跡〉，《時代論壇》（2024 年 2 月 11 日，第 1902 期），頁 4-5；黃彩蓮，〈講東講西：「大坑東、大坑西」之基督教足跡〉，《時代論壇》（2024 年 7 月 24 日，第 1924 期），頁 4-5。

4 梅澤生，〈不要歇你的手〉，《九龍塘宣道會大坑東堂：廿週年紀念特刊》（香港：九龍塘宣道會大坑東堂，1971），頁 4。

5 〈各聖堂簡史：聖伯多祿堂〉，天主教香港教區檔案處，<https://archives.catholic.org.hk/Church%20Building/Kowloon/CKLN-SPCH.htm> [取用日期：2025-04-11]。

6 香港最早的託兒所，為基督教女青年會於 1948 年成立的元州街托兒所。參閱：《女聲》（2023 年 8 月），頁 11。

7 〈本港教會在九龍方面辦理託兒情形〉，《基督教週報》，第 61 期，1965 年 10 月 24 日，頁 2。

8 此圖修改自〈深水埗石硤尾街道詳圖〉，《香港年鑑 1965》（香港：華僑日報，1965，第五篇），頁 66。

9 Thomas F. Ryan, *Catholic Guide to Hong Kong* (Hong Kong: Catholic Truth Society, 1962), pp.131.

10 《感恩．委身．服務：救世軍港澳教區八十周年紀念特刊》（香港：救世軍港澳教區，2011），頁 20。

11 〈救世軍主辦大坑東養老院歡迎各界參觀〉，《基督教週報》，第 210 期，1968 年 9 月 1 日，頁 1；高潔，〈救世軍大坑東養老院〉，《基督教週報》，第 571 期，1975 年 8 月 3 日，頁 3。

12 高潔，〈救世軍大坑東養老院〉，《基督教週報》，第 571 期，1975 年 8 月 3 日，頁 3。

13 〈救世軍增強服務　大坑東設立食堂〉，《基督教週報》，第 612 期，1976 年 5 月 16 日，頁 3。

14 〈時光之旅（1930—2010）〉，《感恩．委身．服務：救世軍港澳教區八十周年紀念特刊》（香港：救世軍港澳教區，2010），頁 25。

15 梅澤生，〈不要歇你的手〉，頁 4。

16 許成，〈學校概況〉，《九龍塘宣道會大坑東堂：廿週年紀念特刊》，頁 13。

17 朱建礎，〈回顧與前瞻〉，《九龍塘宣道會大坑東堂：廿週年紀念特刊》，頁 3；梅澤生，〈不要歇你的手〉，頁 4-5。

18 照片由朱小皿先生提供。

19 照片由朱小皿先生提供。

20 1973 年，遠東宣教會改名「國際宣教協會」。國際宣教會於香港之事工在 1976 年註冊為「香港宣教會（OMS）有限公司」，1983 年把註冊改為「香港宣教會」。湯陳笑紅，〈香港宣教會四十年簡史〉，《香港宣教會四十週年特刊》（香港：香港宣教會，1994），頁 27。

21 芙羅倫倖、文玉棠師母合著，譚啟榮譯，《滿有盼望的海港》（香港：香港宣教會，2018），頁 15。

22 湯陳笑紅，〈香港宣教會四十年簡史〉，頁 26；《香港宣教會五十五年發展簡史》（香港：香港宣教會，2010），頁 12-13；《滿有盼望的海港》，頁 37-38。

23 《滿有盼望香港》，頁 56。

24 湯陳笑紅，〈香港宣教會四十年簡史〉，頁 26、頁 42；《香港宣教會五十五年發展簡史》，頁 15、頁 20-21；〈香港宣教會六十年簡史〉，《同心建立：香港宣教會鑽禧紀念特刊（1954-2014）》（香港：香港宣教會，2014），頁 12。

25 〈本院歷史〉，《衛道神學研究院 2009-10 學院概覽》（香港：衛道神學院，2009），頁 4。

26 《大坑東宣道小學：四十週年紀念特刊（1965—2005）》（香港：大坑東宣道小學，2005），頁 22；〈學校發展里程碑〉，《大坑東宣道小學金禧校慶特刊》（香港：大坑東宣道小學，2016），頁 26-27；湯陳笑紅，〈香港宣教會四十年簡史〉，頁 30。

27 〈立法會教育事務委員會（文件）〉，1998 年 7 月 28 日，<https://www.legco.gov.hk/yr98-99/chinese/panels/ed/papers/ed2807_4.htm> [取用日期：2025-02-19]。

28 《大坑東宣道小學：四十週年紀念特刊（1965—2005）》（香港：大坑東宣道小學，2005），頁 22；〈學校發展里程碑〉，《大坑東宣道小學金禧校慶特刊》（香港：大坑東宣道小學，2016），頁 30。

29 張瑞威，《拆村：消逝的九龍村落》（香港：三聯書店，2013），頁 68-69。

30 〈「鄰舍」：一起走過的日子〉，董志發主編，《城中村．茶果嶺》（香港：鄰舍輔導會茶果嶺中心，2013），頁 24。

31 〈茶果嶺鯉魚門街道詳圖〉，《香港年鑑 1964》（香港：華僑日報，1964，第五篇），頁 66。

32 邱東，〈鄉民聯誼會 百年村落守衛者〉，林若雁、許美娥、郭海晴合著，《村梭茶果嶺：城中村的回憶備份》，頁 66。

33 〈多認識一些茶果嶺〉，《尖沙嘴浸信會茶果嶺福音堂成立教會特刊》（香港：茶果嶺福音堂，1990），頁 10。

34 〈茶果嶺大械鬥〉，《大公報》，1948 年 12 月 12 日，頁 4。

35 〈加強警力：茶果嶺設分署〉，《大公報》，1949 年 1 月 4 日，頁 4。

36 羅振常，〈自己火自己救 防火糾察隊守家園〉，《村梭茶果嶺：城中村的回憶備份》，頁 96。

37 《香港路德會金禧慶典紀念特刊（1949—1999）（香港：香港路德會文字部，1999），頁 82。

38 〈聖馬可堂背後的一人〉，《集油》（2022 年 4 月，第 7 期），頁 2。

39 〈鄰舍輔導會茶果嶺中心〉，《村梭茶果嶺：城中村的回憶備份》，頁 246。

40 〈多認識一些茶果嶺〉，頁 10；〈聖馬可堂背後的一人〉，頁 2。

41 劉美意，〈畢生的承諾 路德會聖馬可堂〉，《村梭茶果嶺：城中村的回憶備份》，頁 188。

42 〈多認識一些茶果嶺〉，頁 10。

43 〈歷年香港浸信會聯會託管基址及本會直屬基址之發展源流表〉，《尖沙嘴浸信會七十五周年紀念特輯（1939—2014）》（香港：尖沙嘴浸信會，2014），頁 100。

44 海天酒樓，位於高嶺土礦場碼頭旁，1960 年開辦，2006 年拆卸。參閱：〈海天酒樓〉，《村梭茶果嶺：城中村的回憶備份》，頁 242。

45 《中華傳道會銀禧紀念特刊》（香港：中華傳道會，1968），頁 4。

46 麥嘉殷，〈清拆之前 —— 我們的茶果嶺記憶〉，《時代論壇》（2024 年 6 月 2 日，第 1918 期），頁 5。

47 〈見證茶果嶺變遷！榮華冰室：60 年簡樸如一，散發時代氣息！香港還需要一間老冰室〉，<https://www.etnet.com.hk/www/tc/lifestyle/eatandplay/oldshops/84426> [取用日期：2025-02-23]。

第六章

戰後初期天主教團體在香港深水埗區的慈善救濟工作

曾家明

第二次世界大戰後初期，深水埗區是來港難民的一個主要聚集地。1953年發生在石硤尾的一場火災，令五萬多人流離失所，政府立即興建徙置區安置災民，促成了香港公共房屋政策的推行，成為戰後香港的一個神話。這個「石硤尾神話」一般被視作政府推行公共房屋計劃的轉捩點，但也有其他意見認為大火只是一個促使政府興建公屋的催化劑。其實，這個神話背後還有不少歷史值得研究討論，涉及的不單是房屋問題，而是一群貧苦大眾在日常生活中所面對的困境。

作為公共房屋的起始地區，深水埗在香港戰後社會民生史佔有一定的重要性及地位。本章旨在概述天主教團體於1950年至1965年期間，在新九龍的深水埗區所參與的慈善救濟工作，探討其角色及貢獻。

由於深水埗地區的範圍多年來不斷變化，本章以較廣義的深水埗區為研究重點，即包括荔枝角、長沙灣、石硤尾等地，並根據昔日教會報章（包括天主教教區出版的《公教報》）、政府的歷史檔案和官方的年報作為研究基礎，重構戰後初期天主教團體在該區進行慈善救濟工作的歷程。

一、戰後的難民潮

1945 年 8 月 15 日，日本在第二次世界大戰中戰敗投降，香港因此結束了三年零八個月的日佔時期，英國對香港恢復統治。其後中國內地發生內戰，大量民眾因戰事從內地前往香港。這段時期的香港人口大幅波動。香港人口在戰前約 150 萬，至 1945 年下降至 60 萬以下，但在 1946 年回升至 150 萬。[1] 在 1950 年，香港人口已達 200 萬，其中包括不少難民。以下是香港人口從 1946 年至 1960 年的變化。[2]

1946 至 1960 香港人口及進出移民流量數字

年份	年中人口數字	自然增長	進出香港的移民（淨流量）
1946	1 550 000	—	—
1950	2 237 000	42 135	337 865
1955	2 490 000	71 431	54 069
1960	3 075 300	91 521	16 379

據 1949 年聯合國的估計，香港的 200 萬人口中，每 2 人便有 1 人是難民，但政府並未對這些難民給予特別照顧，於是他們大多在自助自理的原則下生活[3]，在衣食住行上遇上不少困難。

對香港政府來說，這些難民不過是暫住人口，沒有需要為這些人數眾多的難民提供社會福利服務。[4] 此外，官員恐怕如果提供太多社會福利給難民，反而會吸引更多的難民從內地進入香港。[5] 因此戰後的香港主要由非政府機構、慈善團體承擔提供社會福利服務的重任。當時香港主流慈善機構由兩大部分組成：其一為東華三院、保良局和一些宗親組織，主要是由本地華人組成，負責籌措資金，開展救濟活動；[6] 其二便是天主教和基督教來香港傳教的團體以及國際救濟機構，而它們的服務經費多由派出國支持。[7] 到了 1958 年，社會福利署成立，港英政府才採取較積極的態度，在提供社會福利及救濟工作上扮演了較積極主動的角色，但仍倚重慈善救濟機構提供有關服務。

如前所述，大量的難民在內戰時抵港，他們在市區的空地或山坡搭建木屋居住，形成木屋區，後來政府興建了徙置區，以應付住屋要求。這些社區的貧窮、衛生及教育問題嚴重。[8] 這些難民住在山邊的寮屋，並沒有水和電的供應，更要面對火災及山泥傾瀉的危險。[9] 他們的居住環境惡劣，卻得不到政府關注。直到 1953 年發生了石硤尾大火，香港政府才開始正視難民所引起的相關問題。當時港督葛量洪（Alexander William George Herder Grantham, 1899–1978；在任年份：1947–1957）認為這場大火是政府處理難民問題的轉捩點，讓政府認清了現實情況：即使實施了相關管制，難民仍會持續進入香港，並會逗留數年。[10] 雖然香港政府開始調整處理難民的手法，但仍倚重慈善救濟機構（包括天主教團體）從事賑濟工作。

二、香港天主教團體的慈善救濟工作

自 1940 年代之後，陸續有很多天主教傳教會和修會到港，開展牧民工作。[11] 到了第二次世界大戰後，香港的天主教團體包括天主教修會、傳教會、平信徒團體及各堂區善會如聖母軍、聖雲先會等，已在香港積極參與服務難民的工作。如上文所述，木屋區及徙置區的貧窮、衛生及教育問題嚴重，多個天主教外方傳教會向木屋區附近或徙置區居民提供救濟品，並開設診所和學校等設施。[12]

時任香港主教恩理覺（Bishop Enrico Valtora, PIME, 1883–1951）於 1926 年至 1951 年在任期間，邀請了許多男女修會到香港服務。他創辦了教區修院和總修院、公教真理學會，及不少教育、慈善及社會機構。[13] 在 1945 年 9 月 12 日，他成立了香港公教進行社，是當時遠東地區首個同類機構，成立目的是「統籌與振興天主教在港的宗教、社會與文化生命，並為所有參與香港教會相關事務提供參考資訊」。[14] 在 1949 年，全國天主教福利會（The Catholic Welfare Committee of China）在香港公教進行社建立了辦事處。[15] 該辦事處與堂區及難民中心合作，在香港社會福利事業中扮演了重要角色。此外，在瑪利諾修會的鄭濟民神父（Rev. Paul Duchesne, 1910–1983）及羅民勞神父（Rev. Msgr. John Romaniello, 1900–1985）的主導下，香港獲得了美國方面的資助及救濟。[16] 在 1955 年的《天主教手冊》中，鄭濟民神父在有關教會提供的社會服務的報告中提及：「慈善是一種人所皆曉的語言。在過去數年間，不少人第一次進入教堂，便是要求獲得援助，不論是食物、藥物、船費、租金、醫院費用、居住。」[17] 可見當時對不少人來說，想到「救濟」，便會前往教堂去尋求援助。

1952 年開始擔任主教的白英奇（Bishop Lorenzo Bianchi, PIME, 1899–1983），積極推動香港教會從事救助難民的工作。他認為早在宗徒時代，教會已對貧苦者特別關懷。雖然當時香港的情況已十分嚴重，教會的資源不足以處理，但無論如何都有盡力救助貧人的本分。[18] 他組織一些被當時中國內地驅逐出來的傳教士及修女為難民服務。[19] 當時雖然不同天主教團體如修會、堂區已在難民居住的地方建立了救援中心及教堂，但白英奇主教認為應該克服「修會主義」，要求眾人為同一教會、同一人類服務。[20] 他決定成立一個以香港教區為層面的協調組織，使各修會及堂區的資源可以有效運用和有系統地分配。在白英奇主教領導下，天主教福利會（香港明愛前身）於 1953 年 7 月 1 日成立，標誌着教區將區內資源進行更有效地運用的決心。[21]

1961 年以後，香港天主教社會福利會負責策劃及管理香港教區的福利服務、參與食物分派及慈善救濟服務，[22] 以統籌教會信眾在社會服務上的參與。人道救援工作也由天主教社會福利會統籌，而很多機構及社會救助中心也因此成立。[23] 足見香港的天主教慈善救濟工作由早期經個別傳教會和修會提供，有序地逐步發展為經中央統籌的模式，以達善用資源之效。

三、部分深水埗地區成為難民聚居地

1898 年前，深水埗區位於英屬九龍的邊界（界限街）外，曾成為走私者、罪犯及賭徒的避難所。1898 年，清政府將九龍界限街以北至深圳河的地域租借予英國，為期 99 年。深水埗被劃入新九龍地區，屬於九龍全約第四約。深水埗在 1911 年完成第一期填海工程，開闢了鴨寮街、長沙灣道、汝州街、桂林街、荔枝角道及北河街等地，以通州街為海邊，其後深水埗地區再作了若干擴展。[24] 根據約於 1930 年由中國商會出版的《中國商店及公司指南》，可以發現深水埗工商業最多的是雜貨店、茶館、中藥店、小商店、縫紉機店及洋貨店。此外，瓷器及中國器皿店、銅匠舖、木柴及米行、華洋皮鞋店等也有不少。[25] 在第二次世界大戰前，深水埗工商業（例如織造業）已有不錯的發展。當時深水埗的元州街及北河街一帶已有一些紡織工廠。

在第二次世界大戰後，深水埗區的紡織業發展得十分蓬勃，而南昌街及基隆街等地更遍佈售賣各種紡紗原料的店舖，形成布料街。不過在工商業發展的同時，深水埗也是香港難民的其中一個主要的聚集地，不少來港難民在深水埗一些地區（如石硤尾和大坑東等）的山邊和田地上搭建、購置或租賃木屋居住，以致該區出現成千上萬的寮屋。[26] 當中以大埔道山腳，包括了大埔道村、白田村、石硤尾村和窩仔村的木屋人口特別密集。[27]

除了廣為香港市民所知的石硤尾大火外，其實在 1950 年代，九龍深水埗區發生多宗火災，受火災影響的居民無數。下表記錄了深水埗區自 1940 年代末始至 1960 年間所發生的較嚴重火災，受災人數近 14 萬人：[28]

1940 年代末至 1960 年深水埗區的較嚴重火災

日期	災區	受災人數
1949 年 12 月 5 日	青山道蘇屋村火災	3 000 餘人
1950 年 12 月 4 日	李鄭屋村火災	2 600 餘人
1952 年 4 月 29 日	九龍塘村火災	9 000 餘人
1952 年 11 月 29 日	石硤尾村沙梨園火災	3 600 餘人
1953 年 1 月 26 日	九龍塘村萬香園火災	2 000 餘人
1953 年 12 月 25 日	石硤尾六村火災	58 000 餘人
1954 年 7 月 22 日	九龍塘村大坑東火災	25 000 餘人
1954 年 10 月 1 日	李鄭屋村火災	7 000 餘人
1954 年 11 月 20 日	大埔道村火災	5 800 餘人
1955 年 1 月 9 日	長沙灣新村火災	4 400 餘人
1955 年 11 月 1 日	花墟村火災	6 800 餘人
1955 年 11 月 26 日	青山道船東街火災	2 100 餘人
1956 年 10 月 22 日	大坑西花墟村火災	2 800 餘人
1957 年 5 月 16 日	石硤尾村健康里火災	1 300 餘人
1957 年 8 月 1 日	青山道船東街火災	2 900 餘人
1957 年 11 月 21 日	元州街之船東街木屋火災	1 200 餘人
1960 年 2 月 12 日	李鄭屋村發祥街山坡木屋火災	1 000 餘人

此外，1959 年 6 月中旬豪雨為災，深水埗災民達八千七百餘人。[29] 可見深水埗的難民除日常生活遇上困難，他們更要面對家園隨時發生火災、生命財產受嚴重威脅的難題，亟需社會關注。

四、天主教團體在深水埗區的慈善救濟工作

恩理覺主教一直非常關注在深水埗地區的難民，寶血女修會[30]致力為該區的貧困和弱勢群體服務。早於1929年，寶血女修會已成立，並於深水埗成立修院，並以修院小堂作為教徒舉行主日彌撒的地點。寶血女修會除了管轄本身的堂區即寶血堂，還在深水埗區創辦了不少醫療、教育及社會機構，包括寶血醫院、德貞女子中學、孤兒院及託兒所等；1923年，修女們在九龍深水埗南昌街租用平民樓宇，開辦德貞學校（即德貞女子中學、德貞小學及德貞幼稚園前身）；1949年，修女亦創辦德貞平民女子夜校中學，為貧窮的女生提供夜中學服務。因此除了傳播信仰外，寶血女修會亦是區內一個兼具慈善救濟角色的修會團體。[31]

在1938年，修女們在深水埗區辦了寶血醫院[32]，除了收容孤兒外，還贈醫施藥給窮苦病人。[33]寶血女修會於1952年在深水埗建立孤兒院。有別於該會在粉嶺專收年紀較長女童的孤兒院，深水埗孤兒院收容的孤兒年紀較小，為五六歲以下的兒童及嬰兒。被收容的孤兒須經過當時的華民政務司署或其他有關當局確定其身份屬無父無母的孤兒或街頭的棄嬰。[34]修會小堂於1953年易名為「寶血堂」。[35]不少善會組織如聖雲仙會[36]、青年會[37]、聖母孝女會[38]及輔祭會[39]等都先後在寶血堂成立。[40] 1953年11月15日，寶血堂神父分發聯合國救濟總署與深水埗教區的牛奶粉給市民。當天寶血堂青年會出動會員十餘人，協助神父的分發工作，領取者共600餘人，每人得奶粉約兩磅。[41]

1952年創辦的寶血孤兒院內部（圖片來源：*Catholic Guide to Hong Kong, 1962*）

1953年的石硤尾六村大火發生後，政府撥地給天主教會作為興建新堂及附屬學校之用。[42] 1955年，教會在石硤尾街建成新堂，沿用了在九龍城拆卸了的教堂名稱，即聖五傷方濟各堂[43]（1966年易名為「聖方濟各堂」），並管理同區的寶血堂區。[44]堂區主辦的聖方濟各小學於同年落成，上午是英文小學，下午是中

文小學，[45] 和教堂主體相連。聖五傷方濟各堂多次舉辦聖誕貧童招待會，讓深水埗區貧童在聖誕節同享快樂，例如在 1956 年的貧童招待會中，2 000 名貧童獲分派糧食包裹。[46] 據說在 1957 年聖誕貧童招待會中，每名貧童獲分派白米五斤、餅乾、糖果、鹹蛋等。[47] 1960 年的聖誕節，該堂接待了 2 500 名貧童，並有聖誕話劇及魔術表演。1961 年 2 月 12 日，該堂招待貧苦居民 1 000 人，每人獲贈糧食包一個，內有臘腸、雞蛋及麵條等食物。[48] 此外，該堂亦有分派麵粉給街頭露宿者及天台木屋難民 [49]，及分派救濟米予貧苦的居民。[50]

聖五傷方濟各堂於 1964 年成立儲蓄互相社，由耶穌會士郭樂賢神父（Father John Collins, SJ, 1912–1997）及蘇國榮先生倡議發起，是首個在政府註冊的儲蓄互相社。該社的主要服務對象為該堂教友及其直系家屬，目的是鼓勵社員善用金錢，並養成節儉習慣，社員的資金會透過穩健程序借給在經濟上需要緊急援助的社員。[51] 除聖五傷方濟各堂外，不少天主教團體都參與提供福利救濟予深水埗區人士。如無原罪會修女於 1952 年在長沙灣設立診所，[52] 求診人數平均每日達 50 至 80 人。[53] 該診所名為「慈母診療所」，為難民服務。[54]

除聖五傷方濟各堂外，其他天主教團體也參與了救濟工作。1954 年的冬季，屬於深水埗寶血堂區、位於青山道福華村的聖母諸寵中保小堂助理主任司鐸海澤黎神父（Rev. MARINGELLI, Domenico PIME, 1913–1989），親自率領學校教職員，向該區的貧民散發大量救濟物品，包括衣物及牛奶粉，並將政府所贈的一批煉奶分發給慈母義務學校的學生及其他貧童。[55] 1955 年 4 月 15

聖方濟各堂（前稱聖五傷方濟各堂）舊貌（圖片來源：公教報）

日，白英奇主教親身到了聖母諸寵中保小堂，親自派發奶粉給貧民。[56]

此外，在1960年9月，九龍仔大坑東發生火災，燒毀木屋及磚屋320多間，災民無家可歸。九龍仔聖伯多祿受刑堂主任司鐸許仕奎神父，偕同兩位助理司鐸劉文修（1922–2001）及陶成章（1926–2018）兩位神父展開救濟工作。除分派糧食外，教會向香港教區福利會及美國天主教福利會領取舊衣物數百包，一連數天散發給共900個家庭，惠及4 500名災民。[57]

隨着救濟工作的種類和規模日益增加，1961年7月1日，《香港天主教福利會章程》獲白英奇主教確認。《章程》中將福利會的英文名稱定為「Caritas-Hong Kong」，而中文名則沿用「香港天主教福利會」。直到1974年，福利會將中文名稱正名為「香港明愛」，[58]在香港進行各類型的救濟及福利工作。從1960年代始，深水埗聖五傷方濟各堂與香港明愛緊密合作，推行社區工作及家庭服務，對深水埗區有需要人士施以援手。[59]

聖方濟各堂內設有不少善會，除上述聖雲仙會及儲蓄互相社外，還有服務於該堂的達碑立神父（Rev. TAPELLA, Enea PIME, 1929–1977）在1977年成立的聖愛之家，為弱智傷殘人士服務。[60]在一次尋覓適合傷健人士進行康樂活動的場所的途中，達碑立神父遇交通意外離世。[61]聖愛之家希望傷殘者殘而不廢，弱智者愚而不惑，頑劣者頑而不惡，老弱者弱而不衰，以愛的精神去幫助需要幫助的人。[62]該組織後來繼續提供多元化的康復服務，發展成今天的扶康會。[63]扶康會的服務對象包括智障人士、自閉症譜系障礙人士、精神復元人士及肢體殘障人士，協助他們發揮潛能，投入社會。[64]

五、天主教團體在石硤尾大火後的救濟工作

1953年12月25日晚上9時，深水埗白田村木屋區發生大火，整個白田村上村、白田下村、中約石硤尾村、窩仔上村及窩仔下村，幾乎全部被焚，火災面積南至石硤尾村口窩仔下村，北至大埔道口。當時消防總局長於晚上10時發出緊急通告，號召全部港九後備消防人員參與灌救工作。[65]因火災現場缺乏水源，消防員難以架搭水喉救火。消防員用了20條水喉進行灌救，仍未能控制火勢。這場發生於聖誕夜的石硤尾大火燃燒了5小時，大量房屋焚毀。[66]根據報章報道，當時熊熊火光，把火場照得如同白晝，居民將家中細軟及一切較

白英奇主教親自分發奶粉給貧民（圖片來源：公教報）

位於青山道福華村的聖母諸寵中保小堂（圖片來源：天主教香港教區檔案處）

九龍仔大坑東木屋區

值錢的傢俬搬出，整條大埔道堆滿藤籃、棉被及傢具。[67] 當時香港政府社會局（隸屬於華民政務司署）與各街坊會及團體在 12 月 26 日成立緊急救濟會，展開災後救濟工作。[68] 這場大火共燒毀木屋 2 580 間，殃及 12 000 餘戶，[69] 災民約 58 000 人。

石硤尾大火後，寶血堂神父參與了濟貧救災的工作，同時得到了教友的熱心支持，向災民贈送了衣物，更派送白米、奶粉等食物及日用品，並容許災民在聖堂周邊搭建臨時房屋，暫時棲身。[70] 此外，由寶血女修會管理、位於深水埗元州街的九龍德貞中學積極響應救災，在大火後的次日清晨到深水埗福利會協助政府，趕辦災民登記。而學校撥出幼稚園的唱遊室，收容受災影響的 200 多名婦孺，並發動賑災活動，共集得捐款 3,300 多元。學校當局為恤念受災學生的艱困，豁免他們半年學費，讓他們安心繼續求學。[71] 位於深水埗的嘉諾撒女校學生同情深水埗六村火災的難民，捐出約 270 元作為賑災金。[72] 寶血女子中學北角正校及灣仔分校的學生各捐了 600 多元賑濟，而正校分校的教職員及工友共捐了 1700 多元。[73]

香港主教白英奇除本人捐了 5,000 元外，更號召屬下籌賑火災金。至於當時的教宗庇護十二世，在得悉事件後，即發急電，捐助 10,000 美元，作為火災救濟金。[74] 當時不少香港及海外的天主教組織都踴躍捐助，顯示了守望相助的關愛精神。

香港政府對天主教在石硤尾大火後所作的賑濟工作表示感激。當時港府輔政司柏立基（Robert Black, 1906–1999；在任年份：1952–1954）[75] 代表時任香港總督葛量洪，寫了一封感謝函給天主教香港教區主教白英奇，內容節錄如下：

> 本人奉港督命，對於多數天主教團體有關緊急救濟聖誕夜石硤尾火災所急需之步驟，表現熱誠的服務，謹表示政府誠意的感謝。在所工作的諸般困苦繁難的環境教會，天主教團體的人員自動緊急提供協助，且收效宏博，不僅已獲得本政府的感激，且為在此災害中失去家庭的罹難人民所身感其惠。
>
> 督憲此種衷情的表示，倘得傳告於所有曾從事救濟工作者，及曾貢獻寶貴的協助，以減輕本港此次慘災之痛苦者，更當感謝。[76]

石硤尾大火後，香港教會發動募捐「白主教基金」，為災民建屋，讓災民

石硤尾六村火災區形勢圖（圖片來源：1954 年深水埗石硤尾六村火災急賑委員會特輯）

石硤尾六村火災後一片敗瓦殘礫的景象（圖片來源：1954 年深水埗石硤尾六村火災急賑委員會特輯）

石硤尾六村火災後大批災民在界限街球場輪候領取賑款物資（圖片來源：1954 年深水埗石硤尾六村火災急賑委員會特輯）

港督代表致函白主教
感謝天主教熱誠賑災

（本報訊）本港白主教於本年一月廿九日接到香港輔政司佈燕克先生代表香港總督葛量洪爵士來函，表示香港政府及災民感謝天主教人士緊急救濟石硤尾火災災民之諸般服務及救助。該函爲英文，茲略譯如左：

本人奉總督命，對於多數天主教團體有關緊急救濟聖誕夜石硤尾火災所急需之步驟，表現熱誠的服務，謹表示政府誠摯的感謝。在所工作的諸般困苦繁難的環境中，天主教團體的人員自動緊急提供協助，且收效宏博，不僅已獲得本政府的感激，且爲在此災害中失去家庭的罹難人民所身感其惠。

督憲此種表情的表示，倘得傳告於所有曾從事救濟工作者，及曾貢獻寶貴的協助，以減輕本港此次慘災之痛苦者，更當感謝。

（下略）

香港輔政司代表港督致函白英奇主教，對天主教賑災表示謝意（圖片來源：公教報）

可獲安置。政府在竹園山麓撥出土地，至 1955 年共建 53 間石屋，給部分災民居住。該批新屋用石牆建造，門窗均有鐵框，全部用上防火物料，有隔火作用，令居民增加安全感。[77]

當時不少慈善機構及志願務組織都參與了石硤尾大火的救災工作。事實上，當時香港政府非常依賴包括天主教在內的非政府機構去進行社會的賑濟工作。這個政策在 1960 年代仍然維持。

六、香港政府的福利救濟工作及天主教團體的角色

香港社會在第二次世界大戰後正處於復原時期。在 1950 年代，正值中國內地發生戰亂，難民湧入香港，香港政府未及採取相應措施去處理有關的民生問題。幸好當時宗教及慈善機構包括天主教組織，在救濟工作上扮演了重要的角色。香港的不同修會及堂區，盡力關愛當時處於水深火熱的難民，向他們伸出援手，解決了戰後的部分民生福利問題。若當年沒有這些機構提供慈善救濟工作，相信不少難民或會陷入困境，大量社會問題想必發生。

深水埗石硤尾大火後的一個月，政府興建了一些兩層高的長方形平房，作臨時安置災民之用。平房以水泥磚塊作材料，約 10 呎乘 15 呎，沒有電力及食水供應，亦沒有衛生間。這些「包寧平房」（Bowring Bungalows）以當時的工務局長名字命名。由於當時受大火影響的災民共約 58 000 人，平房不足以容納所有災民。市政局緊急小組委員會建議，由政府直接介入，斥資興建多層高

（初是六層高，後改為七層）、以混凝土為材料的徙置大廈，以安置災民及將來面臨清拆的寮屋居民。[78] 此外，政府依從小組建議於 1954 年成立徙置事務處（Resettlement Department），管理既有寮屋區，安排清拆寮屋，並負責有關徙置工作。

根據徙置事務處的年報，在提到政府及市政局大規模興建低於標準的房屋給居於寮屋的居民時，說明當中重要的原因：如果不採取任何措施，便不能避免以後一場又一場的火災，而數以萬計的人將無家可歸，並會耗費納稅人數百萬或數千萬的金錢[79]，投入於沒有生產效益的救濟措施之中。[80] 在同一報告中，該處強調寮屋的徙置並不是福利工作，而是藉此消除嚴重的火災風險、健康風險及公共治安的威脅，對整體社會有利。[81] 因此，港府當時建屋的措施是以解決災民的居住問題為切入點，興建房屋以保障社會整體安全。

1953 年石硤尾火災的不幸，大眾往往視之作政府決心推行興建公共房屋政策的肇始，卻忽略了石硤尾火災不過是深水埗區的其中一場災難，也沒有注意慈善團體在該區長期參與救濟工作的角色和有關的工作細節。房屋問題固然是當時災民難民所需要迫切解決的問題，但生活其他方面的問題並非單單解決居住一環便能解決。

1958 年殘存的石硤尾谷寮屋區和石硤尾徙置屋邨的多層大廈（圖片來源：政府檔案處）

在一封於 1953 年致天主教徒信眾的信中，白英奇主教提及了教會在社會上的承擔，並對眾多教會人士參與對窮人及難民的救濟支援工作深感驕傲。他讚美不少天主教慈善機構如安老院、孤兒院、盲女院，為各類有需要的人服務，例如照顧病人、窮人等，並稱讚聖雲仙會在過去數年的工作。[82] 事實上，戰後的天主教救濟工作遍佈本港不同地區。

自 1954 年底，一群熱心於救苦救難工作的天主教醫生和護士們，開始前往港九的木屋區、徙置區及山區，為病人免費診治並贈送由港九教友捐贈的藥物，亦贈送罐頭、牛奶給育嬰婦人。他們透過天主教福利會得到了美國天主教友所捐贈的流動醫療車，隨車出發到偏僻地區為病人診治，除了施出如維他命丸及盤尼西林等藥外，還配製其他藥物混合劑，如患者病情嚴重，可獲送入公立醫院醫治。香港醫務處對該車的服務極為嘉許，政府在醫療車輸入香港時提供免稅安排，以表示支持，[83] 可見香港政府重視天主教團體這項慈善救濟工作。

海外的天主教機構亦對香港的救濟工作貢獻良多，其中包括了美國天主教福利會。[84] 該會為救濟本港貧難人民，不斷運送大量白米，經香港政府社會局協助，分撥給各宗教團體、街坊福利慈善僑團，以派給各區貧苦民眾。[85] 根據報道，當時一張關於香港難民苦況的照片令一位十二歲的美國少年深有感觸，遂願意放棄購買新腳踏車，而將儲蓄起來的美金寄交全國天主教福利會，再轉交鄭濟民神父，讓他施予貧窮人士。[86] 可見人間有情，無遠弗屆。

在 1967 年香港政府去信給英國外交及聯邦事務部的文件中，在社會福利上，香港政府表示，正如在 1965 年的《社會福利白皮書》所說，政府的角色是去研究及評估社會服務的需要，及向從事社會服務工作志願的機構提供援助及領導。香港政府亦表示當時很大部分的社會福利服務是由不少本地及國際機構（包括宗教機構及其他）所提供，並由香港社會服務聯會與香港政府社會福利署進行協調統籌。[87] 可見在 1960 年代的香港，政府仍十分依靠慈善團體包括天主教團體，去提供社會福利服務，包括慈善救濟的工作。事實上，香港政府承認「在五十年代及六十年代所採用的基本救濟方式，便是派發乾糧和熱飯」。[88]

1965 年香港政府發表的《香港社會福利工作之目標與政策》白皮書，反映政府開始將社會福利服務視為一份必須負擔的工作。[89] 學者呂大樂認為在這份白皮書裏，政府肯定了志願社會服務組織的貢獻，並界定了志願社會服務組織的角色及服務範圍等。由於當時政府提供的社會福利服務範圍狹窄，所以仍需志願社會服務組織扮演主導角色，不過政府已開始自覺地在既有的由志願社會服務組織所建立的社會福利服務的基礎上，發展一個框架及系統。[90] 政府在白皮書中提及一些關於社會福利政策的擬議，其中包括賑濟貧困方面：

> 賑濟工作包括以乾糧、飯餐等援助貧苦無告者，協助特有需要者及對罹受天災禍害之災民施予緊急救濟。志願服務機構在這方面應繼續展開補充性之救濟工作，在必要時政府可以給予適當援助。然而必須控制賑濟工作，以免削弱個人或家庭單位自求獨立之意志，庶免影響日後籌措公共援助經費之能力。[91]

雖然政府認為志願服務機構提供的賑濟服務不應過多，但可見政府肯定了志願服務機構在慈善救濟工作的重要性及不可取替的角色。隨着政府在福利工作上有了更多的參與，在 1970 年代之後，不少天主教傳教會轉向文化交流及教育服務的軌道。[92]

七、小結：「石硤尾神話」背後

本文旨在概述天主教團體於戰後初期在香港深水埗區所進行的慈善救濟工作，並探討其角色及貢獻。其實不可不提的是：除了天主教團體，在深水埗區從事慈善救濟工作的還有不少其他宗教團體及本地慈善機構。它們致力幫助災民、難民，並提供醫療、教育、賑濟等服務給有需要的人士。限於篇幅，不少團體的善舉未能在本文談及，不少感人肺腑的歷史還有待發掘及分享。

從香港史或天主教史的視角出發，二戰後深水埗區的救濟救民事跡實在是值得集體回憶的一頁歷史。這一頁歷史記載了香港在戰後面對社會轉變，非政府組織在這個轉變中發揮了積極力量，向有需要人士提供了支援，讓他們在艱苦生活中得到了基本的照顧。天主教團體在這方面擔當了不可或缺的角色。

當我們去深入了解「石硤尾神話」，會發覺神話背後其實是一場無情火災發生的前後數年，大批居住環境惡劣甚至無家可歸、不得溫飽的災民、窮人所忍受的一段慘痛難忘的生活經歷。他們缺乏安全的居所，欠缺足夠的食物及物資，未能妥善照顧家中幼兒，並需要社會的急切關注及援手。當石硤尾大火燒毀了無數家園，悲劇導致了神話的出現。神話雖然改變了香港政府過往對難民的處理方法，及促成公共房屋的發展，但並不因此令香港政府去積極參與香港的社會福利事務。在戰後的一段時間，對深水埗區災民窮人提供慈善救濟工作的重擔，仍然由包括天主教在內的非政府組織所肩負。

本文所重溫有關天主教團體所參與的慈善救濟事件，是值得我們（特別是成長於生活條件較富足的新一代）去細味香港一段交織了悲傷、關愛及希望的戰後歲月，並謹記港人在困難中守望相助、同舟共濟的精神。

注釋

1 *Hong Kong Annual Report by the Director of Medical Servies for the Year Ended the 31st March, 1950*, pp.7. 轉引自：林榮鈞、張小蘭、劉慶廣，《默默無聞的服務：香港天主教診所歷史》（香港：香港中文大學天主教研究中心，2003），頁 68。

2 表一關於 1946 至 1960 香港人口、進出移民流量數字來源是香港統計署。轉引自：呂大樂，《凝聚力量：香港非政府機構發展軌跡》（香港：三聯書店，2010），頁 42。

3 〈香港難民佔半〉，《工商晚報》，1949 年 12 月 30 日；〈北角難民營生活甚規律〉，《工商晚報》，1949 年 12 月 13 日。轉引自：林榮鈞、張小蘭、劉慶廣，《默默無聞的服務：香港天主教診所歷史》，頁 68。

4 Sally Blyth, Ian Wotherspoo, *Hong Kong Remembers* (Hong Kong: Oxford University Press, 1996), pp.5. 轉引自：何心平，《美國天主教傳教會與香港》（香港：香港中文大學天主教研究中心，2011），頁 136。

5 Carroll, M. John, *A Concise History of Hong Kong* (Hong Kong: Hong Kong University Press), pp.146.

6 何心平，《美國天主教傳教會與香港》，頁 141。

7 何心平，《美國天主教傳教會與香港》，頁 142。有關天主教會在香港社會服務的角色，可參考在此方面研究過的學術著作，如陳秀嫻，〈香港天主教會的社會服務發展 1901—2000〉；阮志偉主編，《二十世紀香港天主教歷史》（香港：香港中文大學天主教研究中心，2016），頁 93-132；Beatric Leung, Shun Hing Chan, "Traditional Relations Between the Hong Kong Government and Christian Churches", *Changing Church and State Relations in Hong Kong, 1950—2000* (Hong Kong: HK University Press, 2003), pp.23-46.

8 張小蘭、黃奕清合編，《東西薈萃：香港天主教會口述歷史》（香港：香港中文大學天主教研究中心，2019），頁 11。

9 Carroll, M. John, *A Concise History of Hong Kong* (Hong Kong: Hong Kong University Press), pp.145.

10 Grantham, Alexander, *Via Ports* (Hong Kong: Hong Kong University Press), pp.156.

11 何心平，《美國天主教傳教會與香港》，頁 80。

12 張小蘭、黃奕清合編，《東西薈萃：香港天主教會口述歷史》，頁 11。

13 基德多，《白英奇主教傳》，頁 112。

14 香港明愛，《香港明愛七十載 1953—2023 挑戰與蛻變》（香港：香港公教真理學會，2023），頁 18。

15 Sergio Ticozzi, PIME, *Historical Document of the Hong Kong Catholic Church* (Hong Kong: Hong Kong Catholic Diocesan Archives), pp.173.

16 Sergio Ticozzi, PIME, *Historical Document of the Hong Kong Catholic Church*, pp.173.

17 Sergio Ticozzi, PIME, *Historical Document of the Hong Kong Catholic Church*, pp.174.

18 《公教報》，1953 年 3 月 22 日，頁 4。

19 基德多，《白英奇主教傳》，頁 113。

20 同上。

21 香港明愛，《香港明愛七十載 1953—2023 挑戰與蛻變》，頁 21。

22 香港明愛，《香港明愛七十載 1953—2023 挑戰與蛻變》，頁 19。

23 Criveller, Gianni, *From Milan to Hong Kong: 150 Years of Mission* (Hong Kong: Vox Amica Press), pp.134—135.

24 梁炳華編著，《深水埗風物志》（香港：深水埗區區議會，2011），頁 11-12。

25 施其樂著，宋鴻耀譯，《歷史的覺醒 —— 香港社會史論》（香港：香港教育圖書公司，1999），頁 229—230。

26 梁炳華編著，《深水埗風物志》，頁 264。

27 梁美儀，《家：香港公屋四十五年》（香港：香港房屋委員會，1999），頁 23；

28 有關深水埗火災資料，參閱：梁炳華編著，《深水埗風物志》，頁 264—265；深水埔街坊福利促進會，《深水埔深水情穿七十載》（香港：深水埔街坊福利促進會特刊編輯委員會，2020），頁 31。

29 深水埔街坊福利促進會，《深水埔深水情穿七十載》，頁 31。

30 寶血女修會全名中國女修會，其前身「寶血會」原屬於嘉諾撒仁愛女修會的「第三會」，在 1922 年獨立出來，正式成立第一個在香港教區誕生的國籍女修會。參閱：寶血女修會網頁 <spb.org.hk> [取用日期：2025-04-13]；〈修會歷史〉，寶血女修會網頁，< www.spb100anniversary.org.hk> [取用日期：2025-04-13]。

31 《香港天主教手冊 1970》（香港：香港公教真理學會，1970），頁 256-257。

32 根據當時香港土地及物業估價師（公司）描述，寶血醫院所在地的地段北始自青山道，東達欽州街，西及九江街，南迄元州街。在此地段上，三座建築物是作為醫院、學校兼教堂及修女宿舍之用用。參閱：朱益宜著，寶血女修會譯，《國籍寶血女修會與香港教會的演進》（香港：原道交流學會；意大利：瑪柴拉塔利瑪竇研究中心，2019），頁 122。

33 朱益宜著，寶血女修會譯，《國籍寶血女修會與香港教會的演進》，頁 122。

34 《公教報》，1952 年 5 月 4，頁 4；《公教報》，1952 年 11 月 23 日，頁 4。

35 < 寶血堂 >，香港天主教教區檔案，<archives.catholic.org.hk/Church Building/Kowloon/CKLN-PBC.htm> [取用日期：2025-02-15]。

36 聖雲仙會香港分會設立於 1863 年，是當時香港大型的慈善機構，其宗旨有二：第一是各會員（包括各階層人士）相互觀摩激勵，以履行更深切的基督化生活；二是到貧苦人士家庭中探訪慰問，援助他們精神、物質兩方面的需要。該會專以救濟貧乏為務，受救濟者並無宗教信仰之分，不時舉辦售花籌款及慈善賣物會。參閱：《公教報》，1952 年 12 月 14 日，頁 4；《公教報》，1959 年 7 月 24 日，頁 8。寶血堂區聖雲仙會於 1939 年成立。

37 青年會從事會員神修及傳教工作的訓練，指導會員在個人及公共生活上，實行衛護及傳揚天主教之真理，並將康樂與宗教活動結合。參閱：《聖方濟各書院十週年紀念特刊》（香港：聖方濟各書院，1986），頁 VI。

38 聖母孝女會的成立是為了培養女青年教友善度基督徒生活，鼓勵會員步武聖母的芳表，身體力行，在生活上去實踐美德。參閱：《聖方濟各書院十週年紀念特刊》（香港：聖方濟各書院，1986），頁 VII。

39 輔祭會是服務堂區，協助進行禮儀，藉此促進會員成聖，對聖體的熱忱及合作精神。參閱：《聖方濟各書院十週年紀念特刊》，頁 VII。

40 夏其龍，《香港傳教歷史之旅 —— 尖沙咀、九龍塘、深水埗》（香港：天主教教區福傳年專責小組，2005），頁 22。

41 《公教報》，1953 年 11 月 29 日，頁 4。

42 《聖方濟各堂金禧特刊》（香港：聖方濟各堂，2005），頁 25。

43 夏其龍，《香港傳教歷史之旅 —— 尖沙咀、九龍塘、深水埗》，頁 22-23。

44 < 聖方濟各堂 >，香港天主教教區檔案，<archives.catholic.org.hk/Church%20Building/Kowloon/KLN-SFAC.htm> [取用日期：2025-02-15]。

45 該校於 1962 年得到德國教友捐助，得以興建新翼，下午的中文小學改名為聖方濟各愛德小學。參閱：《聖方濟各堂六十周年特刊》（香港：聖方濟各堂，2015），頁 22。

46 《公教報》，1956 年 12 月 21 日，頁 4。

47 《公教報》，1957 年 12 月 22 日，頁 12。

48 《公教報》，1960 年 12 月 16 日，頁 10；《公教報》，1960 年 12 月 30 日，頁 4；《公教報》，1961 年 2 月 17 日，頁 10。

49 《公教報》，1957 年 8 月 30 日，頁 4。

50《公教報》，1960 年 11 月 25 日，頁 10。

51 夏其龍，《香港傳教歷史之旅 —— 尖沙咀、九龍塘、深水埗》，頁 22-23。

52 《公教報》，1952 年 11 月 30 日，頁 4。

53 《公教報》，1953 年 5 月 17 日，頁 4。

54 林榮鈞、張小蘭、劉慶廣，《默默無聞的服務：香港天主教診所歷史》（香港：香港中文大學天主教研究中心，2003），頁 222-223。

55 《公教報》，1954 年 11 月 21 日，頁 4; < 聖母諸寵中保小堂 >，香港天主教教區檔案，https://archives.catholic.org.hk/Church%20Building/Kowloon/CKLN-OLMAG.htm [取用日期：2025-03-27]。

56 《公教報》，1954 年 4 月 24 日，頁 4。

57 《公教報》，1960 年 9 月 23 日，頁 10。

58 香港明愛，《香港明愛七十載 1953—2023 挑戰與蛻變》，頁 21-22。

59 《聖方濟各堂金禧特刊》，頁 24。

60 夏其龍，《香港傳教歷史之旅 —— 尖沙咀、九龍塘、深水埗》，頁 25。關於該組織創立日期，另一說為 1974 年，參閱：《聖方濟各書院十週年紀念特刊》，頁 VII。

61 〈達碑立神父〉，香港天主教教區檔案，<archives.catholic.org.hk/In%20Memoriam/Clergy-Brother/E-Tapella.htm> [取用日期：2025-02-22]。

62 《聖方濟各書院十週年紀念特刊》，頁 VII。

63 參閱：扶康會網站，<https://www.fuhong.org/fuhong_mobile/PageInfo.aspx?md=10000> [取用日期：2025-02-22]。根據扶康會網頁，達碑立神父在 1977 年成立的組織名為「友愛之家」。

64 扶康會，《扶康會年報 2024》（香港：扶康會，2024），頁 2。

65 《香港工商日報》，1954 年 12 月 27 日，頁 5。

66 梁炳華編著，《深水埗風物志》，頁 264-265；陳志華、何泳儀、寅坷，《樂業安居．香港公屋發展歷程》（香港：中華書局，2024），頁 39-40。

67 《香港工商日報》，1954 年 12 月 26 日，頁 5。

68 《香港工商日報》，1954 年 12 月 26 日，頁 5。

69 深水埗公民教育委員會，《從深水步到深水埗》（香港：深水埗公民教育委員會，2006），頁 17。

70 《聖方濟各堂金禧特刊》，頁 24。

71 《公教報》，1954 年 1 月 24 日，頁 4。

72 《公教報》，1954 年 2 月 21 日，頁 4。

73 《公教報》，1954 年 1 月 24 日，頁 4。

74 《公教報》，1954 年 1 月 10 日，頁 4。

75 柏立基後來在 1958 年至 1964 年出任香港總督。

76 《公教報》，1954 年 2 月 14 日，頁 4。該報原文翻譯柏立基為「佈萊克」。

77 《公教報》，1955 年 10 月 2 日，頁 4。

78 有關香港政府興建房屋安置災民事宜，參閱：梁美儀，《家：香港公屋四十五年》，頁 35-39；梁炳華編著，《深水埗風物志》，頁 264-265；陳志華、何泳儀、寅坷，《樂業安居．香港公屋發展歷程》，頁 39-40。

79 根據徙置事務處，直接救濟石硤尾 2 萬名災民的直接救濟措施須耗費近 5 萬元一天，參閱：*Hong Kong Resettlement Department Annual Departmental Report, 1954-1955*, pp.9.

80 參閱：*Hong Kong Resettlement Department Annual Departmental Report, 1954-1955*, pp.16-17:"……most important, there was no alternative except to do nothing and await the fires which would inevitably take place, leaving tens of thousands of persons homeless and costing the taxpayer millions or tens of millions of dollars in unproductive relief measures alone."

81 參閱：*Hong Kong Resettlement Department Annual Departmental Report, 1954-1955*, pp.39: "It is worth while to emphasize again that the resettlement of squatters is not a welfare operation. It is the removal of a very serious fire risk, health risk and threat to public order, and it is undertaken in the

interests of the community as a whole."

82 《公教報》，1953 年 3 月 22 日，頁 4。

83 關於天主教的流動醫療車服務，參閱：《公教報》，1954 年 8 月 15 日，頁 4。

84 何心平，《美國天主教傳教會與香港》，頁 143。

85 《公教報》，1957 年 2 月 1 日，頁 4。

86 《公教報》，1953 年 11 月 22 日，頁 4。

87 "Briefs and Backgrounds notes for Lord Shephard" (January 1 - December 31, 1967), FCO 40/139 The National Archives: China and the Modern World, Paragraph 31 (University of Hong Kong electronic source).

88 《香港社會福利白皮書 —— 進入八十年代的社會福利》，頁 4。

89 呂大樂，《凝聚力量：香港非政府機構發展軌跡》，頁 64。

90 呂大樂，《凝聚力量：香港非政府機構發展軌跡》，頁 65。

91 《香港社會福利工作之目標與政策》白皮書（修正本）（1965 年 5 月 13 經香港立法會通過），頁 7。

92 何心平，《美國天主教傳教會與香港》，頁 230。

第七章

「教養孩童」——基督教會在深水埗興教辦學[1]

陳曉童、何世傑

1898 年英國與清政府簽訂《展拓香港界址專條》，九龍界限街以北至深圳河以南的土地租借給英國 99 年。由於九龍半島面積小，需開拓更多土地作發展市區，殖民政府在 1900 年將界限街以北、獅子山以南劃為「新九龍」地區：包括今日九龍城、黃大仙、觀塘（延伸至鯉魚門）、深水埗、荔枝角及長沙灣（沿維多利亞港西岸至昂船洲），原屬租借地的新九龍乃成為香港市區的一部分。[2]

基督教宣教士於十九世紀已在深水埗建立教會，比殖民政府發展深水埗區更早。時至今日基督教傳入該區已有過百年歷史，一直以來，教會和社區的關係十分密切，多年來積極推動社區發展，第二次世界大戰之後，殖民政府基於資源缺乏，能為市民提供的社會福利服務有限，基督教教會主動服務有需要人士，進行慈善救濟的工作，並積極辦學，在五十年代及以後社區發展中擔任重要角色。[3] 本章旨在論述教會如何以教育服務社區，包括教會辦學緣由、教育內容，探討教會辦學的時代意義。筆者搜集了教會文獻，並訪問曾任教或就讀於教會學校的師生、資深會友和教牧同工，梳理五十年代至今該區教會辦學的發展面貌。

一、五十年代的香港教育問題及基督教會辦學背景

第二次世界大戰後，大量難民湧入香港，加上戰後人口生育率的上升，香港人口急增，由1945年人口總數約50萬人，到1950年春季人口已升至約236萬人。[4] 適齡學童數量亦大幅增長，教育需求殷切，在《香港年鑑1951（第四回）》就提到香港出現「校荒問題」：

> 戰後本港人口激增，學校需年有加設，而失學之兒童仍比比皆是，當然，一方面本港尚未實施強逼教育，二方面官立學校少，私立學校收費奇昂，此二者為造成兒童失學之主要原因。[5]

教會看見深水埗區的教育需要，乃設立天台學校、義學，興建幼稚園、中小學和辦夜校，提供學額給該區失學兒童。

基督教學校不單止培育學生成為有知識與技能的人，更看重培養學生的品格修養。透過宗教教育、教師身教去讓學生學習愛人、認識真理和學習忍耐，學習為事情負責任、行事公平及為人謙虛有禮等美德，期望學生在校成為一個優秀學生，在家是一個孝賢子弟，在社會做良好公民，貢獻社會。基督教教育對兒童和青少年起了正面作用，對社會發展作出貢獻。[6]

據2021年統計，深水埗是全港聚集最多堂會的地區。[7] 深水埗現有的114間教會中，約三分一教會紮根區內超過半世紀，是該區其中一個重要組成部分，見證區內社會變遷。[8] 深水埗基督教辦學團體眾多，本文選取其中的基督教香港崇真會深水埗堂、中華聖潔會、深水埗浸信會、青山道潮語浸信會、篤志傳道會伯利恆堂和金巴崙長老會九龍堂六間教會，其所屬宗派均有辦學經驗，自創立以來屹立於深水埗半世紀或以上。

六間教會簡介

教會名稱	宗派	創立年份	現址	辦學大事記
基督教香港崇真會深水埗堂	基督教香港崇真會[9]	1897 年	九龍深水埗大埔道 58 號	1887 年創立巴色義學。 1932 年學校遷至黃竹街新堂，並改名為崇真學校。 1941 年崇真學校停辦，後於 1946 年學校復課。 1950 年學校改為上下午兩部制，上午辦小學，下午辦英文中學，名為崇真英文書院，並開辦崇真幼稚園。 1953 年開辦崇真英文夜校。 1985 年開辦沙田崇真中學，崇真幼稚園停辦。 1992 年崇真書院遷至屯門，空置的校舍改為小學使用，而幼稚園亦於同年復辦。 2004 年教會在荔枝角辦直資中學基督教崇真中學。 （崇真小學暨幼稚園、崇真書院、基督教崇真中學及沙田崇真中學，至今仍服務社區。[10]）
中華聖潔會	獨立堂會	1930 年	九龍深水埗懷惠道 18 號	1957 年開辦中聖學校（小學）。 1976 年中聖學校（小學）轉型為中學，以非牟利私立中學模式營運，易名為中聖書院。 1998 年於大埔開辦中華聖潔會靈風中學，中聖書院轉為直資中學。 （曾開辦幼稚園。根據訪談資料，幼稚園很有可能隨中聖學校轉型為中學時結束。中聖書院及中華聖潔會靈風中學至今仍服務社區。[11]）
深水埗浸信會	香港浸信會聯會[12]	1955 年	九龍長沙灣廣利道 4 號	1966 年開辦深水埗浸信會幼稚園。 2000 年開辦何文田浸信會幼稚園。 （兩校至今仍服務社區。[13]）
青山道潮語浸信會		1957 年	九龍深水埗長沙灣道 137 至 143 號長利商業大廈 2 字樓及 3 字樓 B 室	1958 年開辦培信學校。[14]

新九龍：獅子山下的記憶軌跡

（續上表）

教會名稱	宗派	創立年份	現址	辦學大事記
篤志傳道會伯利恆堂	篤志傳道會	1958 年	九龍長沙灣昌華街 41–51 號昌暉大廈 1 樓 3–10 室	1958 年開辦伯利恆堂義學。 1963 年開辦伯利恆堂幼稚園。[15]
金巴崙長老會九龍堂	金巴崙長老會香港區會[16]	1958 年	辦公地址：九龍長沙灣青山道 338–340 號 2 字樓 D 室 崇拜地址：九龍深水埗汝州街 88 號地下禮堂	1958 年開辦金巴崙小學。 1974 年金巴崙小學停止服務。 （金巴崙小學設有幼稚園。[17]）

（資料來源：各教會、學校刊物及網站資料，取用日期：2025–04–03）

二、六間教會的創立及辦學歷程

1. 基督教香港崇真會深水埗堂

基督教香港崇真會深水埗堂是由巴色差會婁士牧師（Rev. G. Reusch, 1848–1915）創立。早於 1886 年，婁士牧師注意到石硤尾、水塘坑及九龍仔一帶有客家群體及崇真會由海外回港的教友在此定居，婁士牧師及信徒便來探訪此區居民，向他們傳福音。牧師見失學兒童甚多，故向巴色會教師善後庫及政府借款，購買福州街（通州街舊稱）三千尺土地作為堂址，建成兩層高的洋樓，1897 年正式成立教會，同時辦校。學校初名為「巴色義學」，受政府資助，教員薪酬由政府承擔，學生可免費入讀。及後因義學日增，政府難以負擔，該校易名為「崇德女校」。[18]

1930 年教會用福州街校舍與政府換取黃竹街地段作堂址，新堂於 1932 年落成，學校亦遷至新堂，並改名為「崇真學校」。1941 年 12 月日軍侵略香港，同年底香港淪陷，教會堂址被日本軍政府徵用為區政所，學校於同年暫時停辦。1945 年 8 月香港光復，教會計劃重辦學校，遂從有能力的教友借款及向外籌款，購買枱、椅等用具，學校於 1946 年 9 月復課。香港重光後，求學者眾多，校舍不敷應用，1948 年乃拆卸後座工役房及廁所，改建成洋樓以擴充課室。1950 年，大量難民來港，教育需求急切，教育局批准開設下午校，學校改分上下午兩部制，上午辦小學，下午辦英文中學，定名為「崇真英文書院」，亦開辦崇真幼稚園。[19]

1951 年初，巴色差會召回於中國工作的所有宣教士職員回國，並把大埔道 58 號的巴色樓放售，深水埗堂與差會洽商購入。同年的 9 月 5 日，教會把幼稚園及崇真英文書院遷進巴色樓的新校舍。1953 年，教會更開辦英文夜校，短短半年，就讀的學生由一百多人增至三百多人。1955 年，小學亦開設上下午班。1956 年，教會籌備擴建工程，工程由 1958 年 2 月開始，9 月完成。當時，就讀崇真英文書院、崇真英文夜校、崇真學校及崇真幼稚園的學生共有三千多名。到 1961 年，教會展開第二期擴建工程，興建英文書院的校舍，工程於 1962 年完結。由於學生眾多，教會向政府申請修築車路直達校門，工程於 1967 年完成。當時學生已超過四千人。1974 年崇真英文書院轉為津貼中學。[20]

1985 年堂會的教育事業有較多變動，先是教會在沙田新翠邨開辦沙田崇真中學，而幼稚園則因地方所限於 8 月停辦。1992 年崇真書院遷至屯門，空置的校舍改為小學使用，幼稚園亦於同年復辦。2004 年，教會亦在荔枝角辦直資中學——基督教崇真中學。[21] 現時，教會轄下辦有四所學校，分別是崇真小學暨幼稚園、崇真書院、基督教崇真中學及沙田崇真中學，延續教會以教育服務社區和興學傳道之傳統。[22]

今日基督教香港崇真會深水埗堂屹立於主教山山腳，近年「前深水埗配

基督教香港崇真會深水埗堂今貌
（陳曉童攝於 2025 年 3 月 7 日）

前深水埗配水庫今貌（曾朗鋒先生攝於 2025 年 5 月 10 日）

水庫」的開放，引起社會大眾對主教山歷史的關注。主教山有說原名為「窩仔山」，過去在此有一條窩仔村因位於九龍塘背靠山坑而得名，「窩仔」有山谷之意。主教山的得名緣由暫未有定論，有指或與巴色差會（Basel Mission）名字有關——巴色差會在 1903 年從政府買入新九龍地段第一號（NKIL No.1）地段興建巴色樓（Mission Buildings）以處理教務。[23]

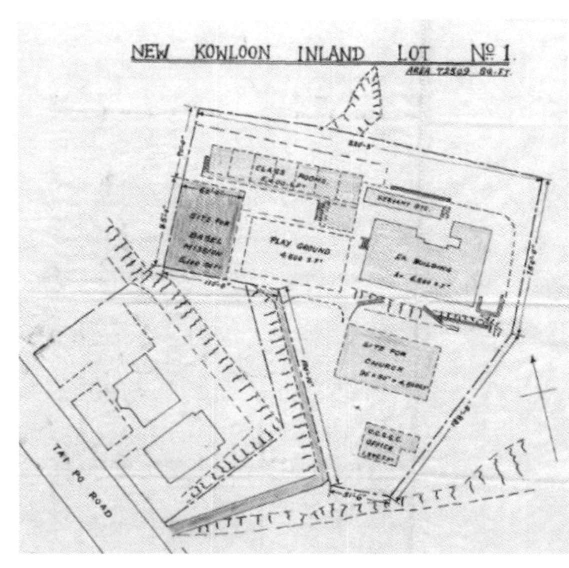

新九龍地段第一號（New Kowloon Inland Lot No.1）位置和巴色樓圖則（圖片由阮志博士提供）[29]

2. 中華聖潔會

中華聖潔會於1930年11月15日由吳仲連牧師夫婦創立，是華人基督徒建立的獨立教會。教會初期租用深水埗青山道一所車房聚會，後因人數增長，遷至福榮街95號地下。[24]在1941年至1945年香港淪陷期間，教會遷至鴨寮街，仍繼續聚會。戰後，教會於1946年遷至白楊街25號地下。[25]

五十年代初期，教會注意到社區的教育需要，乃計劃辦學。創會牧師吳仲連〈1955年之工作回憶錄——廿五年工作撮要〉提及辦校目的：

> 深水埔區失學兒童無數，流浪街頭者處處皆是，犯罪兒童與日俱增……得早日完成該校，盡量收容失學兒童，希可減少童年犯法的數字，並加以推展主日學的工作，使兒童受宗教教育的陶冶……導其趨善歸正是也。[26]

故此，教會向政府申請撥地建校，獲政府批准於深水埗懷惠道建堂建校，校舍於1957年落成，名為「中聖學校」。到1958年，學校有過千名學生就讀，之後幾年人數有增無減，到1961年學校學生有1 500人，教職員有50人。[27]到七十年代，香港適齡小學生人數減少，學校於1974年向政府申請轉型辦英文中學，1976年獲批，易名「中聖書院」。1998年，中聖書院轉型為直資中學，該校至今仍在深水埗服務。[28]

3. 深水埗浸信會

深水埗浸信會的成立可追溯至1949年，當時九龍城浸信會的教友見深水埗人口漸多，故租借青山道421號地下設置佈道所，於同年5月9日開始聚會。1953年九龍城浸信會把青山道佈道所交由香港浸信會聯會接辦，其後教會人數日漸增長，地方不敷應用，遂於1955年購入及遷至保安道30至32號二樓，同年10月16日教會正式成立，並命名為「寶安道浸信會福音堂」。隨福音事工的發展，教會於1963年購入廣利道堂址，1966年2月20日新堂正式啟用，易名為「深水埗浸信會」，而保安道舊址則用作開辦國語浸信會，即今日的基磐浸信會。[30]

新堂啟用以後，教會注意到區內幼童教育的需要，乃開辦深水埗浸信會幼

中聖學校舊貌，1976 年轉型為中聖書院（圖片由中華聖潔會提供）

中聖書院今貌（陳曉童攝於 2025 年 1 月 18 日）

深水埗浸信會今貌（圖片由曾朗鋒先生攝於 2025 年 5 月 10 日）

稚園，課室設於教會地庫的兩間房，教會禮堂與室外操場等設施亦供幼稚園使用。到1979年，教會增建一座五層高的宗教館大樓，預留三層半的空間作為課室，而七十年代入讀的學生眾多，曾一度開了18班，服務接近700位學生，教職員有近50人。[31] 至今深水埗浸信會幼稚園已服務區內學童超過59年。

教會多年來，亦積極發展兒童及青少年事工，舉辦夏令營、冬令營及兒童詩班等活動。[32] 時至今日，教會劃分為11個部門，分別是主日學部、助道部、傳道部、聖樂部、兒童部、青少部、教育部、關顧部、傳訊部、管業事務部及財務部，繼續在深水埗區服務。[33]

4. 青山道潮語浸信會

青山道潮語浸信會是由袁少波牧師、羅淑芳教士及數位潮人同工所創立。早在1953年，創會同工在石硤尾木屋區開荒佈道，初期在信徒家中聚會，後來於石硤尾設佈道所。到1957年租用青山道88號三樓為堂址，同年10月27日正式創立教會，名為「九龍潮語基督教會」，1960年教會改名為「青山道潮語浸信會」。1966年，在美北浸信會及信徒奉獻支持下，教會購入九江街135-137號及福華街208A為堂址。後來教會會友增長至超過二百人，需另覓地點聚會，遂於1976年擴堂遷至長沙灣道137-143號三樓現址。[34] 1993年教會購入鄰座A單位為副堂。2008年教會遷至長利商業大廈。[35]

教會於1958年1月開辦培信學校，由羅淑芳教士和袁少波牧師分別擔任校監及校長。[36] 該校於1966年7月停辦。[37] 自1999年起，教會開始舉辦功課輔導班，主要為新移民小學生提供課後功課輔導，並定期探訪家庭，送上禮物。時至今日，青山道潮語浸信會積極投身社區，關懷新移民、青少年和弱勢群體，透過功輔班、探訪、興趣班及聯合區內教會的力量，致力服務深水埗社區。[38]

5. 篤志傳道會伯利恆堂

篤志傳道會伯利恆堂是由英國來華的傳教士艾偉德女士（Gladys Aylward, 1902-1970）於1958年創立。艾教士早於1932年來山西陽城傳教，之後曾於陝西、甘肅、四川等地傳揚福音。[39] 1949年，艾教士返回英國休假。1957年4月15日重返中國，因國籍等問題被拒絕入境，改到香港服事難民及漁民。因簽證問題，艾教士不能長期居留香港，遂於台灣定居，開展孤兒院事工。[40] 艾

袁少波牧師（攝於 1973 年 10 月 28 日，圖片由青山道潮語浸信會提供）

青山道潮語浸信會今貌（陳曉童攝於 2025 年 1 月 18 日）

教士長居台灣服事孤兒，直到 1970 年離世。期間，艾教士多次來港，先是於 1958 年 10 月 1 日與莫子奮、陳耀基等信徒成立希望傳道會伯利恆堂（1986 年希望傳道會易名為「篤志傳道會」）。伯利恆堂選址於青山道 275 號地下，服務基層及難民，盼望能為弱勢社群帶來希望，所以幾次建堂選址都在深水埗區。教會成立後，艾教士經常來訪，出席浸禮、主領培靈奮興佈道會、主持敬老大會及探望會友等，更到英美等國家籌款募捐，以應教會所需。[41]

1958 年伯利恆堂開辦義學，1963 年開辦幼稚園；及後開辦溫習室、功課輔導班。[42] 教會在 2022 年 9 月成功獲得批准註冊，成立艾偉德教育中心。[43] 中心積極與不同機構合作，服務基層，在 2024 至 2025 年間獲施永青基金資助，為有需要家庭的孩子提供功課輔導服務，並舉辦親子共同學習成長計劃。[44] 此外，中心亦獲教育局「區本計劃」資助，向領取綜援或全額書簿費津貼家庭的孩子提供免費專科班、興趣班等活動。[45] 目前教會仍繼續以辦學、扶貧來服務社區。

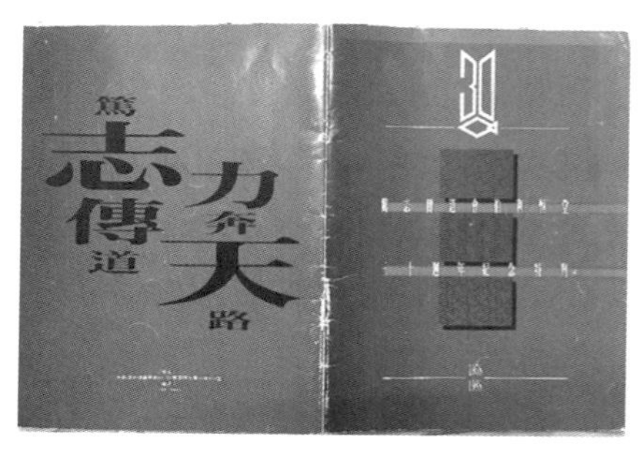

篤志傳道會伯利恆堂30周年紀念特刊（圖片由篤志傳道會伯利恆堂提供）

篤志傳道會伯利恆堂今貌（圖片由曾朗鋒先生攝於 2025 年 5 月 10 日）

6. 金巴崙長老會九龍堂

金巴崙長老會九龍堂是由甘耀道牧師於 1958 年創立，是金巴崙長老會香港區會的第四個基址。該會成立與辦學息息相關，最初金巴崙長老會於 1958 年秋天獲政府批准，於石硤尾 18 座天台開辦金巴崙小學和兒童會，後來隨着眾多來自石岐、沙溪、廣州等地的金巴崙長老會會友來港定居，沒有地方聚會，於是甘牧師發起了歸家運動，開始在天台小學聚會，第一次的主日崇拜是於 1958 年 11 月 3 日舉行。然而對年老會友來說，天台上聚會甚為不便。於是甘牧師去函美國總會要求撥款購置新堂，到 1962 年教會遷入青山道 60 號二樓。1982 年，教會購入順利大廈三樓全層及 2D 單位，作為新堂址。[46] 2011 年起因聚會人數增多，教會地方不敷應用，在同年 10 月教會開始借用深水埗街坊福利會地下禮堂作為崇拜地點。到 2012 年，教會決定出售青山道三樓堂址，把款項撥入擴堂基金，只保留青山道 2D 單位作為教牧同工辦公室。[47]

金巴崙長老會天台學校的成立源於金巴崙長老會對教育的承擔。早在 1908 年，甘成國牧師來華傳福音時，便已在中國內地創辦學校。1949 年中國內地學校關閉後，甘成國的兒子甘耀敬前往澳門繼續辦學，1958 年在長洲設立識字班。甘耀道牧師特別關心難民及失學兒童，因而設立天台學校。[48] 金巴崙小學始於 1958 年，目的是作育英才。隨着香港政府實施九年免費教育，金巴崙小學隨後亦完成歷史任務，於 1974 年停止服務。[49] 教會在 1976 年 6 月組織金巴崙小學校友團契，關心昔日的學生。[50]

辦學以外，教會重視兒童及青少年事工的發展，積極舉辦暑期聖經班、營會、主日學等活動，到八十年代又開設小五和小六年級全科補習班、中四和中五英文專科補習班及兒童繪畫班等課程。[51] 現時，堂會與不同機構合作，服務兒童、青少年及新來港人士，2014 年教會成立了非牟利機構展樂社，繼續服務社區。[52]

1972 年石硤尾的金巴崙學校 [53]

三、教學工作與校園生活

教會秉承基督教精神，在資源匱乏的時代開辦學校來服務社區，作育英才，受惠者眾多。筆者訪問幾位接受基督教教育的學生及老師有關五十年代以來的教學和校園生活經驗，並參考資料刊物，整理出五十年代以來基督教學校的教學工作與校園生活概況。

1. 幼兒教育

五十年代及以後，基督教香港崇真會深水埗堂、中華聖潔會、深水埗浸信會、金巴崙長老會九龍堂及篤志傳道會伯利恒堂均開辦幼稚園，為附近居民提供幼兒教育服務，不少學校同時辦小學和幼稚園。

學校有兩年制及三年制之分，中華聖潔會及崇真會深水埗堂分高班、低班，行兩年制；而深水埗浸信會則於 1978 年開始分為高、中、低三班，行三年制。[54] 學校平日的課堂會有唱遊活動，讓孩子從遊戲中學習，幫助幼兒適應群體生活及強身健體。[55] 部分學校更會每周定一個教學主題，該星期的讀寫、算術、唱遊、手工及遊戲等活動都是圍繞該主題作為教學內容。[56] 由於是基督教學校，學校亦設有聖經課，向幼兒講述聖經故事。[57]

部分學校在小息時會提供茶點，例如深水埗浸信會幼稚園會提供一些茶點給學生，逢星期三更提供牛奶。有學校為孩子設置遊樂設置，例如深水埗浸信會幼稚園就有提供單車給孩子在操場上玩；中華聖潔會開辦的幼稚園設有馬騮架、人手推動的旋轉木馬等，供幼兒在小息時遊玩。日常教學以外，部分學校會每月為學生舉辦生日會、聖誕聯歡會、畢業聚餐等活動，從而豐富學生校園生活體驗。[58]

2. 兒童教育

五六十年代香港小學學額需求急切，基督教教會開辦不同類型的學校去滿足社區需要，各校在設備和規模上亦有不同。其中青山道潮語浸信會培信學校和金巴崙長老會九龍堂的金巴崙小學是天台學校；基督教香港崇真會深水埗堂崇真學校、中華聖潔會中聖學校則有自己的校舍。學校多半分為上下午校，行半日制。一般來說每周五天上課，部分學校亦有長短周的安排，如中聖學校學生隔周在星期六上半日課。[59]

學習的科目大致分為三類，分別為主要科目（中文、英文及數學）、普通科（社會、自然、常識、健康、中文書法及英文書法）及術科（美術、勞作、音樂及體育），再加上聖經科。[60] 課後活動不多，學生放學後就回家；個別學生會留下補課，曾在金巴崙小學就讀的盧見美女士，提及學校設有課後補習班，為成績較差的學生多補一小時課。[61]

上課時間表（下午班）

節次	時間	星期1	2	3	4	5	6	
	1.00-1.10	升			旗		8.00-8.10	
1	1.10 1.45	英文	社會	國語	社會	英文	8.10 8.45	算
2	1.45 2.20	社會	英文	英文	國語	算術	8.45 9.20	術
							小	息
3	2.20 2.55	算術	英文	國語	英文	國語	9.30 10.05	國
		小			息			
4	3.10 3.45	國語	算術	英文	英文	國語	10.05 10.40	語
							小	息
5	3.45 4.20	聖經	算術	英文	默書	國語	10.50 11.25	英
		小			息			
6	4.30 5.05	自然	國語	算術	算術	作文	11.25 12.00	文
7	5.05 5.40	算術	英文	算術	算術	作文		

補 6.00–7.00 國語 P.M.　　算術：星期六：1.30—4.00 P.M.　星期日：8.00—9.30 A.M.

中聖學校下午班上課時間表（圖片由李秀蘭女士的同學提供）

金巴崙長老會天台學校 62

金巴崙小學第十屆畢業典禮，中間為盧見美女士（圖片由盧見美女士提供）

深水埗教會學校主要是服務本區居民。天台學校如金巴崙小學服務區內清貧家庭的孩子，學費為三元，午餐費五毫，另設獎學金。盧見美女士提及學生有時獲發由金巴崙長老會美國總會所資助的牛奶與餅乾，以確保學生有足夠營養。[63]

中聖學校服務家庭有一定經濟能力的學生，七十年代的每月學費約 20 至 30 元，學校亦提供獎學金給學生，鼓勵他們奮發向上，如考第一可以全年免學費。[64] 而部分學校上下午班學費亦有不同，以崇真學校為例，1959 年學費是分 10 次收取，每次收費上午班為 20 元，下午班為 16 元。[65]

學校亦着重與學生家庭之聯繫，金巴崙小學及中聖學校均設有家訪，中聖學校每年均有一次班主任去到學生家中和家長進行家訪，家訪時教師會關心學生的生活，並了解學生的家庭狀況。[66]

3 青少年及成人教育

是次研究的六所教會中，基督教香港崇真會深水埗堂最早於五十年代辦中學課程，在《崇真學校新校落成開幕紀念特刊一九五九年四月八日》提到學校在五十年代末的情況，學校開辦小學六年級至中學五年級，合共六個年級，設有理化實驗室、生物學實驗室、圖書室及球場等設施，亦有提供學生練習球類活動及田徑的設備。課程內容按教育司署的要求而定，另設每周兩節的聖經課，以提升學生靈性修養。而品學兼優的學生可獲免全年學費的一半。[67] 為方便就職人士於工餘時進修，1953 年教會設崇真英文夜校，每晚上課兩小時，學生最高可讀到中三。[68]

1976 年中華聖潔會亦由小學轉辦中學——中聖書院，學校主要錄取希望升中而成績稍遜的小學畢業生或中四、中五重讀生；教師抱着有教無類的精神，致力幫學生重建自信，提升學習能力，關懷學生的成長。[69] 學校會辦營會、班會旅行、行山、地理考察等活動；亦提供不少課外活動供學生參與，如合唱團、球類活動及團契等。[70]

四、結語：「教養孩童，使他走當行的道，就是到老他也不偏離」

許多人對深水埗區懷有老區、貧窮、平民的印象，或因生活成本較低，區內長期吸引了不少移民暫居，從五十年代的內地移民，到七八十年代的越南難民，以及現在的內地新移民。許多移民家庭都在深水埗區「落腳」，作為來港的第一站，該區可以説是流散者的聚居地。深水埗基督教教會面對着來自五湖四海的人，在不同的時代擔任起接待者，幫助移民融入社區。

基督教會在香港物資缺乏的五十年代，為貧窮學生、失學兒童提供各種社會服務包括辦學，希望可以改善社會風氣、防止街童犯罪；通過提供更多學額，以滿足社會需求。教會辦學目的不單是傳授知識，更着重品德教育，讓學生人格得到滋養，走「當行的道」，成為一個良好公民。教會學校服務不同社會階層，部分學校更提供生活物資和免費學習機會，讓貧困家庭的孩子有機會接受教育：得以靠學識謀生，以教育改變命運，從而提供社會流動機會。此外，教會亦透過辦學關懷學生及其家庭需要，拉近人與人關係，從而連繫整個社區。今天，教會學校在深水埗繼續作育英才，仍是區內教育事業的重要組成部分。

註解

1　本章得以完成，有賴各方人士及機構慷慨相助，在此鳴謝基督教香港崇真會深水埗堂、中華聖潔會、深水埗浸信會、青山道潮語浸信會、篤志傳道會伯利恆堂、金巴崙長老會九龍堂、香港浸信會神學院梁根紀念圖書館的眾同工、阮志博士、黃彩蓮牧師博士、麥文洵傳道、江穎揚先生、曾朗鋒先生借閱參考書刊等資料及提供協助。衷心感激李柏雄博士、李秀蘭女士、李慶宏傳道、何永恆牧師、周偉信教授、盧見美女士、夏定邦牧師、梁志光牧師、麥慶文先生、蔡志森先生和鄭炳光長老接受訪問，分享自身經驗，並提供相片等資料，豐富本章的內容。陳曉童擬好本文初稿，和何世傑進行修訂；兩位作者從事本文研究、撰寫和修訂以及定稿期間，蒙劉義章教授指導和多方幫助。謹致謝忱！

2　何佩然，《城傳立新：香港城市規劃發展史（1841-2015）》（香港：中華書局，2016），頁 82-83。

3　邢福增，〈第六章：往下紮根：從戰後到植根本土時期（1945-1973）〉，李志剛、劉義章、陳智衡、邢福增、郭偉聯、何世傑，《香港基督教史（1807-1997）》（香港：三聯書店，2024），頁 207-209。

4　*Hong Kong Annual Report 1952* (Hong Kong Government Printer, 1953), pp.27.

5　吳灞陵編，《香港年鑑 1951（第四回）》（香港：華僑日報，1951），頁 89。

6　黃著勳，〈青年人與宗教教育〉，鍾志光編，《崇真學校新校落成開幕紀念特刊 一九五九年四月八日》（香港：崇真學校，1959），頁 32；葉貴廷，〈「崇真」名詞淺釋〉，鍾志光編，《崇真學校新校落成開幕紀念特刊 一九五九年四月八日》（香港：崇真學校，1959），頁 31；蔡志森先生訪談記錄，訪問人：陳曉童，訪談地點：明光社，訪談日期：2025 年 4 月 3 日；李慶宏傳道訪談記錄，訪問人：陳曉童，訪談地點：中聖書院，訪談日期：2025 年 4 月 3 日。

7 2021 逆境中香港教會跟進研究組、梁國全、劉梓濠編，《2021 逆境中香港教會跟進研究簡報》（香港：香港教會更新運動有限公司，2021），頁 10。

8 參閱本書附錄三：深水埗基督教會名錄。

9 除上文提及的基督教香港崇真會深水埗堂，基督教香港崇真會在該區還有兩間教會，分別是基督教香港崇真會深水埗堂長沙灣分堂和基督教香港崇真會白田堂。參基督教香港崇真會，〈崇真會各堂會〉，2025，<https://web.ttm.org.hk/church/> [取用日期：2025-04-02]。

10 李國明、王鳳英、林文傑編，〈百年史實 一八九七年至一九九七年〉，王鳳英編，《香港深水埗崇真堂百周年紀念特刊一八九七年至一九九七年》（香港：基督教香港崇真會深水埗堂，1997），頁 14—25；李榮恩，〈深水埗堂簡史〉，曾福全編，《基督教香港崇真會 160 周年特刊》（香港：基督教香港崇真會，2009），頁 119-123；譚煥玲，〈崇真小學暨幼稚園簡史〉，曾福全編，《基督教香港崇真會 160 周年特刊》（香港：基督教香港崇真會，2009），頁 201；張惠民，〈張惠民長老細說香港深水埗崇真堂歷史（節錄）〉，盧婉賢等編，《基督教香港崇真會深水埗堂一百一十周年紀念特刊》（香港：基督教香港崇真會深水埗堂，2008），頁 66。

11 中華聖潔會九十周年特刊編輯小組編，〈九十年，一個家 中華聖潔會 1930 年 —2020 年感恩歷史回顧〉，《中華聖潔會九十周年紀念特刊 1930-2020》（香港：中華聖潔會，2020），頁 30-32；中華聖潔會編，〈八十週年 大事回顧〉，《八十載中華聖潔 獻一生榮耀基督》（香港：中華聖潔會，2010），頁 6-11；李慶宏傳道訪談記錄，訪問人：陳曉童，訪談地點：中聖書院，訪談日期：2025 年 4 月 3 日。

12 除上文提及的深水埗浸信會及青山道潮語浸信會，香港浸信會聯會在該區還有十間教會，分別是美門浸信會、阡陌社區浸信會、Filipino Baptist Church（香港菲語浸信會）、興田浸信會、新希望浸信會、永約浸信會、錫安浸信會、順天浸信會深水埗堂、尖沙嘴浸信會長沙灣福音堂和以馬內利浸信會。參閱：香港浸信會聯會，〈浸聯會單位〉，2024，<https://www.hkbaptist.org.hk/ 浸聯會單位 /> [取用日期：2025-04-02]。

13 〈深浸歷史〉，深水埗浸信會網站，2025，<https://sspbc.org.hk/index.php/zh-hant/history> [取用日期：2025-04-03]。

14 袁少波，〈本會史畧 1957-1982〉，袁少波編，《青山道潮語浸信會銀禧紀念特刊 1957—1982》（香港：青山道潮語浸信會，1982），頁 1-3。

15 〈大事回顧〉，篤志傳道會伯利恆堂網站，2024，< https://www.bethlehem.org.hk/church/history> [取用日期：2025-04-03]。

16 除上文提及的金巴崙長老會九龍堂，金巴崙長老會香港區會在該區還有一間教會 —— 金巴崙長老會道顯堂。參閱：〈我們的教會〉，金巴崙長老會香港區會網站，2023，<https://www.hkcpc.org/ 所屬堂會 > [取用日期：2025-04-02]。

17 50 週年堂慶籌備小組編，〈九龍堂五十年歷史〉，《金巴崙長老會九龍堂五十週年感恩紀念集》（香港：金巴崙長老會九龍堂，2008），頁 2、頁 6；夏定邦主任牧師、鄭炳光長老和盧見美女士訪談錄，訪問人：陳曉童和何世傑，訪談地點：金巴崙長老會九龍堂，訪談日期：2025 年 3 月 6 日。

18 李國明、王鳳英、林文傑合編，〈百年史實 一八九七年至一九九七年〉，頁 14；丘育靈，〈深水埗崇真堂堂史〉，余偉雄編，《香港崇真會立會一百四十周年紀念特刊 1847-1987》（香港：基督教香港崇真會，1987），頁 202；李榮恩，〈深水埗堂簡史〉，頁 119。有關學校的名稱，於《基督教香港崇真會深水埗堂一百一十周年紀念特刊》有另一說法，提及該校名「巴色會義學」，後易名為「崇德小學」。參閱：張惠民，〈張惠民長老細說香港深水埗崇真堂歷史（節錄）〉，頁 66。隨著教會本土化，1920 年代巴色會在中國更名崇真會，取義：崇奉真神，崇奉真理。

19 李榮恩，〈深水埗堂簡史〉，頁 119-120；李國明、王鳳英、林文傑合編，〈百年史實 一八九七年至一九九七年〉，頁 14-15。

20 李榮恩，〈深水埗堂簡史〉，頁 120-121；李國明、王鳳英、林文傑合編，〈百年史實 一八九七年至一九九七年〉，頁 15-19。

21 李榮恩，〈深水埗堂簡史〉，頁 122-123。

22 何永恒牧師訪談錄，訪問人：劉義章、何世傑和陳曉童，訪談地點：基督教香港崇真會深水埗堂，訪談日期：2025 年 3 月 7 日；譚煥玲，〈崇真小學暨幼稚園簡史〉，頁 201。

23 湯泳詩，〈主教山上的巴色樓：香港教會、慈惠辦學與客家族群〉，《時代論壇》，2025，<https://christiantimes.org.hk/Common/Reader/News/ShowNews.jsp?Nid=164292&Pid=104&Version=0&Cid=2052&Charset=big5_hkscs> [取用日期：2025-04-02]。巴色差會（Basel Evangelical Missinary Society）

於 1902 年 5 月 30 日向香港政府申請購買有關地段（NKIL No.1）；1903 年 3 月 9 日於香港政府舉行的土地拍賣會上成功投得有關地段，年期 75 年，可以續期 24 年減三日（即中英兩國於 1898 年簽署的《香港界址拓展專條》有效期 99 年少三日）。香港特區政府歷史檔案館檔案：HKRS58-1-19-20 及 HKRS265-11C-1。感謝歷史檔案館檔案主任（研究）許崇德先生其同事提供相關檔案資料。

24 〈九十年，一個家 中華聖潔會 1930 年 —2020 年感恩歷史回顧〉，頁 30；吳瓊頌牧師，〈回顧與前瞻 專心跟從主〉，中華聖潔會編，《八十載中華聖潔 獻一生榮耀基督》（香港：中華聖潔會，2010），頁 38-39。

25 〈八十週年 大事回顧〉，頁 6。

26 吳仲連，〈本會創辦人吳仲連牧師 1955 年之工作回憶錄（親筆）〉，吳瓊頌、吳麗湘編，《中華聖潔會金禧特刊 1930—1980》（香港：中華聖潔會，1984），頁 20。

27 吳瓊頌、吳麗湘編，〈大事小記〉，《中華聖潔會金禧特刊 1930-1980》（香港：中華聖潔會，1984），頁 16。

28 陳庭芝，〈中華聖潔會的源流、發展和前瞻〉，中華聖潔會編，《八十載中華聖潔 獻一生榮耀基督》（香港：中華聖潔會，2010），頁 21-22。

29 原圖出處：巴色差會檔案館（Basel Mission Archives，今名：21 世紀差會 Mission 21）網上圖片 [取用日期 2025-05-23]。

30 陳志威編，《深水埗浸信會四十周年紀念特刊》（香港：深水埗浸信會，1995），頁 10-12；基磐浸信會立會四十周年特刊編緝小組，《基磐浸信會立會四十周年特刊》（香港：基磐浸信會，2016），頁 54。

31 曾惠安，〈深水埗浸信會幼稚園創校記要〉，朱婉君等編，《深水埗浸信會幼稚園五十五周年校慶紀念特刊 1966-2021》（香港：深水埗浸信會幼稚園，2021），頁 6。

32 陳志威編，《深水埗浸信會五十周年金禧紀念特刊》（香港：深水埗浸信會，2006），頁 9-10。

33 〈本會各部〉，深水埗浸信會網站，2025，<https://sspbc.org.hk/department> [取用日期：2025-04-03]。

34 袁少波，〈本會史畧 1957—1982〉，頁 1-3；周偉信編，〈會友人數概況〉，《青山道潮語浸信會五十週年金禧紀念特刊》（香港：青山道潮語浸信會，2007），頁 11；徐松石，〈青山道潮語浸信會簡史〉，《華人浸信會史錄（第二輯：港澳地區）》（香港：浸信會出版部，1971），頁 109。

35 周偉信編，〈歷年大事記〉，《青山道潮語浸信會五十週年金禧紀念特刊》（香港：青山道潮語浸信會，2007），頁 8；〈創會史略〉，青山道潮語浸信會網站，<https://www.cprsbc.org/about.php#history> [取用日期：2025-04-02]。

36 袁少波，〈本會史略〉，周偉信編，《青山道潮語浸信會五十週年金禧紀念特刊》（香港：青山道潮語浸信會，2007），頁 3。

37 〈歷年大事記〉，頁 5。

38 梁志光牧師和周偉信教授訪談錄，訪問人：陳曉童和何世傑，訪談地點：Zoom 線上訪談，訪談日期：2025 年 2 月 20 日。

39 李昌盛，〈重溫艾偉德的宣教工作，再思今日教會在華宣教〉，麥炳坤編，《艾偉德教士來華八十周年紀念特刊》（香港：篤志傳道會，2012），頁 38-40。

40 艾偉德教士定居台灣的年份有不同說法，於《艾偉德教士來華八十周年紀念特刊》中提及艾教士是 1957 年 9 月 2 日定居台灣，而 *Gladys Aylward: My Missionary Life in China* 一書中，提到艾教士是 1958 年定居台灣。參閱：劉星輝，〈艾偉德在港台〉，麥炳坤編，《艾偉德教士來華八十周年紀念特刊》（香港：篤志傳道會，2012），頁 105；Gladys Aylward, *Gladys Aylward: My Missionary Life in China* (Chicago: Moody Publishers, 2024), pp.149.

41 葉德邦，〈鑽石就在伯利恆堂裏面 記艾偉德教士如何建立伯利恆堂〉，麥炳坤編，《艾偉德教士來華八十周年紀念特刊》（香港：篤志傳道會，2012），頁 58-60；Michael Leung，"Gladys's Return to London(1949-1957)"，麥炳坤編，《艾偉德教士來華八十周年紀念特刊》（香港：篤志傳道會，2012），頁 100-103；劉星輝，〈艾偉德在港台〉，頁 104-109；Gladys Aylward, *Gladys Aylward: My Missionary Life in China* (Chicago: Moody Publishers, 2024), pp.146-150.

42 葉德邦，〈鑽石就在伯利恆堂裏面 記艾偉德教士如何建立伯利恆堂〉，頁 58-62；〈大事回顧〉，篤志傳道會伯利恆堂網站，2024，<https://www.bethlehem.org.hk/church/history> [取用日期：2025-04-03]。

43 〈大事回顧〉，篤志傳道會伯利恒堂網站，2024，<https://www.bethlehem.org.hk/church/history> [取用日期：2025-04-03]。

44 〈親子共同學習成長計劃〉，篤志傳道會伯利恒堂網站，2024，<https://www.bethlehem.org.hk/center/ 親子共同學習成長計劃 -2024-2025> [取用日期：2025-04-03]。

45 〈其他課程〉，篤志傳道會伯利恒堂網站，2024，<https://www.bethlehem.org.hk/center/activity> [取用日期：2025-04-03]。

46 〈九龍堂五十年歷史〉，頁 2-3、11。

47 夏定邦等編，〈2008—2018 年間九龍堂的重要里程〉，《金巴崙長老會九龍堂 60 周年堂慶紀念特刊》（香港：金巴崙長老會九龍堂，2018），頁 12-13。

48 夏定邦主任牧師、鄭炳光長老和盧見美女士訪談記錄，訪問人：陳曉童和何世傑，訪談地點：金巴崙長老會九龍堂，訪談日期：2025 年 3 月 6 日。

49 夏定邦等編，〈1958—2008 九龍堂大事年表〉，《金巴崙長老會九龍堂 60 周年堂慶紀念特刊》（香港：金巴崙長老會九龍堂，2018），頁 10。

50 〈九龍堂五十年歷史〉，頁 7。

51 〈九龍堂五十年歷史〉，頁 2-31。

52 〈2008—2018 年間九龍堂的重要里程〉，頁 13。

53 圖片來源：金巴崙長老會香港區會，《金巴崙長老會華南史》（香港：金巴崙長老會香港區會，2011），頁 86。

54 鍾志光編，〈崇真堂幼稚園簡報〉，《崇真學校新校落成開幕紀念特刊 一九五九年四月八日》（香港：崇真學校，1959），頁 16；鍾譚積玉，〈園丁話耕稼〉，鍾譚積玉等編，《深水埗浸信會幼稚園創校二十五周年紀念特刊 1966-1991》（香港：深水埗浸信會幼稚園，1991），頁 2-3；李慶宏傳道訪談錄，訪問人：陳曉童，訪談地點：中聖書院，訪談日期：2025 年 4 月 3 日。

55 何謂湘等編，《百種感恩（創校三十週年紀念）》（香港：深水埗浸信會幼稚園，1996），頁 21-22；李慶宏傳道訪談錄，訪問人：陳曉童，訪談地點：中聖書院，訪談日期：2025 年 4 月 3 日。

56 鍾譚積玉，〈園丁話耕稼〉，頁 3。

57 何謂湘等編，《百種感恩（創校三十週年紀念）》，頁 24；梁志光牧師和周偉信教授訪談錄，訪問人：陳曉童和何世傑，訪談地點：Zoom 線上訪談，訪談日期：2025 年 2 月 20 日。

58 梁志光牧師和周偉信教授訪談錄，訪問人：陳曉童和何世傑，訪談地點：Zoom 線上訪談，訪談日期：2025 年 2 月 20 日；李慶宏傳道訪談錄，訪問人：陳曉童，訪談地點：中聖書院，訪談日期：2025 年 4 月 3 日；何謂湘等編，《百種感恩（創校三十週年紀念）》，頁 20-24；黃佩蓮編，《深水埗浸信會幼稚園創校 40 周年紀念特刊 1966—2006》（香港：深水埗浸信會幼稚園，2006），頁 29。

59 李慶宏傳道訪談錄，訪問人：陳曉童，訪談地點：中聖書院，訪談日期：2025 年 4 月 3 日。

60 1977 學年下學期中聖學校學生學行成績報告表，1977，李慶宏私人收藏。

61 夏定邦主任牧師、鄭炳光長老和盧見美女士訪談錄，訪問人：陳曉童和何世傑，訪談地點：金巴崙長老會九龍堂，訪談日期：2025 年 3 月 6 日。

62 圖片來源：James W. Knight, *Hearth and Chalice: The Story of Cumberland Presbyterian Women and World Mission* (Memphis: The Board of Missions of the Cumberland Presbyterian Church, 1980), pp.93.

63 夏定邦主任牧師、鄭炳光長老和盧見美女士訪談錄，訪問人：陳曉童和何世傑，訪談地點：金巴崙長老會九龍堂，訪談日期：2025 年 3 月 6 日。"Letter to Rev. McAdow Gam, February 20, 1957", Historical Foundation of the Cumberland Presbyterian Church and the Cumberland Presbyterian Church in America, 8207 Traditional Place, Cordova, Tennessee 38016 (accessed 2024-06-12).

64 李秀蘭女士訪談錄，訪問人：陳曉童，訪談地點：中聖書院，訪談日期：2025 年 3 月 8 日；蔡志森先生訪談記錄，訪問人：陳曉童，訪談地點：明光社，訪談日期：2025 年 4 月 3 日；李慶宏傳道訪談錄，訪問人：陳曉童，訪談地點：中聖書院，訪談日期：2025 年 4 月 3 日。

65 楊漢榮，〈校務報告〉，鍾志光編，《崇真學校新校落成開幕紀念特刊 一九五九年四月八日》（香港：崇真學校，1959），頁 10。

66 蔡志森先生訪談錄，訪問人：陳曉童，訪談地點：明光社，訪談日期：2025 年 4 月 3 日；李慶宏傳道訪談錄，訪問人：陳曉童，訪談地點：中聖書院，訪談日期：2025 年 4 月 3 日；夏定邦主任牧師、鄭炳光長老和盧見美女士訪談錄，訪問人：陳曉童和何世傑，訪談地點：金巴崙長老會九龍堂，訪談日期：2025 年 3 月 6 日。

67 黃著勳，〈崇真書院簡報〉，鍾志光編，《崇真學校新校落成開幕紀念特刊　一九五九年四月八日》（香港：崇真學校，1959），頁 14。

68 〈崇真英文夜校簡報〉，鍾志光編，《崇真學校新校落成開幕紀念特刊　一九五九年四月八日》（香港：崇真學校，1959），頁 16。

69 曹美娟，〈數算主恩〉，中華聖潔會編，《八十載中華聖潔 獻一生榮耀基督》（香港：中華聖潔會，2010），頁 52。

70 中聖書院編，《中聖書院 40 週年感恩特刊》（香港：中聖書院，2016），頁 11；中聖書院編，《情繫中聖》（香港：中聖書院，2018），頁 8。

文化娛樂篇

戲院光影

第八章

九龍塘：花園城市的創建與發展歷史

黃嘉為

九龍塘，位處「新九龍」中部，一個原先僅有幾百名居民的荒蕪地域，因港英政府需要興建新鐵路而對地區作出基本平整工程，及後經發展商提議開發成為香港首個「花園城市」。本文嘗試從歷史角度，以政府檔案，以及各院校、教會及社團的紀錄，回顧九龍塘如何由二十世紀一個小型中產住宅社區，發展並擴大為一個兼備大學、中學、小學、幼稚園、宗教場所、安老院、時鐘酒店、醫院，以及電視台、電台的多元低密度住宅暨商業區域。

一、二十世紀初發展：從尖沙咀到九龍塘

十九世紀末，香港維多利亞城（City of Victoria，即今日的西環、上環、中環及灣仔，合稱四環）人口迅速增長，變得日益擠迫。香港殖民政府認為，與其花費大量資源於香港島開山劈石或填海造地，倒不如鼓勵市民遷移到維多利亞港對岸的九龍半島。因此，當局開始鼓勵人口「過海」到九龍定居，而當時最接近維多利亞城的九龍區域便是尖沙咀。遷移的居民當中，除了華人外，亦包括澳門土生葡人（Macanese）。[1]

1898 年簽訂的《展拓香港界址專條》，將深圳河以南、界限街以北的土地及周邊離島租予英國，租期 99 年，這數個區域被統稱為「新界」（英文為

眾數詞：New Territories），正式納入香港殖民區的範圍；而港英政府將界限街以北至九龍山脈以南的區域，稱為「新九龍」，擴大了九龍市區的範圍。又因港島中部居住環境開始擠迫，不少居民、宗教及教育團體紛紛移師到九龍半島，尤其是教會，開始在尖沙咀服務新搬來的居民。其中最早的是天主教嘉諾撒仁愛女修會，該修會早於 1900 年於漆咸道與柯士甸道交界創立聖瑪利學校中學部（1960 年改名為「嘉諾撒聖瑪利書院」）。1902 年，九龍英童學校（Kowloon British School）於彌敦道創立（現為古物古蹟辦事處），主要服務九龍區英籍家庭的小孩。1905 年，由聚居尖沙咀的土生葡人集資興建的天主教玫瑰堂（Rosary Church），亦在聖瑪利學校旁邊落成。

1917 年，香港喇沙修士會（De La Salle Brothers，又稱「基督學校修士會」）於漆咸道開辦聖若瑟書院分校，作為創於港島半山的聖若瑟書院的初級學校，好讓住在尖沙咀的較低年級的聖若瑟書院學生不用每天舟車勞頓，坐小輪再步行往堅尼地道上學。[2] 1921 年，美國天主教修會瑪利諾女修會（The Maryknoll Sisters of St. Dominic，又名「聖道明瑪利諾女修會」，原名為「聖道明海外傳教女修會」）抵港，並於 1925 年在柯士甸道為 12 位小孩創辦了幼稚園。[3]

尖沙咀是殖民時期九龍半島其中一個最先發展的區域。然而，1920 年代，隨着市民遷往新九龍，很多尖沙咀的重要場所其後紛紛遷移至九龍塘及附近地區發展。

二、1900–1910 年代：港英政府與滿清政府興建九廣鐵路

港英政府經過與清廷反覆談判近四十年，終於在 1904 年年底落實修建香港至廣州的鐵路。港英政府同意負責出資、建造及營運由尖沙咀至羅湖的路段，此段稱為「九廣鐵路（英段）」；清廷則同意興建由羅湖至廣州的路段，此段稱為「九廣鐵路（中段）」，並由一間英中合資公司承建，以中國政府名義貸款籌資。英國倫敦殖民地部事務部於 1906 年初批准該項目，鐵路工程隨即展開。

鐵路的路線由尖沙咀貫通舊九龍、新九龍，然後穿越九龍山脊至大埔、沙田、粉嶺至上水，進入九廣鐵路（中段）。當中需開鑿一條長約 2.2 公里的隧道穿越九龍山脈，是整段英段鐵路中最艱巨及昂貴的工程，佔總成本的四分之一。該隧道其後定名為「筆架山隧道」，於 1906 年動工，1910 年 10 月 1 日以單線隧道形式通車，成為當時中國境內最長的鐵路隧道。[4]

為鋪設由界限街以北通往九龍山脊的鐵路路段，政府需先平整新九龍通往九龍山脊一帶的土地。當時這一帶仍屬荒野地帶，只有零星的農村，人口稀疏。根據 1911 年人口普查，該區約有 117 幅原居民屋地、登記居民達 154 人。[5] 在現今打比道與對衡道之間的劍橋道一帶，坐落一條名為「九龍仔」的原居民村落，約於 1700 年前後建立，由三排房屋組成。再往東北方向，接近現今志士達道位置，亦有一小型聚落。整條村落四周是農田，西面有一條河流流經。[6]

在香港政府新聞處編印的《香港地圖繪製史》[7] 中，有一張於 1904 年由英國測量局繪印的 8 英寸比例地圖，名為「中國 — 九龍和新界部分 1902–1903 年」，另有一張 1924 年由英國陸軍部繪製的 8 英寸地圖，兩圖均顯示九龍仔村以西是一片較平坦的下游河段，有數個高約 30 至 60 米的小山及數條大致由北向南、大小不一的河流。在大雨時，從北面九龍山脊湧至的河水可能會把平地變成沼澤（夏天雨季尤其常見），反覆氾濫和沉積遂形成廣闊的沖積平原。由於沼澤衛生環境欠佳及野草叢生，容易滋生瘧蚊，成為瘧疾的溫床，這樣的地形難以用作耕地或興建屋舍。故此除了以上兩條村落，新九龍通往九龍山脊一帶只有荒野，並沒有其他民居。[8]

事實上，根據九廣鐵路的興建紀錄 [9]，鐵路醫生 Dr. J.W. Hartley 於 1907 年夏季估計，興建鐵路的勞工有約百分之十染上由瘧蚊傳播的瘧疾，當中有部分最後因病身亡。可見當時瘧疾是一種非常嚴重及普遍的疾病。因此，工程人員要在這片尚未開發的鄉郊地帶進行平整工程，包括剷平山丘、清理叢林、填平沼澤與引導河流溪澗，是相當困難而危險的任務，他們首要的工程是修築明渠以疏導河水，如此才能建設好這條重要的鐵路。鐵路完成後將開闢出一條通往九龍山丘及筆架山隧道的通道，為該地區製造較為有利的發展條件。1910 年 10 月 1 日，九廣鐵路英段正式通車，鐵路由尖沙咀通往羅湖。[10]

前筆架山火車隧道的九龍塘入口，現在隧道由中華煤氣有限公司作運送天然氣及煤氣之用（圖片由黃嘉為提供）

由九龍塘花園城市有限公司計劃開發的農地及附近範圍，攝於 1921 年的照片中，由左至右橫貫的是九廣鐵路的路堤，它彎曲地通向北邊的筆架山隧道[11]

三、1920 年代：九龍塘的命名及開發

這個位於界限街以北至九龍山山腳、九廣鐵路以東的地區，逐漸於政府英文文件中被稱為「九龍塘」（Kowloon Tong）。值得一提的是，最初被稱為「九龍塘」（Kau Lung Tong）的地方，並不是現今九龍塘位置。最早名為「九龍塘」的客家人村落約於 1680 年開發，位於現今界限街以北、向西北方向伸延至西洋菜街及白楊街之間，部分坐落於現今警察體育會。可見原本的九龍塘村與新命名為「九龍塘」的區域相隔約有一公里。[12] 據上述地圖記錄，除了九龍仔村及九龍塘村，附近沒有其他地名或村莊名。估計港英政府就選用其中一條村莊之名，為該新區命名，成為「九龍塘」。

由 1910 年代末至 1920 年代初，華南地區政局不穩，不少民眾逃離中國內地湧入英治香港。當時南九龍的市區已趨飽和，高昂租金與擁擠的居住環境困擾着市民，人口壓力迫使港府急於尋找新區域作進一步發展，容納日益增長的居民。

根據政府紀錄，1920 年代初新九龍的九龍塘區域有地皮炒賣活動。時任港督金文泰（Sir Cecil Clementi, 1875-1947）曾指出 1920 年代初九龍塘地區的土地投機活動異常活躍。不少物業及空地在短短數月內多次轉手，每次均錄得利潤。[13] 可見，有香港居民已經意識到九龍塘區有可能會逐漸發展。

1921 年，曾積極參與香港公共事務、時任立法局非官守議員、英國保險業商人義德（Charles Montague Ede, 1864-1925）提出開拓新地區作住宅用途。義德深受英國城市規劃及社會改革家霍華德（Ebenezer Howard, 1850-1928）所提倡的「花園城市」理念影響，主張建立兼具城市與鄉村優點，並可自給自足的社區。

1. 義德：興建亞洲首個花園城市的倡建者

義德建議仿效霍華德於 1902 年出版的《明日的花園城市》（*Garden Cities of To-Morrow*）書中的理念，[14] 向港府提出於港島南區薄扶林推行花園城市計劃。然而，由於該地地勢崎嶇，港府需投入大量資金進行平整工程，加上因為擔心市區過度擴展會影響稅基，港府最終否決了這項提議。另一方面，當時政府正鼓勵市民遷往新九龍尚待開發的地帶。由於興建鐵路需要整理地皮，這令九龍塘一帶可用面積變得充裕，且沒有大量原居民需要遷走及重置。根據 1921 年人口普查，[15] 當時九龍塘的人口只有 185 人，正好適合發展一個小城市的需要。因此政府對義德提出反建議，改為在九龍塘實施花園城市計劃，義德對此提議欣然接受。1921 年 3 月，政府與義德的交易正式落實。

港督金文泰後來對九龍塘的發展曾作出如下評論：「單靠個別業主無法有系統地開發九龍塘，因為該區土地業權分散，一名小業主的反對已足以阻礙整個街道或區域的發展。」[16] 因此，政府須主導土地填平、鋪設水管及排水系統、建造道路等高成本的基礎設施工程。義德於是着手規劃九龍塘花園城市，當時這個號稱為「亞洲首個大規模結合郊區生活與現代城市設計理念的住宅計劃」，亦被形容為「為香港喘不過氣的中產階級打開的一扇窗」。他的計劃包括在 80 畝的土地上興建 250 幢設計標準化、不超過三層及附有花園的洋房，自給自足並配備大量綠化空間，如公園、遊樂場等設施，迎合以土生葡人社群為主的中產家庭需要，這些人當時大多定居於尖沙咀及中環堅道一帶。[17]

1922 年，政府把當時的窩打老道向北伸延至九龍塘，使之成為九龍塘區以東的主要幹道，貫通九龍塘南部以至香港島。為方便當區居民而以開放式、混凝土砌成的明渠系統也從九龍塘段沿窩打老道興建，利用地勢將九龍塘水流引向 1920 年完成的啟德明渠。這個二十世紀初香港常見的排水設施設計，有助九龍塘平整沼澤與溪澗，徹底增加九龍塘的土地發展潛力。同年，義德成立九龍塘花園城市有限公司（Kowloon Tong Garden City Limited），並聘用兩家本地的建築設計公司，其中 E.D. Shanks 作為工程顧問及建築指導，而 Little, Adams, and Woods, Architects 則負責整個花園城市及住宅的設計。[18]

不過工程期間，在 1925 年義德突然因病離世，這對公司的運作造成衝擊。同時，1925 年至 1926 年間，社會經濟狀況不佳及發生省港大罷工，導致勞工短缺，洋房的建築工程受到延誤，九龍塘花園城市有限公司面臨清盤危機。港英政府對該區的道路興建亦有延誤。據 1929 年的立法局會議紀錄，[19] 提到有議員反映九龍塘居民投訴，雖然房屋已落成，但街燈照明及道路興建卻出現延誤。

1920 年代中期，從九龍山脊拍攝九龍塘，相中左方可見有房屋在新平整的土地上，也見有小山尚待鏟平（圖片由喇沙書院舊生會提供）

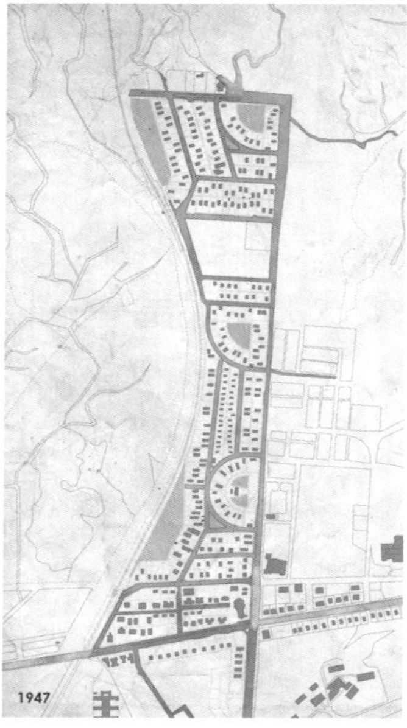

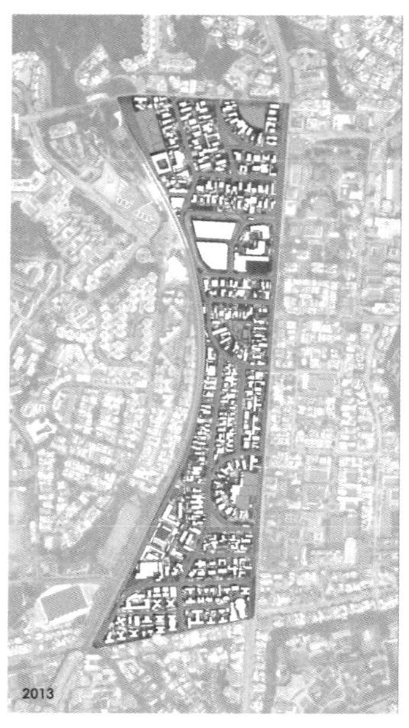

九龍塘花園城市由 1920 年代至 1947 年的發展 [20]

位於雅息士道的義德紀念碑

8 號巴士經過九龍塘律倫街，左轉進入金巴倫道（約攝於 1930 年）

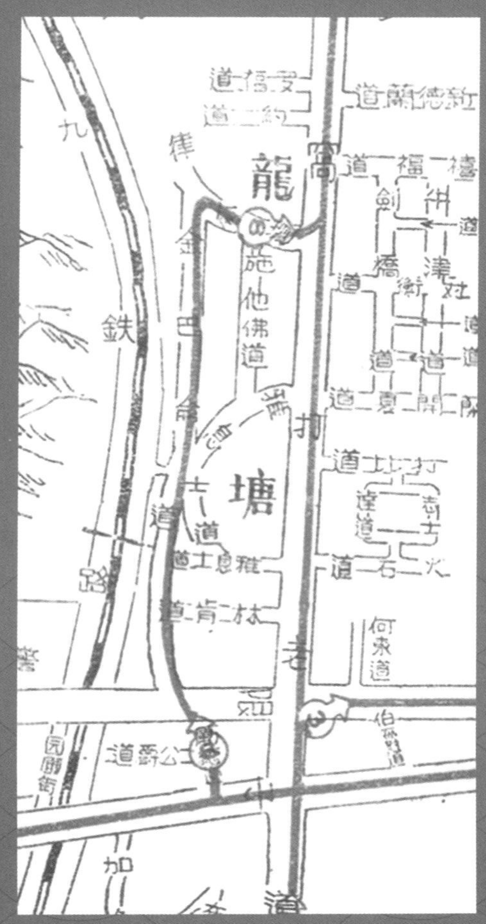

約 1930 年代，8 號巴士於九龍塘的行駛路線

九龍塘發展區最初劃分為四類主要住宅設計，均採用標準化格局。其中最受歡迎的是兩層獨立屋：地下設有客廳、飯廳、廚房與工人房，上層則設有一間大睡房與兩間較小的睡房。每戶均配備現代化設施，包括電燈與沖水式廁所。原本九龍塘住宅的興建預計從 1922 年起的五年內完成，但因為以上各種因素而遲遲未能完工，令不少原先預計搬遷入九龍塘的市民大失所望。當時有幸於 1925 年得富商何東爵士出手相助，為項目注入新資金，使項目不致陷入財政困難而未能夠完成。1930 年，九龍塘住宅最終大致完成。

為紀念何東對九龍塘花園城市完成的貢獻，瑪利諾修院學校附近的一條道路於 1939 年 4 月被命名為「何東道」。隨後，位於九龍塘歌和老街北面通往山坡的一條道路也於 1957 年 4 月被命名為「義德道」（Ede Road），以表彰義德對該項目的貢獻。

為呼應英國鄉郊風貌，區內街道命名多取自英格蘭郡名，例如舒梨道（Surrey Lane）、雅息士道（Essex Crescent）、羅福道（Norfolk Road）、律倫街（Rutland Quadrant）與歌和老街（Cornwall Streat）（見本書附錄四）。

四、1920 年代至戰前：天主教會及辦學團體落戶九龍塘

九龍塘花園城市的屋宇落成後，逐漸吸引中產居民前來定居，當中不少為土生葡人天主教徒，這促使天主教香港教區開始考慮為新九龍籌備興建新教堂，尤其在九龍塘一帶興建一所教堂。1923 年，時任香港宗座代牧區第三任宗座代牧師多敏（Mgr. Dominic Pozzoni, 1861–1924）致函殖民政府政務司，要求政府撥地於何文田一帶興建教堂及學校。惟師多敏在政府回覆前不幸逝世。其後於 1924 年 9 月 24 日，政府才回覆稱：「政府遺憾目前未能於九龍醫院附近撥出任何土地，而該地區正正包括了來函所提及的地段。」[21]

政府在信中進一步建議：「較適合的選址是位於太子道（King Edward Road）以北的土地。」[22] 此舉有兩點值得留意：一是政府於 1920 年代初期已積極推動北九龍的社區設施發展；二是政府信中並無使用「界限街」、「舊邊界」或「新九龍」等術語，反映當時九龍塘的地域概念尚未成熟。

1. 九龍塘的宗教及教育場所

與此同時，玫瑰堂的德若翰施巴達神父（Father Giovanni Michele Spada PIME., 1867–1950）和聖若瑟分校的艾瑪修士（Brother Aimar Pierre Sauron FSC, 1873–1945）亦一同着手尋找合適地皮，擬於九龍北分別建立一所教堂及一所天主教男校，以應對人口由南九龍不斷北移的趨勢。早在 1923 年 10 月，艾瑪修士已向殖民政府申請購買十英畝土地，以供興建一所可容納一千名學生的大型天主教男子中學，並設有宿舍、足球場、板球場及網球場等設施。相比位於漆咸道、僅容納 160 名學生的聖若瑟分校，此構想無疑是一次大規模的躍進。[23]

起初政府對於放售如此大面積土地持保留態度，但因為該地段是位於界限街以北及超過 150 呎高的山崗，地勢崎嶇，需進行大量工程平整。最終政府於 1928 年 4 月批准將編號為 N.K.I.L. 1127 的地皮公開拍賣，喇沙修士會最終在沒有對手競投的情況下，以 12 萬元底價投得該地段。該項目的資金來源包括港府撥款 5 萬元、喇沙修士會撥出資金、本地商界及天主教教友捐助，當中不少為新定居九龍塘的土生葡人天主教居民。整體工程包括平整山丘及興建校舍，總費用高達 85 萬元。1932 年 1 月 6 日學校正式啟用。恩理覺主教（Bishop H. Valtorta, 1883–1951）在學校小教堂祝聖儀式及第一屆運動會上致辭說（譯本，原文為英文）：

> 雖然我對喇沙修士會的希望和期望很大，但我從未敢期望他們能夠建造出如喇沙書院宏偉的建築物。[24]

同時，天主教會在新九龍一帶物色地皮興建新教堂已有一段時間，曾經考慮彌敦道接近太子道一帶，但因寶血會修女已在該區成立總部，並會在會址興建一所小教堂，以致教區認為未必最適合在這區興建新的大教堂。

九龍塘區迅速發展，天主教友日漸增加，教友於是又向新任主教師多敏主教（Right Rev. Dr. Dominico Pozzoni PIME, 1861–1924）表示大力支持在該區興建一所教堂，天主教會便由玫瑰堂的施巴達神父負責尋地及與政府接洽，最終獲批一幅位於界限街南側、面積達 76 500 平方呎的土地，擬興建一所可應付 10 至 15 年區內發展所需的天主教堂。該幅地皮最終於 1928 年 11 月 13

從聖德肋撒教堂望向東北方新建成的喇沙書院（約攝於 1932–1933 年）

聖德肋撒堂（約攝於 1932 年）

喇沙書院舊校舍（約攝於 1947 年，圖片由喇沙書院舊生會提供）

日以底價 38,250 元公開拍賣，順利成交。[25] 有關這新教堂選址，筆者未能肯定是港英政府的一次疏忽，還是一次刻意的安排。之前提及政府建議新教堂較適合的選址是位於太子道以北，相信此舉是希望更多標誌性建築物會落戶於新九龍。然而最終新教堂的地皮是位於太子道以北、界限街以南。這亦意味着新教堂的選址，雖然只是一街之隔（界限街的南側），但是位置是清楚位於舊九龍，而非新九龍。

然而，隨着堂區迅速發展，各項活動不斷增加，聖德肋撒堂的空間日漸不足，難以應付需求。教堂於 1933 年啟用時僅被視為副堂，至 1933 年 1 月獲政府承認為合法舉行婚禮場所。但由於 1941 年 12 月日軍攻打及佔據香港至 1945 年，堂區地位延遲至 1949 年才正式升格為教區堂。[26]

1932 年 12 月 18 日，聖德肋撒堂祝聖儀式上，恩理覺主教在致辭中形容當時的九龍塘區景況如下（譯本，原文為英文）：

> 這座教堂，是一份信仰的見證，填補了這座新城所缺乏的一環。短短數年間，我們身處之地由鄉村蛻變為新社區、新城市。我仍記得從九龍城步行至深水埗，沿途經過的丘陵、沼澤、小溪與中國式塔，如今彷彿被魔法點化了，全數消失，換來一個現代城市。這證明人類的智慧和進步是多麼偉大。這座教堂，正是一項信仰的見證，向世人證明，在這座新城市裏，即使世俗忽略上主，我們依然相信天主，天地萬物的創造者。[27]

1932 年，聖德肋撒堂與喇沙書院相繼落成，後者規模遠超其尖沙咀前身。喇沙書院於 1932 年 1 月開課，成為當時全港最大男校；而聖德肋撒堂則於同年 4 月 23 日完工啟用，為當時全九龍最大的天主教堂。

1968 年，窩打老道向北至界限街交界，右面為瑪利諾修院學校，可見窩打老道中央的黑白建築物仍是窩打老道明渠，其後約於 1972 年被覆蓋

另一個修會——瑪利諾修女會亦密切關注九龍塘的發展。該修會自 1921 年來港，1925 年已於柯士甸道開辦幼稚園。隨着九龍塘地區逐漸成形，修會於界限街與窩打老道交界的一處低山購地，面積達 200 000 平方呎，計劃興建一所大型的女校。1936 年 5 月，港督郝德傑爵士（Sir Andrew Caldecott, 1884–1951）為瑪利諾修院學校主持奠基儀式。1937 年 9 月，學校正式開課，首年便有 400 名學生。

根據 1937 年《香港及華南建築雜誌》（*The Hong Kong & South China Builder*）形容瑪利諾修院學校：

> 毫無疑問是全港最吸引的建築物之一，充分體現瑪利諾傳教會在遠東的遠見與公共精神……建築外牆鋪上暖棕色陶瓷磚，屋頂鋪設深紅色瓦片，整體線條呼應其宗教與教育用途，給人一種開揚、明亮、井然有序的印象。[28]

以上兩所學校皆由外國天主教修會創辦，同時接收本地華人與通常以英語為母語的歐亞混血學生。另有 11 位本地華人組成校董會，創辦了一所名為「九龍塘學校」的新校，專門服務本地華人學生。該校最初設址於金巴倫道，1937 年遷往舒梨道 10 號，即今日其小學部與中學部的所在地。[29] 至於基督教學校民生書院，它是該區最早期的大型學校之一。該校於 1926 年創立，設址於啟德濱地區（約在現今沙浦道富豪東方酒店及啟欣苑之間）。1936 年，辦學團體購入位於鄰近九龍城的東寶庭道與延文禮士道之間的一幅土地，1939 年遷校於該處。

此外，1872 年於西環為水手建成聖彼得堂的聖公會，因應不少信眾遷往九龍塘一帶，而在九龍塘區內發展其事工。最初教會於界限街以南公爵街（Duke Street）3 號購置房產作為臨時禮拜地點。1936 年 1 月，在港府協助下，聖公會獲撥一幅位於瑪利諾修院學校以北、窩打老道旁的土地。1938 年 10 月 29 日，即瑪利諾修院學校落成一年多後，教會舉行了新教堂的祝聖儀式，九龍塘聖公會亦正式命名為「基督堂」（Christ Church）。[30]

2. 九龍塘的社區及醫療發展

自從非華人居民逐漸遷入九龍，特別是九龍塘一帶，政府亦開始考慮興建新的政府醫院。港府其後於 1925 年在亞皆老街興建了九龍醫院，成為九龍首間政府醫院，位置距離界限街不足一公里，對九龍塘居民相當便利。至於其他慈善團體，舊九龍地區的廣華醫院於 1911 年 10 月正式啟用，主要服務旺角、油麻地、紅磡與尖沙咀的華人居民，亦為避風塘一帶的漁民與水上人家提供醫療支援。另外，法國沙爾德聖保祿女修會早於 1898 年在灣仔創辦醫院，醫院於 1918 年遷往銅鑼灣（即後來的聖保祿醫院），隨着九龍北地區人口增長，修會亦決定在太子道興建第二間醫院。1940 年，一幢四層高的現代化醫院大樓正式落成，名為「聖德肋撒醫院」（St. Teresa's Hospital），可能因為女修會源於法國，所以港人常暱稱該醫院為「法國醫院」。

隨着義德推動九龍塘花園城市的規劃，加上逾二百幢為中產家庭而建的獨立屋落成，居民對社交活動的需求漸增，促使社區一個屬於自己的聚會場所的誕生。1920 年代，九龍塘花園城市的主幹道金巴倫道上，出現了一個名為「花園城市俱樂部」的小型會所，最初租用民居作為會址。不久由於原址空間不足，在時任港督貝璐爵士（Sir William Peel）批准下，俱樂部遷往靠近雅息士道的窩打老道 119 號。但隨着會員人數不斷增加，該處亦漸漸不敷使用。[31] 俱樂部最終於 1935 年搬遷至現址——窩打老道 113A 號，並興建一座單層會所大樓。新址佔地寬敞，有一座大堂可供聚會及舞會，另外也設有餐廳、酒吧、桌球室及閱讀室等。會所也設有天台可供會員用作休憩乘涼之用，每當有網球和草地滾球比賽時，天台更最適合觀看比賽。1971 年，該會由原名「九龍塘花園城市協會」正式易名為「九龍塘會」，沿用至今。這個有一百年歷史的居民會所的確能營造一個給九龍塘街坊匯集、聯誼、休憩及運動的場所。

從上可見，這種由居民社交需求自然衍生而成的社區機構，凸顯九龍塘作為社區營造試點的潛力，發展並非單靠由上而下的政策推動，而是自下而上的共同塑造。回望 1920 年代至 1930 年代初期，九龍塘及周邊地區的確經歷了大規模的社區建設，從住宅、學校、教堂、小街市以至會所，構成一個自給自足的完整社區。至 1930 年，最後一批九龍塘住宅落成，連同各類教育與宗教設施、社交場所，為整個九龍塘社區甚至戰前的香港奠定一個完整模型。雖然嚴格來説，以上的機構及團體並不是只限於九龍塘範圍之內，但在九龍塘區發展初期，不少設施相繼於鄰近地區落戶，為九龍塘社區提供了重要支持。香港天主教會、聖公會、天主教各個修會，以至本地團體及居民自發的組織均對新九

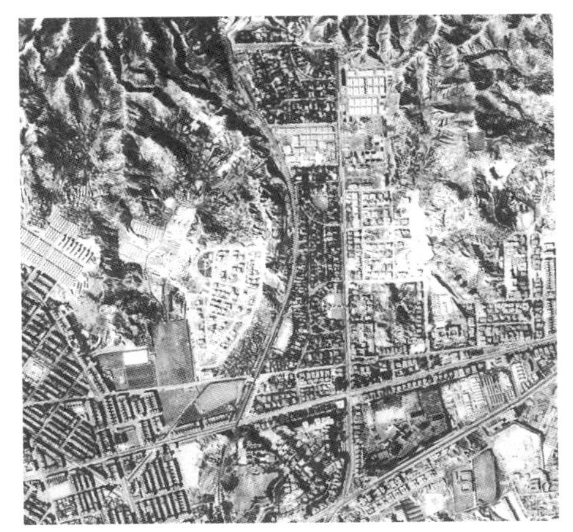

1954 年英國皇家空軍拍攝九龍半島的高空圖，可見九龍塘已發展成熟，而九龍塘西面的又一村範圍以及九龍塘以東也逐漸開始發展

龍及九龍塘的未來充滿信心。

五、1940–1960 年代：戰後九龍塘區的多元發展

1941 年 12 月 8 日，日本對港發動攻擊。港督楊慕琦爵士（Sir Mark Young 1886–1974）在歷經香港義勇軍 18 日激烈抵抗後宣佈投降。香港淪陷期間，日軍將九龍塘改名為「鹿島區」，上述眾多設施大部分遭日軍接管。例如基督堂就被徵作馬廄，瑪利諾修院學校與喇沙書院則改為軍用醫院，而九龍塘會亦被日軍高級軍官接收作私人會所。1945 年 8 月 15 日，日本宣佈無條件投降，香港結束三年零八個月的黑暗時期，社區漸次從戰爭創傷中復原，九龍塘及其周邊地帶進入另一個發展階段。各學校及辦學團體紛紛復課，教堂重新開放以服務信眾，居民積極恢復日常生活。

戰後雖然人口增多，但九龍塘居民結構漸趨多元，街道佈局清晰、學校林立以及獨特的建築風格，均成為九龍塘持續吸引家庭定居的關鍵因素。這種「變中有序」的發展軌跡，說明城市規劃的初步設計如何影響一個地區的長遠氣質，即使面對香港快速的城市變遷，九龍塘依然保留其早期精神與結構。

1. 歌和老街（Cornwall Street）／筆架山（Beacon Hill）

九龍塘以北、歌和老街外圍地區亦逐漸開發，土地不再供建獨立屋之用，而是改劃作興建四層至十二層高的住宅大廈。1955 年後，政府於歌和老街西端的小徑碧景林路（Pilgrim's Way）附近，完成一批名為「九龍仔已婚宿舍」的英籍職員宿舍，這些家庭的子女大多就讀於步行僅十數分鐘距離的聖喬治英文小學（St. George's School）。

2. 義德道（Ede Road）／筆架山（Beacon Hill）

筆架山（Beacon Hill）是歌和老街旁的一個小山，1957 年主幹道以九龍塘花園城市計劃發起人義德的名字命名，稱為「義德道」。1950 年代中，於義德道兩旁開始興建住宅大廈，有私人屋苑大廈，也有公務員宿舍及公務員建屋合作社住宅大廈。從義德道斜道再往上行，靠西面可見一批稱為「Luso Apartments」的住宅屋苑，屋苑位於和域道（Warwick Road），共四座，每座十層，每層六個單位。「Luso」為葡語文化的拉丁語前綴，該住宅群是滙豐銀行專為其土生葡人員工興建，貼心地以員工的籍貫命名，可見葡籍員工對滙豐銀行的運作有一定的重要性。

值得留意的是，雖然此屋苑與九龍塘花園城市的興建相隔三十多年，但巧合的是該住宅群同樣是為照顧當時葡籍中產人士的住屋需要而興建，可見九龍塘的發展或多或少也為當時中產階層提供重要的房屋供應。1960 至 1970 年代，義德道一帶亦陸續興建多座住宅大廈，成為九龍塘社區的重要組成部分。區內規模最大的住宅項目之一是伊利沙伯閣（Elizabeth Court），於 1978 年 11 月落成，共提供多達 480 個單位。雖然周邊地區快速開發，但這些新興住宅多為高層公寓，與原九龍塘區內的獨立屋社區風貌截然不同，九龍塘原有的低密度建築格局與社區氣質因而更見珍貴。在九龍塘東北位置，香港浸信會醫院於 1963 年投入服務，進一步完善區內的醫療基礎設施。

3. 廣播道（Broadcast Drive）

當九龍塘的地理範圍逐漸擴展，涵蓋的地區亦漸廣。例如 1960 年代落成的筆架山住宅群與廣播道一帶，不僅提供住宅用途，廣播道更成為多間電視台與電台機構的集中地。1960 年代中期該山坡地帶逐漸發展為今日的廣播道。除了多幢高層住宅外，數間電台與電視台亦在廣播道一帶設立總部，至1970年代中期，廣播道上已有兩間廣播電台——香港商業電台（Hong Kong Commercial Radio）和香港電台（Radio Television Hong Kong, RTHK），有三間電視台——麗的電視（Rediffusion Television Limited, RTV）[32]、電視廣播有限公司（簡稱「無綫」，Television Broadcasts Limited, TVB）及佳藝電視（Commercial Television），故此廣播道亦被坊間稱為「五台山」。「廣播道」一名既指主幹街道，也泛指整個住宅與商業混合的山坡區域。現時所有電視台都已經遷離該區，用地相對較少的電台現在也只有香港電台遺留在廣播道。之前電視台擁有的地皮，也被賣給發展商改建為住宅。

4. 牛津道（Oxford Road）、蘭開夏道（Lancashire Road）上的學校群

九龍塘的教育發展亦始於1950年代，九龍塘原有的住宅建築除了維持居住功能外，許多洋房亦被改裝成幼稚園及學校，例如早期的根德園幼稚園（Kentville Kindergarten）和耀中國際學校（Yew Chung International School）幼稚園部均設立於此。九龍塘街道寧靜，成為辦幼稚園與中小學校的理想地點。根德園幼稚園與耀中幼稚園其後購置更多九龍塘地皮，逐步於該區發展小學及中學。

聖喬治學校（St. George's School）本於1955年在尖沙咀創立，其後由政府撥地於九龍塘羅福道與沙福道之間設立新校，服務駐港英軍人員及公務員的子女，直至香港回歸前一年停辦。聖喬治學校停辦後，其佔地近十英畝的校園由政府接管，並陸續重新規劃發展為多所學校及教育機構。[33]首先是香港澳洲國際學校成功向政府爭取，進駐聖喬治學校部分原校址興建校舍；其後九龍塘官立小學、嘉諾撒聖家學校（九龍塘）於2001年落成啟用；耀中國際學校（中學部）及教育局九龍塘教育服務中心亦於同年竣工。該教育服務中心地面更設有九龍塘公共交通交匯處，提供巴士、小巴服務，甚至多條過境巴士路線往返中國內地。區內另一間著名國際學校為美國國際學校（American International School），於1986年創立，提供由幼稚園至高中的一條龍美式課程。

喇沙書院及瑪利諾修院學校之間的山崗於1950年代末被平整，成為在

何東道至蘭開夏道之間新開的牛津道路段，設立了不少於六間學校：包括於1818年創立於馬六甲的英華書院（Ying Wa College）（牛津道校舍於1963年啟用）、何明華會督銀禧中學（1962年啟用）、東華三院黃笏南中學（原名為「東華三院第一中學」，1962年啟用）、培聖中學（1963年啟用）及現已結束營辦的模範英文中學（1962年啟用）等。瑪利諾修院學校（中學部）也於1960年落成，而何東道因此一分為二，牛津道這地段成為一個學校群。大專院校方面，香港浸會大學的前身——香港浸會學院，於1956年創立於何文田地區。翌年，港府撥款興建校舍，1966年香港浸會學院的九龍塘現址落成啟用。

六、1970–1990年代：九龍塘涵蓋範圍擴大

不論是最初的九龍塘核心地區，還是其周邊範圍，隨着時間推移，區內居民與社區面貌也逐漸演變。首先不得不提的是香港地下鐵路系統（現稱「港鐵」）於1979年通車，並在九龍塘設立車站，讓九龍塘居民能夠極之便利地前往觀塘或尖沙咀及中環方向，大大提升了九龍塘的交通便利性，也使該區從單純的花園式住宅區逐步發展成為功能更多元化的區域。

除了仍然作住宅用途的傳統洋房外，區內也有不少建築發展為其他用途。很多洋房結構未有大改變，卻被轉作其他功能，如幼稚園。尤其在1970年代中期，有部分洋房開始被改裝成提供約會空間的「時鐘酒店」，即以入住小時計算的酒店，俗稱「九龍塘時鐘酒店」或「汽車酒店」，不少居民擔心九龍塘原有寧靜樸素的環境會蒙上陰影，因而作出投訴。當中一間最為有名的時鐘酒店莫過於位於金巴倫道41號、由電影明星李小龍故居改建成的羅曼酒店。

自1970年代起，九龍塘亦成為開設長者院舍的熱門選址之一。其中一間較具代表性的安老院舍為中華海岸老人院（China Coast Community Limited），1978年由聖公會（Anglican）香港教區的聖約翰座堂（St. John's Cathedral）主任薛本德牧師（Reverend Stephen Sidebotham）及一群熱心教友創辦，服務以英語為主要語言的長者。

此外，九龍塘也匯聚了眾多不同的宗教團體。區內可見基督教及新興宗教的神學院，包括中國神學研究院（China Graduate School of Theology）、

香港神樂院（Bible Seminary of Hong Kong）、天主教方濟會院（Franciscan House）、耶穌基督後期聖徒教會聖殿（The Church of Jesus Christ of Latter-Day Saints Temple）以及香港國際創價學會（Soka Gakkai International of Hong Kong），其信徒定期於區內聚會崇拜，構成九龍塘多元宗教文化的一面。

區內另一種常見的物業用途轉變，則是將舊有洋房或新建建築改作商業用途，尤以婚紗攝影工作室最普遍。這些工作室善用區內優美的舊建築與花園作為拍攝背景，有些更活用毗鄰的公園與草地增添取景選項。其他常見的商業用途還包括辦公室、地產代理、兒童補習中心及美容院等。

傳統上，「九龍塘」一詞的涵義是義德倡議的九龍塘花園城市於 1920 年代開發的原始地段。然而，經歷近百年的蛻變，「九龍塘」這名稱早已超越了最初範圍。香港政府刊物 *A Gazetteer of Place Names in Hong Kong Kowloon and the New Territories*[34]（1959 年版），有以下描述（譯本，原文為英文）：

> 九龍塘是一個九龍火車軌以東，九龍群山以南，東面範圍包含至模範邨和鴨仔湖一帶的半開發式住宅區。

模範邨和鴨仔湖是現今的聯福道、禧福道、香港浸會大學傳理學院及浸會大學學生舍堂偉倫樓一帶。可見九龍塘的定義已於五十年代逐漸擴展。

當九龍塘地鐵站連接的又一城商場於 1998 年落成，時常也會發現非正式資料將又一村地段也列入九龍塘區，市民大眾亦普遍將又一村視為九龍塘一部分。不過這只是一場美麗的誤會，並無官方確認，又一村其實應列入深水埗區。但事實上，又一村區又是繼九龍塘後的第二個花園城市試點，時為 1950 年代。

從高空望向南，右面是窩打老道，相片的上方是瑪利諾修院學校，正中位置是九龍塘基督教中華宣道會及小學，中右方是九龍塘會（約攝於 1960 年代末）

約 1965 年的九龍塘，及遠眺九龍城和啟德機場跑道

根據 2025 年香港城市規劃委員會的劃分，九龍塘的範圍是北至獅子山，南至界限街，東以東鐵綫，西至嘉林邊道與聯合道，亦涵蓋廣播道一帶住宅區。由於原本九龍塘地段的獨立屋、私人花園等住宅區，已逐漸被識別為高檔住宅區，形象深入民心，許多發展商與業主亦傾向將其在九龍塘外圍的物業所在位置劃入九龍塘，以提升物業吸引力與市場形象。

七、小結

九龍塘區的發展，剛剛踏入一個世紀。經過這一百年，原先未開發的荒地，因九廣鐵路的興建而發展成香港首個以城市規劃開發的住宅社區，孕育出一個環境清幽的中產聚居地。它其後影響到周邊範圍，九龍塘漸次發展為較低密度的住宅區及學校區，至今不少花園城市的特色仍然延續。由於九龍塘物業受到政府規劃的限制，難以高密度形式發展，所以部分業主就將土地或樓宇轉售或重建成為老人院、幼稚園、時鐘酒店等的低密度商戶。

九龍塘的現代發展提供了一個寶貴的參考個案，讓市民理解殖民管治、城市規劃理論、本土地理條件與社會動態的互動關係，如何塑造出今日可說是獨一無二的香港城市景觀。認識這段特別的歷史，不僅有助於欣賞歷經百年蛻變的花園城市的文化價值，也有助理解九龍塘於當代香港都市空間中的演化與意義。

NOTICES.

COLONIAL SECRETARY'S DEPARTMENT.

No. 427.—It is hereby notified that the undermentioned streets will in future be known by the names indicated against them:—

ITEM.	DESCRIPTION.	PROPOSED NAMES.	CHINESE VERSION.
1	Street, on the east side of Kowloon Tong Development Scheme, commencing at Prince Edward Road, being a continuation of Waterloo Road in a northerly direction and terminating at its junction with Cornwall Street	Waterloo Road.	窩打老道
2	Street, on the south side of Kowloon Tong Development Scheme on the old Kowloon Boundary, being a continuation of Boundary Street in a westerly direction commencing at Waterloo Road and terminating at the Kowloon-Canton Railway	Boundary Street.	界限街
3	Street, on the north side of Kowloon Tong Development Scheme commencing at Waterloo Road and running in a westerly direction, terminating at the Kowloon-Canton Railway	Cornwall Street.	歌和老道
4	Street, commencing at Waterloo Road and running in a westerly direction, terminating at the Kowloon-Canton Railway ...	Suffolk Road.	沙福道
5	Street, commencing at Suffolk Road and running first in a north-easterly direction and then in a north-westerly direction, terminating at its junction with Cornwall Street	Kent Road.	根德道
6	Street, commencing at Kent Road and running in an easterly direction, terminating at its junction with Waterloo Road	Somerset Road.	森麻實道
7	Street, commencing at Somerset Road and running in a north-westerly direction, terminating at its junction with Cornwall Street	Devon Road.	德雲道
8	Street, commencing at Waterloo Road and first running in a westerly direction, afterwards dividing to form gardens, one part continuing in a westerly direction, the other curving in a north-westerly direction, both terminating at their junctions with Devon Road.......................	Dorset Crescent.	多實街
9	Street, commencing at Waterloo Road and running in a westerly direction, terminating at the Kowloon-Canton Railway	Norfolk Road.	羅福道
10	Street, commencing at Waterloo Road and running in a westerly direction, terminating at the Kowloon-Canton Railway	York Road.	約道

ITEM.	DESCRIPTION.	PROPOSED NAMES.	CHINESE VERSION.
11	Street, commencing at Waterloo Road and running first in a westerly direction then curving northward, terminating at its junction with York Road	Rutland Quadrant.	律倫街
12	Street, commencing at Boundary Street and running first in a north-easterly direction and afterwards in a northerly direction, terminating at its junction with Rutland Quadrant	Cumberland Road.	金巴倫道
13	Street, commencing at Cumberland Road and running in a westerly direction and terminating at the Kowloon-Canton Railway	Surrey Lane.	舒梨里
14	Street, commencing at Waterloo Road and running in a westerly direction, terminating at its junction with Cumberland Road	Lincoln Road.	林肯道
15	Street in two parts, one part commencing at Waterloo Road and running first in a westerly direction then curving southward, terminating at its junction with Cumberland Road, the other part also commencing at Waterloo Road and running first in a westerly direction afterwards dividing to form gardens, one-half continuing in a westerly direction, the other curving northwards, both these parts terminating at their junctions with Cumberland Road.	Essex Crescent.	雅息士道
16	Street, commencing at Essex Crescent and running in a northerly direction, terminating at its junction with Rutland Quadrant	Stafford Road.	旋他佛道

W. T. SOUTHORN,
Colonial Secretary.

23rd August, 1929.

注釋

1 「澳門土生葡人」是指在澳門土生土長、多以葡萄牙語作為第二語言、以葡萄牙文化作為本位文化及身份認同的人群。

2 Mark Huang, *Sons of La Salle Everyone–A History of La Salle College and Primary School* (Hong Kong: La Salle College Old Boys' Association, 2007), *pp. 30–32.*

3 Amy M.W. Ho, *Forever be True–The Love & Heritage of Maryknoll, Maryknoll Convent School Foundation* (Hong Kong: Maryknoll Convent School Education Foundation, Hong Kong, 2009), pp. 25.

4 <https://industrialhistoryhk.org/kowloon-canton-railway-british-section-2-construction/> [accessed 2025-03-25].

5 "Report on the Census of the Colony for 1911", in Papers Laid before the Legislative Council of Hong Kong (Sessional papers), No. 17/1911, (Hong Kong: Government Printer, 1912).

6 Patrick H. Hase, *Villages and Market Towns in Hong Kong, Settlement and History (Royal Asiatic Society Hong Kong Studies Series)* (Hong Kong: The Chinese University of Hong Kong Press, 2025), pp. 247–250.

7 Hal Empson, *Mapping Hong Kong–A Historical Atlas* (Hong Kong: Government Information Services, 1992), pp.180–181.

8 Hong Kong Government CO129-494, on remarks made by Governor Sir C Clementi, despatch number 387, concerning land resumption in the New Territories, September 1926.

9 <https://industrialhistoryhk.org/kcr-choices-routes-construction-opening/> [accessed 2025-03-25]。

10 <https://www.kcrc.com/en/about-kcrc/history.html> [accessed 2025-03-25]。

11 "The Far Eastern Review", Chinarail, Oct.1924

12 Patrick H. Hase, *Villages and Market Towns in Hong Kong, Settlement and History*, pp. 235–241.

13 Hong Kong Government Record CO129-494, on remarks made by Governor Sir C Clementi, despatch number 387, concerning land resumption in the New Territories, September 1926.

14 Ebenezer Howard, *Garden Cities of To-Morrow* (London: Swan Sonnenschein & Co. Limited, Paternoster Square, 1902).

15 "Report on the Census of the Colony for 1921", in Papers Laid before the Legislative Council of Hong Kong (Sessional papers), No. 15/1921, (Hong Kong: Government Printer, 1921).

16 Hong Kong Government CO129-494, on remarks made by Governor Sir C Clementi, despatch number 387, concerning land resumption in the New Territories, September 1926.

17 Chu, Cecilia L., <https://docomomo.hk/project/kowloon-tong-garden-city-estate/> [accessed 2025-03-25].

18 Chu, Cecilia L., <https://docomomo.hk/project/kowloon-tong-garden-city-estate> [accessed 2025-03-25].

19 Hong Kong Legislative Council, Official Record of Proceedings, 27 June 1929.

20 <https://www.arch.hku.hk/research_project/speculative-urbanism-modernist-planning-and-housing-practices-in-colonial-hong-kong-1912-1939/> [accessed 2025-03-25].

21 Hong Kong Government Records, CO129-485, on remarks of granting land for new church, October 1924.

22 Dr. LAU, Leung Kwok Prudence, Journal of the Royal Asiatic Society (April 2018, Volume 28, Issue 2), pp. 339–353.

23 Mark Huang, *Sons of La Salle Everyone–A History of La Salle College and Primary School*, pp. 41-43.

24 Thomas F. Ryan, S.J., *The Story of a Hundred Years–The Pontifical institute of Foreign Missions, (PIME), in Hong Kong, 1858–1958* (Hong Kong: Catholic Truth Society, 1959), pp. 199.

25 "Architectural Styles and Identities in Hong Kong: The Chinese and Western Designs for St Teresa's Church in Kowloon Tong, 1928-32", Journal of the Royal Asiatic Society (Hong Kong, 2019), pp. 81-109.

26 Sergio Ticozzi, *Historical Documents of the Hong Kong Catholic Church* (Hong Kong: Hong Kong Catholic Diocesan Archives, 1997), pp 151-152.

27 Sergio Ticozzi, *Historical Documents of the Hong Kong Catholic Church* (Hong Kong: Hong Kong

Catholic Diocesan Archives, 1997), p 153.

28 "The Hong Kong & South China Builder", in Architectural Journal (June 1937).

29 <https://www.ktsps.edu.hk/eng/1/01_4.html> [accessed 2025-03-25]

30 <https://www.aab.gov.hk/filemanager/aab/common/historicbuilding/en/730_Appraisal_En.pdf> [accessed 2025-03-25]

31 <https://www.kowloontongclub.org/our-club.aspx#top> [accessed 2025-03-25]

32 港英政府於 1957 年 5 月給麗的電視台發出執照，「麗的映聲」正式成立，並於 1968 年在廣播道建成新電視大廈，成為廣播道其中一家廣播公司。其後公司股權經過數次的轉讓，包括將股權賣給數個澳洲財團、邱德根的遠東發展集團、林百欣家族的麗新集團及鄭裕彤家族的新世界集團，以至其後於 2008 年將廣播道的公司地皮賣給地產發展商長江實業，最終 2015 年 4 月 1 日政府不再續牌給亞洲電視，亞洲電視服務至 2016 年 4 月 1 日。

33 <https://en.wikipedia.org/wiki/St_George%27s_School,_Hong_Kong> [accessed 2025-03-25].

34 W. F. C. Jenner, *A Gazetteer of Place Names in Hong Kong Kowloon and the New Territories* (Hong Kong: Hong Kong Government Printer, 1959).

第九章

戲映民情：從戲院營運淺探新九龍社區風貌

黃夏柏

十九世紀末，「活動映畫」進入香港。新興的技術產物，普及需時，相對而言，俗稱「睇大戲」的粵劇欣賞仍是群眾的主要娛樂，演粵劇的戲園、戲院集中於港島的中西區。粵劇由鄉郊戲棚晉身城市劇場，變成高消費娛樂，非普羅百姓的尋常玩意，而「映畫戲」[1]的票價相對低，影像魅力無窮，轉瞬俘虜民心。上世紀二十年代以來，看電影漸成都市人的重要娛樂，上述的演劇戲院也裝置放映機及聲機，同步放電影。

油麻地為九龍半島最早開發的地區，有類近的發展軌跡。普慶戲院為地區的演劇重鎮，而多家放電影的戲院自二十年代起接續出現。以 1938 年 11 月為例，油麻地、旺角一帶便有十間戲院。同期，稍向北走，界限街以北的新九龍地區只有明星和北河兩家戲院。及至第二次世界大戰結束，區內的戲院以舒徐的步伐循序漸興，與社區發展呈相依共生的關係。

一直以來，探討香港戲院發展的文章、專著，可謂鳳毛麟角。如前述，香港早期的戲園、戲院聚集於中上環一帶，而關於戲院的研究亦側重此區。學術文章〈From an Imported Novelty to an Indigenized Practice: Hong Kong Cinema in the 1920s〉，[2]觸及早年香港的觀影軌跡，當中詳論位於中區的比照、新比照戲院的演變。縱然九龍油麻地區早年已開發，有多間戲院，卻鮮見相關研究。四十年代末，陳世豐所撰〈四十年來電影院沿革〉，[3]也是集中介紹港島的戲院，九龍區的戲院僅寥寥幾筆。1964 年，陸離撰〈香港電影院巡禮〉，[4]

憑個人經驗結合走訪紀錄，羅列多家首輪戲院的特色，幾家九龍首輪大院也被提及，亦止於旺角區。

邵氏兄弟（香港）有限公司的機構刊物《香港影畫》，於1968年初推出「香港·電影院一覽」調查報道，[5]羅列港九新界所有戲院的基本資料，縱非深入，卻勝在全面。報道聲稱走訪各院搜集資料，惟單憑業內人士憶述，易有錯漏，部分資料如開業年份，明顯有誤。1985年夏季，《電影雙周刊》在「連載篇」欄目推出「戲院檢閱」專題，[6]分七期介紹港九新界的戲院，同樣只有基本資料，卻依然難得，可說承傳上述《香港影畫》的專題。前輩余慕雲除在其著作撰寫早期戲院掌故，也曾在《中外影畫》寫下〈發展電影事業的重要一環：香港電影發行業概況〉，[7]詳列當時中西院線的戲院組合。

可見，就地區發展而言，九龍區的戲院變遷仍待細探，至於新九龍地區的情況更是空白一片。電影製作到發行公映乃一盤生意，必然與市場掛鈎，講究供求平衡。因此，戲院的設立、營運，每每鏡像出社區面貌的一鱗半爪，像人口聚落分佈、居民階層等。新九龍的人口聚落分佈、居民的階層背景，以至地區的商業運作模式、民生經濟結構，與港島及油尖旺區有別。看電影是上世紀五六十年代普羅大眾的重要娛樂活動，戲院如何配合群眾聚落發展而分佈？戲院營運怎樣回應基層群眾的娛樂需要？戲院的延存過程，反映了地區哪些民生、經濟風貌？這些都值得探究。

本章扼要地介紹界限街沿線戲院上世紀初以來的發展，由戰前發軔到戰後拓展，除勾畫地區戲院的分佈，亦通過戰前開幕、區內唯一兼備放映、演劇功能的北河戲院的發展歷程，透視同兼演劇和放電影戲院的起落，同時剖析區內焦點戲院的經營特點，包括國際、龍城、仙樂、新舞台、金國及麗宮，更淺釋個別院主的略歷，綜合探究本地電影業在新九龍拓展的經過、與社區的關係，以及所反映的地區風貌。

一、二戰前後界限街沿線戲院概覽

如上文所言，三十年代油麻地一帶的戲院佈局，已呈林立之勢，相對而言，新九龍地區卻顯寂寥，如此差異，原因之一是地區的發展成熟程度先後有別。

隨着香港逐步城市化，加上人口流動，新九龍地區的居民數目亦持續攀升。1931 年政府進行人口普查，相關報告對普查範圍作概說：

> 九龍至舊界的面積為 3 平方英里……新九龍按條例定義，包含面積 15.70 平方英里，故九龍與新九龍共計面積 18.70 平方英里。

報告把九龍半島的數據分七個地區列出如下：

九龍半島人口增長（1921–1931）

	1931	1921	增長
大角咀及深水埗	67 184	16 521	50 663
九龍城	22 634	9 487	13 147
九龍角（今尖沙咀天星碼頭一帶）	16 500	12 255	4 245
紅磡	16 739	14 746	1 993
油麻地	68 596	32 372	36 224
旺角	59 740	29 414	30 326
紅磡村	11 627	8 653	2 974
合計	268 020	123 448	139 572

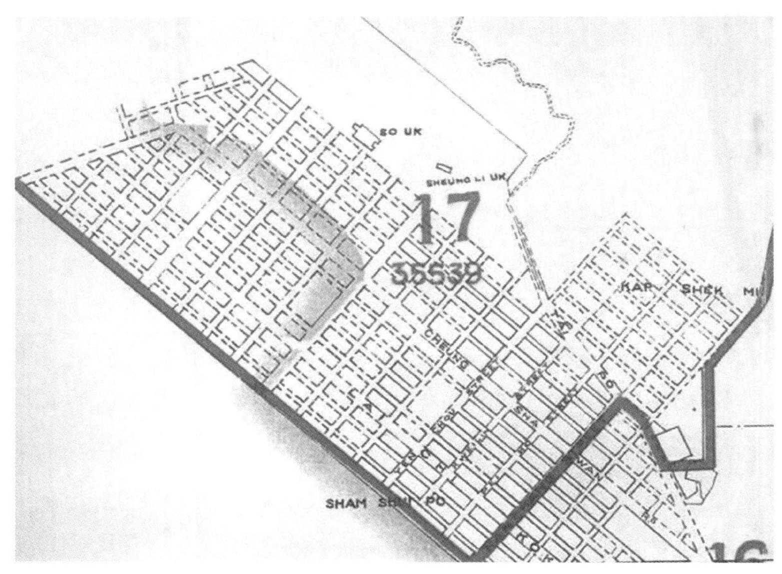

1931 年深水埗的人口統計地圖

報告總計九龍半島 1931 年的人口達 268 020，較 1921 年增加了 139 572，增幅 113.06%，指出：「九龍在十年間出現了巨大的人口增長……增長最大的地區是油麻地、旺角、深水埗及九龍城。」並進一步解釋，1921 年英格蘭及威爾斯只有 16 個都市區域擁有逾 20 萬人口，12 個超出 26 萬，「若與諾定咸（Nottingham，人口 262 624）、樸茨茅夫（Portsmouth，人口 247 284）的人口規模比較，九龍幾近完全都市化」。[8] 報告所附地圖顯示，大角咀、深水埗由海岸至北沿的蘇屋（So Uk）、上李屋（Sheung Li Uk）及石硤尾（標示為 Kap Shek Mi）整片地區眾多街道縱橫交織，井然有序，已接近今天的佈局。

歷經第二次大戰的淪陷歲月，重光後的香港由亂及興，1961 年人口普查顯示「新九龍人口：852 849」，部分地區的人口密度屬統計中的最高及次高水平，由「每英畝 200-499 人」至「每英畝 500 人以上」。[9] 由於不同年代的普查規劃非完全相同，故相關數據不宜簡單對比。然而，1961 年明確列出「新九龍」地區，故上述數字仍大概反映該區在進入六十年代前的 40 年間，人口快速增長。

回到新九龍的戲院發展，恰好在三十年代中起步，[10] 包括深水埗的北河戲院（1934）、好世界戲院（1934）、深水埗戲院（1941），戰後有仙樂戲院（1951）、新舞台戲院（1953）、皇宮戲院（1953）、黃金戲院（1962）以及接近九龍塘的美麗宮戲院（1963）。九龍城則有國際戲院（1948）和龍城戲院（1952），老虎岩到新蒲崗有金國戲院（1966）、麗宮戲院（1966）和英華戲院（1967）。

這些戲院呈現分散式佈局，錯落在住宅區中，發揮平時服務所屬社區的功能，不似商業消費區，戲院或比鄰或相對而立，譬如銅鑼灣等地區。[11]

新九龍最早出現的戲院包括戰前開業的明星戲院、北河戲院、好世界戲院及深水埗戲院。深水埗戲院於 1941 年 7 月啟業，惟半年後香港淪陷，該院亦隨之結業。明星戲院於上世紀二十年代末投入服務，映華語片居多，三十年代至戰後，屬粵語片院線成員，戰後易名「明聲戲院」。該院位於荔枝角道與石硤尾街交界，擁座位八百餘，雖經營至 1971 年，但相關資料有限，六十年代後曾成為左派院線一員，公映內地及本地親中公司的影片。有作家曾寫下片言追憶：「看戲的時候，常有女人用手電筒往你照來，腰間一個篩米的竹篩，上面放滿許多零食，生意淡的時候，她們還會在你身旁坐下，跟你搭訕一番，好恐怖的戲院。」[12] 歷史悠久的戲院，坐落小社區，隨着看客漸稀，收入欠佳，難免破落失修，頹唐之色頓形可怖。

1940 年初，商人張觀鳳覷準區內欠缺新建的戲院，於塘尾道 199 號開辦好世界戲院。[13] 當時，看電影這娛樂模式在港發展廿餘年，大眾仍覺陌生，須藉目睹、經驗來掌握現代性歷程。好世界戲院開業後，既映鬧笑西片《店房三怪》（*Room Service*, 1938），亦映粵語片，如《龍城飛將》（1938）、《打雀遇鬼》（1940）。其時片上未有中文字幕，縱然有，文盲者也眾，但光影趣味誘人，大家看得投入。當然，本地出品的粵語製作更親切，故好世界戲院、明星戲院均主力放映粵語片，兼且 1937 年本地粵語片產量急增，至淪陷前每年平均出產八十餘部新片，[14] 推進戲院業發展。

當時戲院數量有限，市場也呈零散模式。三十年代中報章放映廣告時見「九龍半島首映」字樣，港九如同兩個市場，縱非首映，也不算二輪。觀眾數量少，比鄰地區卻放映相同影片。像 1940 年 5 月 8 日油麻地戲院、彌敦戲院、東樂戲院及好世界戲院聯映《觀音得道》，即油旺兩區共四院聯映；又如 1941 年 11 月 20 日油麻地戲院、東樂戲院、深水埗戲院及好世界戲院聯映《國難財主》，油麻地至深水埗之間四院聯映。

礙於成本，當時片商不會複印多個影片拷貝，且採用硝酸菲林片，屬極易燃的危險品，儲存受法例規管。幾家戲院距離不算遠，揣測是以「走片」形式共用拷貝。擬想當年交通不便，民眾甚少跨區活動，加上生活儉樸，未必願意花車費跨區看電影。上述的影片發行策略，鼓勵群眾在就近地區觀看電影，從而拓闊觀影市場。

1941 年 12 月，淪陷後約十天，已有戲院復業，首家正是好世界戲院，根據日佔時期出版的《軍政下の香港：新生した大東亞の中核》，該院於 1942 年元旦重開。[15] 查看日佔時期的《華僑日報》，1 月 3 日該院刊登廣告謂：「快期復業　獻映日本時事巨片」。1 月 6 日該報報道：「深水埗好世界戲院於日前復業」，同日該院廣告更標舉「連日觀眾很擁擠」。[16] 由此相信該院約於 1 月 4 日復業。這反映日軍政府急於為剛淪陷的香港宣傳及粉飾太平，故此促使戲院重開，從側面反映戲院具有凝聚社區的作用。

二、從北河營運看演劇映畫戲院的起落

十九世紀末，港島已有公演粵劇的戲園出現，標誌性的太平戲院、高陞戲院、九如坊戲院、利舞台戲院及中央戲院相繼落成啟用，隨後各院均加添放映裝置，成為演劇與放電影兼備的演劇映畫戲院。反觀九龍半島，直至三十年代初仍只有普慶戲院屬這類型戲院，新九龍地區則未見有戲院出現。

觀賞粵劇受華南民眾喜愛，廣及不同階層。粵劇演出由早期的鄉郊戲棚逐步過渡到城市劇場，但以竹和木架搭的戲棚一直存在，也是當時新九龍地區的演劇舞台。1929 年中，《工商日報》報道：

> 前日對海深水埗荔枝角道對開之空地，建築一大戲棚，演新中華班，一連數月，停演後，迄今已數星期，戲棚仍未見拆卸……記者乃往訪問，方悉起初欲繼演鈞天樂班，後因事阻，至今始聘得高陞樂班到來，由昨晚開演。[17]

報道中的「新中華」、「鈞天樂」、「高陞樂」，都是有分量的戲班。

位處新九龍與旺角之間（即今太子區）的東樂戲院，於 1931 年 7 月 17 日開幕，廣告標示位於九龍旺角尾彌敦道。院內設備相對完善：「全以石屑三合土建築者，內裝最新式之隔火鋼網，及最近發明之滅火器具，又有防火水機安置院頂。」[18] 東樂戲院為新落成的劇院，因此致力提升防火設施，據報全院有 1 590 個座位，廣告更自詡「九龍半島　最大戲院」。開幕當晚選映二輪西片《地獄天使》（*Hell's Angel, 1930*）。東樂戲院開業已實行演劇兼電影並行。院主為何東爵士，劉培承辦經營。開幕典禮由華人代表羅旭龢主禮，他致辭時讚賞該戲院「為全港最大之一，電影而外，復可排演南北各劇」。[19] 自此，東樂戲院成為繼普慶戲院後，九龍另一演粵劇的舞台。

1934 年 1 月 24 日，界限街以北也迎來首家演劇映畫戲院北河戲院，位於北河街 114 號（今位於福華街與北河街交界的北河大廈）。1933 年 12 月中的報章廣告謂：「本院設在深水埗繁榮之區，專演中國著名戲班及中外影片，規模宏偉，今已落成，準於陽曆本月廿號前後開演」，[20] 但開幕期最終延後一個多月。

上述開幕啟事指「在深水埗繁榮之區」，縱是廣告，卻非虛言。北河街理

應繁盛，否則不會興建大型戲院。同時，戲院開業後所刊廣告的細節，亦反映這一帶華洋雜處、船來車往。早期節目廣告加入「深水埗電船尾渡開至晚上十一點四十五分」、「由深水埗碼頭直上」等備註，1935 年 1 月中公演冠南華粵劇團時更申明：「初八初九兩晚　蒙油麻地輪船公司將佐頓載車大船開至半夜兩點止」。鄰近碼頭成為地利，更藉着能運載汽車的大型渡輪打破地區隔閡。

戲院開幕當天，免費招待公眾欣賞英國片《頂包老婆》（*Yes, Mr. Brown, 1933*），翌日正式公映《飛天魔王》（*Flying Devils*, 1933），後接連映《齊天大聖》（*King Kong*, 1933）等娛樂性豐富的西片。戲院開業前一天，《士蔑西報》（*Hong Kong Telegraph*）及《香港孖喇沙西報》（*Hong Kong Daily Press*）刊出同一份介紹報道，估計由院方供稿，指該院鄰近軍營，其啟業乃區內居民及軍營內官兵及職員的佳音。該院選在西報宣傳及多映西片，正因為有對應的觀眾群。

北河戲院由顏洵之、黃杰雲合股建設，[21] 顏洵之侄兒顏鏡海出任總司理，他倆均為東華三院總理。[22] 作為劇院，起初安排的並非傳統戲曲節目，但先有廣州男女歌舞團演新編粵語歌劇，續有伶星紫羅蘭領導的歌舞劇團，或反映北河戲院作為新院，與粵劇界仍處磨合期。至開業一個多月後，1934 年 3 月 1 日，新馬師曾領導新馬男女劇團在此院開演。隨後名班續登場，上文的冠南華粵劇團即由桂名揚領軍。

1933 年組成的太平劇團，乃本地最早期的男女同班粵劇團，享負盛名，除長駐太平戲院演出外，亦巡演於高陞戲院、利舞台戲院及普慶戲院。北河戲院能留下該團足跡，可見並非荒蕪小院，有一定地位，不難擬想開演夜，院內鑼鼓喧天，院外張燈結綵，別有一番熱鬧。從舊照所見，北河戲院的外觀頗具氣勢，正立面採圓拱設計，兩側綴以羅馬圓柱，驟看像第一代位於中環的皇后戲院（1924 — 1958）。1941 年 7 月 28 日，太平男女劇團在北河戲院響鑼鼓，劇團台柱馬師曾、譚蘭卿領軍獻演新劇《黃金種出薄情花》，以及《苦鳳鶯憐》、《刁蠻公主戇駙馬》等名作。大家熟悉的「波叔」梁醒波，時為該團武生，亦於日場大演首本《一卷薛剛反唐》。[23]

除戲曲表演，這片舞台亦記下歷史時刻。1937 年，國民政府推行禁製粵語片政策，令原已狹窄的粵語片市場陷萎縮危機，本地製片商聯合起來向中央請願，力挽狂瀾。業界組織「華南電影粵語聲片救亡運動大會」，於這年 6 月 7

日及8日假北河戲院、9日假中央戲院，舉行全體男女明星遊藝大會，募款支持營救粵語片活動。[24] 北河戲院的公演廣告羅列多個短劇及諧劇節目，一線男女影星如鄺山笑、林妹妹、黃笑馨、馮峯及梁雪霏等獻藝，諧星伊秋水、朱普泉、大口何及黃壽年等傾巢而出，該廣告更聲稱首晚演出觀眾「人山人海，喝彩百餘次」。[25] 北河戲院作為是次活動九龍區的演出場地，可見是地區群眾的聚腳點，又與港島的中央戲院並列，反映其地位。淪陷期間，北河戲院曾斷斷續續經營。戰後，北河戲院於1946年6月1日重開，當時已由影業巨子邵邨人購入經營，[26] 逐漸以放電影為主，屬粵語片院線「太環線」（以太平戲院、環球戲院為首的院線）一員，劇藝演出淡退。

演劇映畫戲院捨現場演出而只放電影，涉及多種因素，與經營者的取態明顯有關。就北河戲院而論，邵邨人銳意把該院及油麻地發展為專門映粵語片的戲院，背後是目睹其市場潛力。演劇涉及與劇團合作、場地管理，賣座好壞難料，但電影一天能映多場，利潤相對有保障。[27] 位置與北河戲院接近的東樂戲院，一直維持演劇與放電影並行模式，及至六十年代，粵劇的普及程度已遜，

1934年3月1日，新馬師領導的新馬劇團在北河戲院開演

北河戲院的正立面綴以歐陸建築的裝飾細節（圖片來自網絡）

僅在節慶有較多演出，由名伶領導的大型班才能維持恆常公演。由深水埗至旺角一帶，容納多一家演劇戲院的空間愈見收窄。

港島的利舞台戲院及九龍的普慶戲院，乃城內著名的演劇映畫戲院。兩院的舞台持續開放，在粵劇界具龍頭地位；從都市規劃而言，維港兩岸區域乃整個都市的核心，上述兩院均在此核心內，且位處通衢大道，作為正統劇院名正言順，巨型班如仙鳳鳴劇團便主要選擇該兩間戲院。相反，北河作為新九龍區內一院，立於都會核心的外圍，處身住宅社區中，論劇院氣勢亦較遜色。縱然院商、劇壇業界曾嘗試在新九龍拓展演劇空間，惟北河戲院的演劇功能漸退，反映其所處的住宅工商業混合區，其消費格局、消費群體皆有別於利舞台戲院所處的都市核心商業地帶。

三、戰後新九龍地區戲院版圖

香港重光後，百廢待興，電影業受制於多種因素，復興步伐滯重。1946 年 12 月，戰後第一部粵語片《郎歸晚》（1947）才開拍，而戲院業則橫跨淪陷期持續經營。1948 年，戰後全港首家新戲院落成於新九龍——九龍城福佬村道 18 號的國際戲院。國際戲院是九龍城區自三十年代末以來的首家戲院，之前曾有中山戲院和文化戲院兩院，它們位處同一建築物內，先後啟業。[28] 另有二十年代中開業的新九龍戲院（New Kowloon Theatre），院名「新九龍」凸顯位置特點，其廣告標示位於啟仁道，即在原計劃發展為大型住宅區的啟德濱內。

1. 九龍城：國際戲院和龍城戲院

國際戲院原在 1948 年 2 月 21 日由影星李綺年剪綵開幕，獻映國語片《千里送京娘》，因聲機問題，延至 3 月 5 日才啟業，仍由李氏剪綵，轉映粵語片《春滿華堂》。李氏為戰前香港粵語片影圈的首席女星，後應邀赴上海發展卻未見佳績，或因此樂意於地區小院亮相，惜她於 1950 年在越南仰藥身亡。國際戲院於開業前有報道指「該院於去年春開建，為四邑實業巨子鄺命光獨資經營」。[29] 該院由電影人黃培槐參與營運，[30] 設堂座及樓座，座位達九百餘個。

當時的報章評價該院座位未見豪華，但空間尚算寬敞，另外該院以放映粵語片為主，旁及國語片及西片，以適應當區環境。[31] 這反映該院屬新發展地區的社區戲院。

筆者於 1990 年曾到此觀影，期間不斷聽到從院外傳來的飛機起落聲響，誠為一景。當年國際戲院、太平戲院與國民戲院曾同屬一條院線，隨後仍主力放映港產片。雖其加入主流院線，卻間或未能完成映期，需中途另選舊片填補或轉營其他院線，因此行內亦稱其為「艇仔戲院」，即在不同院線間靈活走位之意，同區的龍城戲院也有類似情況發生。由開業到 1995 年結束，國際戲院在半世紀以來見證啟德機場及九龍城的發展。

1952 年 1 月 27 日為農曆年初一，位於九龍城獅子石道的龍城戲院開幕。院主馮晴早年從事建築生意時已涉足影片發行，淪陷期曾赴澳門營運戲院，戰後回港重投建築業，又興辦龍城戲院，開展娛樂事業。其次子秉仲，為八十年代著名影人，經營戲院及影片製作。[32] 龍城戲院主力放映香港電影，遊走於不同院線之間。《香港年鑑》曾刊登其廣告，標明「經常上映首輪粵語鉅片」。龍城戲院也是以「艇仔戲院」方式運作，給區內居民更多選擇，亦反映地區人口數量及喜愛觀影程度，僅維持較小的市場。

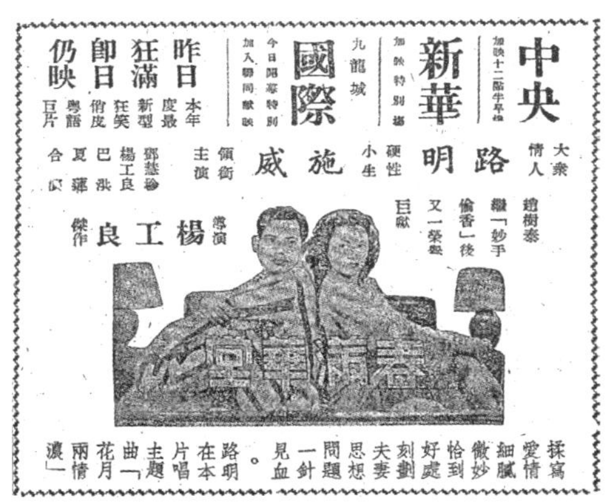

九龍城國際戲院開幕，由女星李綺年剪綵，放映粵語片《春滿華堂》（1948）

龍城戲院曾於 1957 年 9 月改建，增設樓座，這款 1960 年的廣告強調其為區內設備最佳戲院

2. 深水埗東沙島街：仙樂戲院

1951 年 12 月 9 日，位於東沙島街與保安道交界的仙樂戲院開幕，為深水埗戰後首家落成的戲院。該院由建材商周沕桅開設，開幕獻映西片《仙樂悠揚處處聞》（*I'll Get By*, 1950），把院名植入翻譯片名中，展示如首輪戲院的開幕排場，更邀來周壽臣爵士揭幕、女星李麗華剪綵。該開幕影片早於 1951 年 4 月 28 日已在樂聲戲院、百老匯戲院公映，原片名為《笙歌響九霄》。如此改頭換面，誠非欺詐，純為贈慶，因該院一開始已走「二輪戲院」方針，開業廣告謂「選映中西名片」，緊接放映的《血濺紅谷》（*Red Canyon*, 1949）、《古塔人魔》（*The Man on the Eiffel Tower*, 1949），全屬二輪片。1953 年該院減票價時刊登的廣告申明「選片仍一本以往嚴謹態度，全部選映正二輪佳片」。[33] 這種經營策略覷準當區雖未能容納首輪西片戲院，卻存在對西片的市場需求。

二輪戲院乃迎合當時社會貧富差距明顯的環境，讓經濟能力較遜者也能享受娛樂。從消費金額論，二輪戲院屬次一級，旨在滿足不急於先睹而期望付較廉票價的觀眾，卻非低級，亦非必然由破落舊院充任，除仙樂戲院，位於旺角的麗斯戲院（1953）、百樂門戲院（1954）以及紅磡的樂都戲院（1961），都是放映二輪西片的新院。

戰後，香港電影業朝國粵語片兩大方向走。粵語片產量多，製作相對粗陋，卻受基層觀眾追捧；國語片投資較高，產量較少，水準被看高一線，觀眾有相對高的文化水平。五十年代中，國語片產量趨穩定，須確立本身的院線。1956 年仙樂戲院成為首輪國語片戲院，先後夥拍港島的璇宮戲院、都城戲院組聯線。尤為特別是，1957 年 1 月仙樂戲院與灣仔的麗都戲院聯線，以包容姿態放映來自不同政治陣營的電影，包括與台灣有聯繫的邵氏父子、電懋兩公司，還有親中機構長城以及南方公司發行的內地影片。同時連推大型宣傳，既舉行贈送房車大抽獎，又以「徵求基本觀眾十萬位」為名，類似招募會員，向參加者定期派送期刊，並安排免費欣賞試片。[34]

與仙樂戲院聯線的璇宮戲院、都城戲院均位於北角，該兩院為國語片戲院，是因為該區為戰後南下的上海人的聚居地。仙樂戲院所在的深水埗區的地域淵源並不明顯，能成為國語片專線在九龍的唯一戲院，且持續多年，說明市場是

1951 年 12 月 9 日仙樂戲院廣告：選映名片《仙樂悠揚處處聞》（*I'll Get By*, 1950），廣告中誤植為「*I'll Yet By*」

仙樂放映邵氏的時裝寫實電影《街童》時，大群影迷聚集在戲院門外

仙樂公映《紅燈籠》時的夜景照（圖片來自網絡）

1957 年，仙樂戲院與麗都戲院聯線，放映來自不同政治聯繫機構的電影，包括電懋和邵氏父子公司影片、南方公司發行的內地片，以及長城公司的影片如《紅燈籠》

存在的。無論西片或國語片，要求觀眾有較多的文化指涉，像閱讀字幕、了解外地生活文化，仙樂戲院持續放映非粵語片，側映地區居民及在當區活動人士有一定的文化水平。

3. 深水埗青山道：新舞台戲院

戰後，北河戲院主力放電影，劇藝演出漸退。然而，新九龍地區聚居一定人口，來自廣東的民眾鍾愛的粵劇欣賞具有潛在市場。如關氏家族於 1940 年及 1951 年先後在港島辦國民戲院和金陵戲院兩院，發展「金國」院線。1953 年 2 月關氏家族進駐新九龍，成立新舞台戲院，在農曆年期間啟業。

新舞台戲院位於青山道東京街街口，院名申明屬表演場地，「新」字尤精警。戲院的開業廣告號稱引進嶄新的舞台視覺特效：

> 香港建埠以來第一間機械化戲院　粵劇有史以來第一間科學化舞台
> 舞台真實泛舟水池 / 七彩旋轉強度射燈 / 升降重量佈景電梯 / 舞台電動換景幻燈
> 即舞台聲光效果設備，風火電雷雨，概用機械發動，看來與真無異

隨後新舞台戲院演普天同慶劇團，廣告謂：「舞台百尺縱深度，武盡石燕子之長！全院卅具擴音機，曲盡梁無相之妙！」[35] 1953 年新舞台戲院公演粵語話劇《雷雨》後，有劇評談其舞台：「娛樂戲院的舞台不夠深度……新舞台戲院的舞台很夠深度，聽說還是旋轉舞台。」[36] 旋轉舞台設施屬「聽說」，但有足夠深度的設計應是實在的，其舞台設備及規格較港島的利舞台戲院優越。

院主關家柏與其弟關家餘經營戲院、組院線，更創辦大成影片公司，從製作到放映一條龍。新舞台戲院的創辦乃覷準區內缺乏表演場地，開業廣告凸顯「粵劇舞台」，足見其意圖。戲院開業公演黃鶴聲領導的黃金劇團，之後致力維持無間斷的現場表演。但其後因經營不易，改為走向多元化發展，如上演神燈魔舞劇團、美國多雷美女魔術團。而由陸驚鴻、馬金鈴領導的新羅天劇團，號稱演「原子粵劇」，可謂革新粵劇，把劇目濃縮修短，調低票價，此舉透視粵劇受時代衝擊，亦反映該院以地區觀眾為主，得以用噱頭招徠看客。

五十至七十年代，該院數度公演國粵語話劇，包括影視藝人組織的劇團，可見該院獲業界肯定。至於粵劇演出，延續至七十年代，包括 1971 至 1972 年

新舞台戲院的開業廣告，號稱開埠以來首間機械化戲院

1973 年 12 月 21 日，香港影視劇團在新舞台戲院公演《人間地獄》，森森、石修、李香琴等參演

間，「大龍鳳」、「慶紅佳」兩劇團以雙班制形式演出改良的粵劇。雖然歷來不少名班登場，但作為粵劇戲院，新舞台戲院一如北河戲院，沒有利舞台戲院、普慶戲院的標誌性，作為位處都市核心外圍的演劇映畫院，觀眾以區內居民為主，隨着粵劇的普及度下降，粵劇難以成就一家顯赫的劇院。

4. 老虎岩金國戲院和新蒲崗麗宮戲院

新舞台戲院院主關氏家族，戰後繼續拓展其戲院版圖，尤以 1954 年 12 月 21 日開幕、位於油麻地的金華戲院為最，以 2 080 個座位冠絕全港，其大成影片公司的辦公室也遷往該處。繼新舞台戲院後，關家在新九龍地區的第二家戲院是位於老虎岩的金國戲院，於 1966 年 1 月 20 日開幕。

金國戲院的地址位於九龍城聯合道尾老虎岩街。查當時地圖約位於聯合道與杏林街交界。該區現稱樂富，五六十年代有木屋村落，後興建徙置大廈，屬基層住宅區。金國戲院開業前，報章報道介紹其座位逾 1 200 個，置新式聲影設備：「以放映粵語片為主……今後九龍城、黃大仙、東頭村、橫頭磡、老虎岩一帶的居民，又多一處娛樂去處了。」[37] 報道扼要指出其服務是以基層大眾為對象。

如前述，關氏家族組織的院線以金陵戲院、國民戲院為首，簡稱「金國線」，新院挪用此稱，頗有壓場感，惟受位置所限，說不上旗艦院，最終只經營了六年，於 1971 年 11 月結束，該院拆卸後重建為住宅大廈——金國大樓。當年戲院的經營期甚少如此短促，相信涉及商業考慮如票務欠佳等因素。事實上，黃大仙區的戲院一直不多，不計新蒲崗的戲院，金國戲院結業後，鄰近區域遲至 1973 年 5 月 5 日才出現位於慈雲山的萬年戲院。慈雲山新區是 1960 年代末至 1970 年代初發展而成的公共房屋地區，因此政府為滿足當區居民的娛樂需求，以慈雲山毓華街一幅地皮以投標方式放售，讓投資者購買土地經營戲院，根據《工商日報》報道：

> 政府以投標方式出售一幅面積一萬四千五百八十五方呎之官地。該地適合興建一間最少有一千四百個座位之電影院。該幅官地位於九龍慈雲山毓華街，並可作其他之非工業用途。[38]

從城市規劃角度看，此乃回應新區人口的娛樂所需，明顯的該戲院的對象是以剛搬進該區的居民為主。

另一間位於新蒲崗發展區的戲院亦在 1960 年代開設。1966 年 8 月 25 日，坐落於新蒲崗彩虹道的麗宮戲院開幕。該院地皮同樣有用途限制，《工商日報》云：

> 九龍城啟德機場附近一段面積約二萬五千八百方呎官地，規定作開設戲院，昨日在工務局公開拍賣，競投者眾，結果由張觀鳳夫人以二百四十五萬餘元投得，相當於底價之四倍。……限作為非工業用途，包括建有電影院或戲院一座，規定在廿四個月內須建有價值一百卅萬元之上蓋物。條約並規定該戲院不能少過一千座位。[39]

張觀鳳夫人即該院董事長張梁燕冰，當時的娛樂新聞記者稱呼她「張師奶」，在今時來說或帶貶意，卻反映張女士當年馳騁商圈之強勢。歷經六年，麗宮戲院超額完成，提供三千座位，為全港當時座位最多的戲院。新蒲崗作為工業與住宅混合區，上述「規定」側重提供具規模的娛樂場地而非再作工業用地，以滿足區內居民特別是工人消遣所需。因此當年特設有五點半的工餘場，吸引不少工人下班後入場，亦間接帶旺當區的食肆等行業。新蒲崗亦是有賭博場所的區域，如有不少麻雀館，因此自麗宮開業後，該區的娛樂角色在黃大仙區亦可算曾創造出成績來。該院落成翌年，附近增設英華戲院。

英華戲院於 1967 年 2 月 8 日開業，院主盧林在開業獻詞時直言為回應居民對娛樂的急切需要而建院：

> 我又在繁榮得最快之工業中心區——九龍新蒲崗——開設一間英華戲院，該區不但工業發展得非常蓬勃，而且鄰近人口稠密的黃大仙區、慈雲山新區、彩虹村及九龍城區等，相信這幾區總有四十多萬居民，但只得六間戲院和一間遊樂場，我相信很難滿足廣大居民的需求的。40

投資者的觀察揭示該工業與住宅區發展迅速，「六間戲院」應指國際戲院、龍城戲院、金國戲院、麗宮戲院、亞洲戲院和國寶戲院，而附近的啟德遊樂場內的戲院：珍寶戲院及鑽石戲院還未計算在內。

上述金國戲院和英華戲院的院主均涉製片業務，同歸入粵語片院線。麗宮戲院以粵語片開幕，後跟隨同一院主的紐約戲院和大世界戲院主力放映日本片，又一度轉回放映粵語片。六十年代末粵語片式微，該三院改映首輪西片，

麗宮戲院連旁邊的大樓拆卸重建為越秀廣場，於 1995 年落成（圖片來自網絡）

麗宮戲院開業廣告，強調：「座位三千個／銀幕七十四尺／平民化座位（票價）」

主要是美國八大公司以外的出品，另放映台灣的國語片。1972 年大世界戲院結業，紐約戲院則另組西片線，麗宮戲院與同一院主經營的金星戲院聯映二輪西片。直至八十年代，麗宮戲院的二輪西片院定位突出，選映各路舊片，包括麗宮戲院的三輪西片（接九龍新大華戲院放映）。麗宮戲院因座位多，等級劃分也多，提供高低多種票價選擇。筆者曾在居於秀茂坪的友人帶領下前來看戲，對方坦言經濟能力遜，在麗宮戲院看廉價二輪片乃生活的重要娛樂。

5. 戲院東主小傳：與社區的聯繫

上文談及的多家戲院，院主有別，文中略述各人背景。以下較深入闡釋其中四位，尤其各人背景異同，以及與其戲院所在社區的聯繫。

鄺命光

國際戲院東主鄺命光，被坊間稱為「九龍城大地主」，與其戲院所在地區聯繫緊密。他生於 1894 年，卒於 1970 年，[41] 祖籍廣東中山，少年時隨家人赴古巴謀生，任職農場，再轉營雜貨店。後來他結束生意遷到香港，落戶九龍城，並以積蓄購入多幅農地，隨後與政府以換地方式得到獅子石道及福佬村道的地皮，興築樓宇，開展其廣及衣食住行的生意，包括國際百貨及國際戲院。[42]

鄺氏在九龍城發跡，居於福佬村道 16 號，[43] 比鄰戲院。戲院對街的樓宇也是鄺家物業，乘此地利，隔街相對的建築物連上繩索，戲院票房每天收到的現金會放入籃子，沿着繩索淩空吊運到對街樓宇，免遭賊匪攔途截劫。[44] 如此一景，隱見該地段如家族的小城池。

鄺氏經營戲院，也屬娛樂事業。其長子君能除打理家族生意，亦亮相熒幕，1975 年加盟電視廣播有限公司，其混血兒臉龐配鬈髮，令人印象深刻。他曾演出多個綜藝節目及劇集，筆者猶有記憶他主持的周末資訊節目《星期錄》（1976），其子祖德也於千禧年後晉身樂壇。

鄺氏家族在慈善事業所體現的傳承美意，更顯突出，特別是服務九龍樂善堂。1968 年英女皇元旦授勳名單中，鄺命光獲 M.B.E. 勳銜，相關介紹首項是「樂善堂總理兼主席」。他於 1952 至 1957 年連任樂善堂五屆主席，長子君能也於七十年代出任總理，三子健能則任義務法律顧問，而健能兒子祖盛於 2012 年當上主席。

九龍樂善堂創於1880年，以「救災紓困，贈醫施藥，興學育才，安老培幼」為宗旨。因經營艱困，一度停滯，至1929年整頓再興，該堂文獻指其所處的「九龍地面」，人口增多，繁榮程度不亞於港島及油麻地，前者有東華醫院，後者有廣華醫院，「惟我九龍地面。獨附闕如。居此間者。能無抱愧。同人等有鑒於此。爰集眾議。詢謀僉同。倡議中興九龍樂善堂。繼行善舉。」[45] 其中所說「九龍地面」指九龍城地區，該組織歷年與社區同行，推動發展。

周沏梳

仙樂戲院的周沏梳也投入多項公益服務，包括六十年代任九龍樂善堂總理，亦參與東華三院、博愛醫院等公職。周氏祖籍廣東南海，約生於1909年，經營建材生意，為祥發鋼窗有限公司、明發建築公司總經理。[46]

縱非全身投入娛樂事業，但經營仙樂戲院外，他又於1960年1月在紅磡啟明街開設華樂戲院，放映粵語片，一如仙樂戲院，也是土瓜灣新開發地區最早期的戲院。周氏與深水埗區甚有淵源，這區是其建材生意的基地，他所經營的兩家公司就在大南街117號，[47] 仙樂戲院選址此區，大概亦非偶然。

張觀鳳

相對於上述兩院主，張觀鳳涉足戲院業更深。張氏祖籍廣東惠陽，約生於1885年，「號振聲，諱觀鳳」，生意遍及戲院、酒店及地產；「好世界」一詞屢見於其業務，包括在灣仔、西環經營好世界酒店，家族公司亦稱「好世界有限公司」。[48] 張氏早年在南美洲國家蘇利南謀生，1928年與另外四位當地華僑創辦蘇利南中華會館。[49] 其後在港發展，上世紀中以還，透過建築、地產等生意致富，擁大量地產，為家財逾千萬的富翁。[50]

張氏的戲院佈局，顯見在商言商的策略，最先在新九龍的深水埗辦好世界戲院，屬地區戲院。後進駐鬧市，包括今太子區的大世界戲院及銅鑼灣的紐約戲院，銳意打造首輪豪華大院，選映美國大公司的西片。後循市場風向，1956年以該兩院為基礎組織專映粵語片的「紐大線」，以首輪西片院映粵語片，當時鮮見。張氏1957年離世，業務交妻梁燕冰及兒子打理，他們先後在佐敦彌敦道開辦倫敦戲院，以及上文介紹的新蒲崗麗宮戲院，同年還購入筲箕灣金星戲院。張氏家族曾擁六家戲院。

關家柏和關家愉昆仲

新舞台戲院東主關氏家族沾手多種娛樂事業，經營戲院外，還從事製片，生產到公映一條龍運作。關家柏生於 1890 年前後，[51] 祖籍廣東南海九江，上世紀初隨父到古巴營商，及後回港。1921 年與其弟關家愉開設啟豐銀號，於 1939 年創辦國民戲院，再辦金陵戲院和金華戲院，結合本文談及的新舞台戲院和金國戲院，所組「金國院線」乃甚具規模的粵語片院線。[52]

關氏昆仲於五十年代初成立大成影片公司，製作量甚豐，胡楓正出身其演員訓練班。關家柏 1964 年辭世，後兄弟兩房各自發展娛樂業務，關家愉兒子志堅、志成於六十年代中創辦堅成機構，下設堅成片場，地址為鑽石山大觀路地段 3551，約今大老山隧道入口至南蓮園池一帶。片場最早於三十年代由趙樹燊購地開發為大觀片場，雖經轉手易名，但堅守製片場之職。堅成片場由 1968 年營運至 1988 年，後拆卸重建。[53]

同位於鑽石山的另一間重要片場——永華片場，位於斧山道，屬於新九龍山麓地段，是一處遠離市區而剛開發的土地，由於面積大及與市區較近，曾發展作片場，其後電懋公司及嘉禾公司亦曾租用該處拍片，這反映新九龍地區的發展與本地電影產業的推進息息相關。

四、小結：光影延伸，凝聚社群

上文概述了新九龍幾個分區自戰前至五六十年代的多家標誌性戲院：深水埗的好世界戲院、明聲戲院及北河戲院，以及九龍城的國際戲院和龍城戲院，還有長沙灣的仙樂戲院和新舞台戲院，以至老虎岩金國戲院，新蒲崗的麗宮戲院和英華戲院。它們的發展歷程有別，亦有類同點。

上述各院錯落在住宅區或工商住宅混合區，有別於核心商業區的戲院比鄰聚攏的佈局。同時，各院主要映粵語片（即七十年代前香港出品的粵語電影，七十年代後稱為港產片），以基層觀眾為主要服務對象，側映各院所在地區屬逐步發展的工商及住宅混合區，居民及在區內謀生的勞動人口多屬草根階層。至於區內先後出現演劇映畫戲院北河戲院和新舞台戲院，反映院商針對粵籍民眾聚居地區的營商策略，雖然兩院未有利舞台戲院和普慶戲院的標誌性地位，但名伶縷述演藝往憶，往往也有這兒的一筆。

當中僅少數戲院專門放映西片，仙樂戲院是突出的例子，屬二輪西片戲院，這種經營模式與上述服務基層的觀察吻合，該院隨後更轉為專門放映國語片的戲院。仙樂戲院能維持公映非粵語片，多少揭示地區群眾文化背景的遞變。隨着人口遷移及自然增長，教育亦逐漸普及，群眾對電影娛樂有較多元化的追求，出現分眾戲院的初貌。上文未觸及位於北河街、1953 年 2 月 13 日開幕的皇宮戲院，其早年也是映粵語片，1966 年經翻新後轉為首輪西片戲院，反映地區群眾生活及文化水平的提升。

戲院按地區群眾背景提供適合觀眾口味的電影，反過來，所放映的電影也滋養着群眾的文化素養。無論是基層熱捧的粵語片，或引進外地文化的西片，同具感染力，對提升觀眾的文化認知、想像力及創意，有正面效益。少年時代居於深水埗桂林街的黃霑，酷愛電影、粵劇，經常流連北河戲院、新舞台戲院及東樂戲院等地，鍾情伶星石燕子和紅綫女的演出。[54] 如此文化經驗與其創作，不難找到絲絲縷縷的連結與呼應。

戲院，作為社區內可供群眾聚集的大型公共空間，兼且讓大眾留下開心或傷心（主要是感動）回憶的空間，在社區中別具意義。新九龍地區的戲院平均散落社區，與地區發展互動遞進，讓居民或上班族於工餘有遣興的空間，尤其當時交通不如現在方便，不會頻繁越區活動，戲院為他們的日常生活添情趣，化作有所盼望的生活日常，強化居民對當區的向心力。

放映西片、國語片的仙樂戲院，以及兼具放電影及現場表演的新舞台戲院，更推動人口跨區活動，促進經濟。同時，仙樂戲院於五十年代多次作為防疫注射的地點，包括白喉、牛痘、腸熱病等，好世界戲院也曾被選上。此一安排，把戲院作為社區凝聚點的特質形象地呈現。至於本文介紹鄺命光在其發跡地九龍城區經營他唯一的戲院，又積極參與地區慈善事務，勾畫個人與社區緊密扣連的妙筆。

光影不長存，總有燈滅時。隨環境變遷，老戲院停運了，部分原址轉作其他用途，改建為教會是常見的案例。以本文論及的新九龍，像深水埗樂聲戲院（1975 － 2004）、石硤尾南昌戲院（1975 － 2004）或紅磡金門戲院（1966 － 1996）都被改建為教會。昨天觀影，今天崇拜，如此妙曼轉身，驟看有點近似，都是懷抱類近想法、信念的群眾共聚一堂，藉所見所聽，以心交流。

戲院告別，若原址獲保留，則會與地區續有互動，回音縈繞。當年人再臨社區，重睹舊址，舊憶不期然翻動，在戲院裏外的成長身影翩然浮現。不移的戲院建築，見證社區人事的幾許變遷。

注釋

1　1895 年 12 月 28 日，法國的盧米艾兄弟（Lumière brothers）用他們研發的攝影機（Cinématographe，兼具攝影和投影功能）在巴黎舉辦了首場商業放映，放映短片《火車進站》，電影界普遍認為這標誌着 20 世紀電影藝術的開始。電影在剛引進上海時吳語譯作「影戲」，然而朝鮮以及粵港澳三地則直接引用日文「映畫」（如日本有太秦映畫村），皇后戲院原址前身的建築物便稱為「香港影畫戲院」。在二十世紀初當這新形態娛樂開始引進時，民眾就撮成了「影畫戲」或「映畫戲」（motion picture），後被現今通用的「電影」（film）一詞取代，但「映畫」這個詞至今仍留存在廣東話詞彙中，如有電影公司名為「映畫製作」，略帶有懷舊意味。

2　Ting-yan Cheung, Pablo Sze-pang Tsoi, "From an Imported Novelty to an Indigenized Practice: Hong Kong Cinema in the 1920s", *Early Film Culture in Hong Kong, Taiwan, and Republican China: Kaleidoscopic Histories* (Michigan: University of Michigan Press, 2018) pp. 71–100.

3　該文收入：黎晉偉主編，《香港百年史》（香港：南中編譯出版社，1948）。

4　該文原刊：《中國學生周報》（1964 年 8 月 28 日，第 632 期），收入：小思編，《舊路行人：中國學生周報文輯》（香港：次文化有限公司，1997）。

5　參閱：《香港影畫》（1968 年 1 至 4 月號）。

6　參閱：《電影雙周刊》（1985 年 7 月至 10 月，第 166 至 171 及 174 期）。

7　該文收入：《中外影畫》（1983 年 11、12 月，第 45、46 期合刊）。

8　W.J. Carrie, "Report on the census of the Colony of Hong Kong taken on the night of March 7, 1931", Hong Kong Census Dept.

9　K. M. A. Barnett, *The Census and You: The Chief Facts about the Hong Kong Population Explained and Illustrated, 1961 Hong Kong Census* (Hong Kong: the Government Printer, 1962).（彭德，《香港戶口圖解》）

10　各戲院後方括弧內數字註明開業年份。

11　銅鑼灣區的樂聲戲院、豪華戲院及京華戲院三院比鄰；旺角區的新華戲院、百老匯戲院、麗斯戲院及百樂門戲院四院相對而立。

12　林寂，〈戲院滄桑史（一九四九－一九七八）〉，原載《星島日報》「星辰版」，刊期不詳。

13　地址據《香港年鑑》載「工商名錄：娛樂類」，該刊每年由《華僑日報》出版。本文戲院地址除特別註明，均參考 1948 至 1970 年出版的該刊。

14　參閱：郭靜寧編，《香港影片大全第一卷增訂本（1914－1941）》（香港：香港電影資料館，2020）所載影片。

15　東洋經濟新報社編，《軍政下の香港：新生した大東亞の中核》（香港：香港東洋經濟社，1944），頁 292。

16　《華僑日報》廣告，1942 年 1 月 3 日及 6 日；萬，〈九龍戲院紛復業〉，《華僑日報》，1942 年 1 月 6 日。

17　〈深水埗演高陞樂〉，《工商日報》，1929 年 6 月 7 日。

18　〈九龍東樂戲院開幕〉，《工商晚報》，1931 年 7 月 14 日。

19　〈東樂戲院開幕紀盛〉，《工商日報》，1931 年 7 月 18 日，標點由筆者所加。

20　「深水埗北河戲院開幕期」廣告，《工商晚報》，1933 年 12 月 15 日，標點由筆者所加。

21　老吉，〈邵邨人港九買戲院〉，《大成》（1975 年 12 月，第 25 期）。

22　東華三院新任總理選舉報道，參閱：《華字日報》、《工商日報》，1936 年 2 月 14 日。

23　公演廣告及相關報道，《工商日報》，1941 年 7 月 26 及 28 日；梁醒波 1940 年以小武行當進太平劇團，參閱：吳鳳平、鍾嶺崇編著，《梁醒波傳：亦慈亦俠亦詼諧》（香港：經濟日報出版社，2010），頁 12。

24 〈明星游藝大會游藝節目及日期已決定〉，《華字晚報》，1937 年 6 月 3 日。

25 《工商日報》，1937 年 6 月 8 日。

26 1946 年 5 月 27 日《華僑日報》載邵邨人主理的南洋影片公司啟事，指出該年 5 月 22 日購入北河。

27 1969 年 4 月 11 日《工商日報》訪問八和會館主席梁醒波，談及粵劇前景，他指觀眾仍愛粵劇，惜缺乏演出場地，過去港九有六家戲院（包括北河）常演粵劇，現在「這些戲院均改影電影而不演粵劇了。這個原因，不外是利之所在，近來各院放影電影，每天增至六場，即加多早場、下午場、午夜場，一日有六場收入，不似粵劇只能做日、夜戲場。另一個原因，演粵劇可能因佈景問題，使到戲院後台七糟八亂，戲院放電影……處理較易，戲院老闆打過如意算盤，認為上算，才實行專影電影而不演粵劇」。

28 黃夏柏，《紙媒港故．影戲閒情》（香港：中華書局，2023）一書內，〈舊跡湮沒的九龍老戲院〉一文談及美照戲院、中山戲院、文化戲院及新九龍戲院四院。

29 冰，〈國際戲院　明日開幕〉，《華僑日報》，1948 年 2 月 20 日。

30 1949 年 1 月公映的《不是冤家不聚頭》，其影片特刊載影人探班消息，指「是晚到場參加的人特別多，片場中也頓呈熱鬧。製片家翁國湯……國際戲院老板黃培槐等」，估計黃氏管理該院。

31 同註 19。

32 朗雲，〈乾坤整頓：訪第四線幕後策劃人馮秉仲〉，《電影雙周刊》（1988 年 8 月 11 日，第 245 期）。

33 〈減收座價獻映鉅片特別啟事〉，《華僑日報》，1953 年 10 月 16 日。

34 《華僑日報》相關廣告，1957 年 1 月 27 日及 2 月 27 日。

35 《工商日報》，1953 年 3 月 8 日。

36 寒連，〈兩番「雷雨」（一）〉，《華僑日報》，1953 年 8 月 29 日。

37 柱，〈金國戲院　除夕開幕〉，《華僑日報》，1966 年 1 月 18 日。

38 〈慈雲山戲院地開投〉，《工商日報》，1970 年 6 月 12 日。

39 尚，〈啟德附近建戲院地段　二百四十五萬售出　由張觀鳳夫人投得〉，《工商日報》，1960 年 7 月 13 日。

40 盧林，〈獻詞〉，「英華戲院　今日開幕」廣告，《華僑日報》，1967 年 2 月 8 日。

41 鄺命光生卒年參閱 1970 年 6 月 9 日刊於《華僑日報》的訃聞。

42 九龍樂善堂編著，〈樂善服務　薪火相傳三代人：鄺祖迪〉，《九龍城 人、情、味》（香港：明窗出版社，2013），頁 64–65。

43 1961 年 6 月 5 日《工商晚報》報道「鄺命光住宅險被劫」，披露其住址，並指 14 和 16 號是貫通的。

44 同註 33，九龍樂善堂編著，《九龍城 人、情、味》，頁 66。

45 〈勸捐小引〉，《九龍樂善堂專刊》（香港：九龍樂善堂出版，1930 年初版，2011 年重印）。

46 〈東華三院癸卯總理就職〉，《華僑日報》，1963 年 4 月 1 日，所載介紹指他 54 歲，推算約生於 1909 年；〈人名辭典〉，《香港年鑑 1967》（香港：華僑日報，1967）。

47 〈工商名錄〉，《香港年鑑 1967》（香港：華僑日報，1967）。

48 張氏訃聞及相關病故報道，《華僑日報》、《工商晚報》，1957 年 1 月 8 日；訃聞指其「享壽七十有五歲」，從而推算其大概出生年。

49 〈蘇利南中華會館簡史〉，《香港崇正總會金禧紀念特刊》（香港：香港崇正總會，1971 年出版，1995 年重印），頁 43。

50 黃石華，〈香港客家人士之貢獻與成就〉，《香港崇正總會金禧紀念特刊》（香港：香港崇正總會，1971 年出版，1995 年重印），頁 67。

51 關家柏於 1963 年 2 月 29 日辭世，3 月 1 日《華僑日報》載訃聞指他「七十有餘歲」，從而推算出生年。

52 〈會董風姿：關家柏先生〉，《旅港南海九江商會創會百周年會慶（2011）》刊物（影印本），出版資料不詳；2011 年嶺南大學頒授榮譽院士予關志信先生所刊之〈讚辭〉。

53 羅鳳鳴，〈堅成片場四十年滄桑〉，《電影雙周刊》第 248 期（1988 年 9 月 22 日）。

54 梁款，〈黃霑．故事：深水埗的天空 1949–1960〉，《香港記憶》網頁，<www.hkmemory.org/jameswong/text/index.php?p=home> [取用日期：2025-02-12]。

總結

獅子山下，再遇香江

新九龍的故事，是香港人奮鬥的縮影。從荒蕪的邊陲村落，到織機聲不絕的工業重鎮；從戰後難民搭建的木屋區，到今日高樓林立的繁華社區——這片土地的變遷，承載了幾代人的汗水與堅持。

歷史沿革：從邊界到橋樑

界限街曾是殖民區的邊界，卻阻隔不了南北交融的活力。新九龍從農田、墟市，逐步演變成連接九龍與新界的樞紐，見證了香港人如何在這片「過渡之地」開拓家園。無論是戰前客家村落的耕耘，還是戰後移民的安身立命，這裏的人們始終以堅韌適應變遷。「知否世事常變，變幻原是永恆」——新九龍的歷史，正是這句《家變》歌詞的寫照。從界限街北的阡陌農田，到今日車水馬龍的繁華鬧市，這片土地見證了香港人如何在變幻中站穩腳跟，用汗水寫下自己的傳奇。界限街曾是邊界，卻擋不住人們求生的韌勁。

工商發展：織造夢想，花開不敗

深水埗的織機聲，曾是香港工業起飛的節奏。無數家庭式「山寨廠」在狹小的唐樓單位裏縫製出供應全球市場的成衣，工人們以雙手編織的不只是布料，更是香港的經濟奇跡。另一邊，花墟的花農晨早搬運鮮花，在街角叫賣，即使「命途亂了我不亂」，依然笑對風雨。這是香港人最硬淨的寫照。花墟的攤販，百年來風雨不改，以鮮花見證城市的盛衰，象徵着香港人「艱難中仍要美麗」的信念。新九龍的命運就如香江潮水，隨時代起伏。客家人拓荒的足跡、戰後難民搭建的木屋、工廠女工日夜輪班的織機聲，都在這片土地上刻下印記。

社會民生：教會燈火，照亮寒夜

戰後的深水埗，木屋區蔓延，但教會的鐘聲未曾停歇。天主教與基督教的神職人員、教師在資源匱乏的年代開辦學校、贈醫施藥，讓流離失所的孩子仍有書可讀。這些無聲的奉獻，奠定了基層向上流動的階梯，也讓「獅子山下」的精神得以傳承。神父修女派發奶粉，教師在簡陋的校舍裏教孩子寫字讀書。「教養孩童，使他走當行的道」——這些無名的善行，讓寒夜仍有暖意。即使「時時有艱辛，步步有困阻」，但香港人總能「笑住去捱」。

文化娛樂：戲院光影，共渡時艱

九龍塘的花園城市，曾是殖民時代的優雅夢，而新九龍的戲院則是普羅大眾的避風港。一張戲票，一場電影，讓辛勞的工人暫忘生活重擔。無論是豪華戲院的西片，還是社區影院的本土粵語片，銀幕上的悲歡離合，映照着戲院外的人生。「歡笑共自由，尋覓理想同奮鬥」——戲院與花園城市的光影交錯。九龍塘的洋房，曾是無數人夢寐以求的安樂窩，讓生活有了形諸於外的坐標，但對文化教育工作者來說，它亦是一個閒情逸致的聚居點。深水埗的戲院則是普羅大眾的避風港。手拿一張用手畫的戲院門票，在大堂等待入場的一刻，期待的不只是一場粵語長片，更令人趨之若鶩的是：在黑暗中找到光明之處，讓勞碌的工人暫忘煩憂。「斜陽裏氣魄更壯，斜陽落下心中不必驚慌」——戲院的光影，照見了香港人的豁達。

獅子山下，歡笑多於唏噓——我們的新九龍

今日的新九龍，高樓取代了木屋，商場掩去了舊街，但那份「同舟共濟」的精神，依然在街角巷尾流傳。這座城的可愛之處，正是我們總能在艱難中，找到笑聲。新九龍的歷史，是香港人「捱出來」的歷史。這裏沒有驚天動地的英雄傳奇，只有無數小人物在時代浪潮中默默堅持的故事。他們或許未曾留名，但他們的努力讓這座城市在風雨中仍能前行。

今日，當我們回望新九龍的變遷，仍然能在街角的老字號、教堂的鐘聲、戲院的舊址裏，找到昔日的痕跡。獅子山依舊靜默見證，而山下的人們，縱使歷經滄桑，相逢時仍能笑談當年——因為這座城市的靈魂，從來不在高樓廣廈，而在於那份「同舟共濟」的信念。

「人生中有歡喜，難免亦常有淚。」但新九龍的故事告訴我們，只要攜手同行，歡笑總會多於唏噓。新九龍的歷史，是香港人的集體回憶。無論時代如何變遷，只要獅子山仍在，我們的故事，就永遠有下一章。

附錄一

1956年8月31日新界鄉議局主席何傳耀
呈新界民政署署長彭德信函全文

事由：呈為九華徑村民反對將該村劃入九龍市區
懇予呈請層憲收回成命

由新界鄉議局呈　一九五六年八月三十一日　新總字第四十八號

案據荃灣鄉事委員會，轉據九華徑村代表曾慶鵬曾憲貴暨闔村戶主六十餘人，聯名具呈，及該代表等到局報告畧稱：

> 民村本屬新界轄區，村民一向習慣鄉村生活，數十年來，政府為尊重吾人傳統風俗與生活習慣，特立法例管理新界，以示與港九市區有別，新界理民府之官吏，亦能瞭解民情，故此官民合作無間，惟聞當局近欲改弦易轍，有將我村劃入九龍市區範圍之議，倘成事實，則無異強迫吾人脱離新界，并改變吾人傳統習慣，與及增加吾人生活之負担，是以村民一致反對，為此籲請鈞局轉請政府，收回成命，今後仍願在新界民政署治下，過着鄉村生活為幸。

等情，據此，查新界地方，情形特殊，鄉民生活及風俗習慣，均與香港九龍市區，差異甚大，竊心而已，今民心以新界既有管理辦法安定，又何須改弦更張，致搖民心！理合據情備文呈請鑒核，仰祈轉呈層憲，請將九華徑村劃入九龍市區之成命收回，維持新界現有管區，則新界全屬鄉民，同感德便。

謹呈新界民政署長彭
新界鄉議局主席何傳耀呈

註：資料來自政府檔案處檔案，HKRS 934-4-26，“Boundaries of New Kowloon and New Territories”；前新界民政署署長彭德，昔日會忌諱直接稱呼尊上的名稱，故隱去「德」字。

附錄二

有關經修訂的新九龍分界說明
(Notes on Revised New Kowloon Boundary)

位於望洲(Mong Chau / Hope Island)南端高潮位標記開始，方位角(約)80 度，至大陸上的高潮位標記(即沿着 Scott & Wilson 先生關於醉酒灣(Gin Drinkers Bay)的報告所附的平面圖 4 中所示的擬議填海工程的高潮位標記)。

然後直達有時被稱為荔枝角山的山頂(190 公尺),

然後至葵涌青山公路最高點,

然後直達 256 號山,

然後沿着分水嶺到達金山(370 公尺),

然後沿此路向正東方向 90°至金山道的東側,

然後沿金山道東緣向南伸延至與九龍—大埔道交界處,

然後直上尖山(312 公尺),

然後沿分水嶺至九龍坳,途經 305 公尺山、308 公尺山、筆架山及鐵路坳,

然後沿着分水嶺,經 497 公尺山和 Garter 坳至沙田坳,

然後沿着分水嶺經慈雲山(497 公尺)和草山坳(404 公尺)至大老山(577 公尺),

然後沿分水嶺經象山(584 公尺)至飛鵝山(603 公尺),

然後直至清水灣道與飛鵝山道交界,

然後沿清水灣道南側至清水灣道與安達臣道交界,

然後直至井欄樹(418 公尺),

然後沿着九龍灣與將軍澳溪流的分水嶺,由井欄樹經馬游塘、五桂山(305 公尺)、281 公尺山及海灣(248 公尺)到達魔鬼山(221 公尺)

然後以 90°(正東)方向指向位於將軍澳灣岸邊高潮位標記。

註:參閱"Boundaries of New Kowloon and New Territories",政府檔案處檔案,HKRS 934-4-26。然而最終此新九龍分界修訂沒有實施,仍然沿用1937年地圖的劃分;高潮位標記,即High Water Mark (H.W.M.)。參閱:Geotechnical Engineering Office, Civil Engineering and Development Department, The Government of the Hong Kong Special Administrative Region, "Glossary of Geotechnical Terms–English to Chinese",《岩土專業英漢詞匯》(2004 年 7 月)。

附錄三

深水埗基督教會名錄

教會名稱	宗派	立會年份	地址
1. 中國基督徒會主恩堂	中國基督徒會堂	1985 年	九龍深水埗南昌街 191 號南昌苑 2 樓 B 室及 1 樓 B 室
2. 中國基督教播道會活泉堂	中國基督教播道會總會	1951 年 11 月 11 日	九龍長沙灣元州街 298 號海旭閣 1 樓
3. 中國基督教播道會福泉堂	中國基督教播道會總會	1957 年 10 月 27 日	九龍長沙灣福榮街 228–234 號寓弍捌地下至 1 樓
4. 中國基督教播道會恩福堂	中國基督教播道會總會	1987 年 9 月 27 日	九龍荔枝角長沙灣道 789 號恩福中心
5. 中國基督教播道會奇恩堂	中國基督教播道會總會	2014 年 4 月 1 日	辦事處地址：美孚新邨百老匯街 32C 地舖 崇拜地址：播道神學院（美孚新邨蘭秀道 38–46 號）
6. 中國基督教播道會望福堂	中國基督教播道會總會	2009 年 4 月 5 日	九龍長沙灣青山道 483A 卓匯中心 20 樓
7. 中國基督教播道會雅斤堂	中國基督教播道會總會	2014 年	主堂辦事處及崇拜地址：九龍長沙灣昌華街 23 號富華廣場 1 – 2 樓 分堂辦事處地址：九龍灣宏開道 16 號德福大廈 505–506 室 分堂崇拜地址：九龍灣啟禮道 10 號仁濟醫院羅陳楚思中學 / 九龍灣宏開道 16 號德福大廈 5 樓 505–506 室
8. 中國基督教播道會活愛堂	中國基督教播道會總會	未知	九龍石硤尾南山邨南偉樓地下 107–110 號
9. 中國基督教播道會和平堂	中國基督教播道會總會	未知	通訊地址：九龍長沙灣發祥街 10 號李鄭屋商場平台 308 室 崇拜地址：九龍長沙灣發祥街 10 號李鄭屋商場平台 312–313 室
10. 中華便以利會石硤尾堂	中華便以利會	1983 年	九龍仔大坑東棠蔭街東怡樓地下
11. 中華基督教會深愛堂	中華基督教會香港區會	1892 年	九龍石硤尾窩仔街 80 號
12. 中華基督教會望覺協和堂	中華基督教會香港區會	2018 年	九龍長沙灣東京街 18 號
13. 中華基督教會英華堂	中華基督教會香港區會	2004 年	九龍深水埗英華街 3 號英華小學 1 樓
14. 中華基督教會基磐堂	中華基督教會香港區會	未知	九龍深水埗營盤街 163–173 號建安大廈 1 樓
15. 禮賢會中心堂	中華基督教禮賢會香港區會	1977 年	九龍深水埗順寧道 253–263 號恒寧閣 314–316 室
16. 中華傳道會活道堂	中華傳道會	1951 年	九龍深水埗營盤街 163–173 號建安大廈 2 樓
17. 中華傳道會中心堂	中華傳道會	1971 年	九龍長沙灣青山道 386 – 390 號倫美大廈 1 – 2 樓
18. 黃竹街平安福音堂	平安福音堂	未知	九龍石硤尾南山村南安樓地下 29 – 32 號
19. 深水埗平安福音堂	平安福音堂	未知	正堂地址：九龍深水埗元洲街 32–40 號 2 樓 副堂地址：元洲北河街 165–167 號 2 – 3 樓

教會名稱	宗派	立會年份	地址
20. 荔枝角平安福音堂	平安福音堂	未知	長沙灣青山道 469 號聯邦廣場 119、218 號
21. 長沙灣平安福音堂	平安福音堂	未知	九龍長沙灣青山道 128 號威利商業大廈 6–7 樓
22. 中華聖潔會	獨立堂會	1930 年 11 月 15 日	九龍深水埗懷惠道 18 號
23. 香港華僑長老會	獨立堂會	1948 年 10 月 10 日	九龍深水埗大埔道 80 號華僑大廈 3 樓 B2 室
24. 九華徑基督教會信得堂	其他宗派或獨立堂會	1952 年	九龍長沙灣青山道 242 號達明大廈 3 樓
25. 十字架山浸信會	其他宗派或獨立堂會	1956 年	九龍深水埗長沙灣道 137–143 號長利商業大廈 8、10 樓
26. 篤志傳道會伯利恆堂	篤志傳道會	1958 年 10 月 1 日	九龍長沙灣昌華街 41–51 號昌暉大廈 1 樓 3–10 室
27. 基督教會頌恩堂	獨立堂會	1959 年	九龍深水埗大埔道 236 號金安大廈 1 樓 A、B 座
28. 基督中心堂旺角堂	基督中心堂	1993 年	九龍荔枝角長沙灣瓊林街 111 號擎天廣場 16 樓及 18 樓 A 室
29. 白田浸信會	未知	1980 年 6 月 29 日	九龍深水埗白田邨瑞田樓 B 座 3 樓 2 室
30. 基督教恩霖堂	獨立堂會	1980 年	九龍長沙灣青山道秋創商業大廈 3 樓全層
31. 基督教會立基堂	獨立堂會	1984 年	九龍長沙灣順寧道 283 號順寧苑 1 樓
32. 基督教榕樹頭之光教會	其他宗派或獨立堂會	1988 年 1 月 7 日	香港九龍長沙灣東京街 56–58 號嘉利閣 1 字樓
33. 基督福音堂	其他宗派或獨立堂會	未知	九龍長沙灣青山道 156–162 號永基商業大廈 3 樓
34. 歡欣頌基督教會	獨立堂會	2024 年 1 月	九龍大角咀通州街 123 號國貿中心 2 樓 A 室
35. 基督教華南五旬節會	其他宗派或獨立堂會	未知	九龍長沙灣青山道 422–428 號秋創商業大廈 7 樓 B2 室
36. 基督教敬拜會	其他宗派或獨立堂會	未知	通信地址：新界葵涌青山道 307–311 號萬勝工業大廈 15 樓 3 室 聚會地址：九龍長沙灣青山道 476 號 PeakCastle 1503A 室
37. 基督教廣基堂	其他宗派或獨立堂會	未知	九龍長沙灣長發街 28 號安發大廈 2 樓 A、B 室
38. 東方佈光基督教會	獨立堂會	未知	九龍深水埗荔枝角道 299–303 號正嘉大樓 3 樓
39. 基督教傳頌救恩會	其他宗派或獨立堂會	未知	九龍深水埗荔枝角道 316–318 號樂豐樓 2 樓
40. 東方基督教會恩光堂	東方基督教會	未知	九龍長沙灣長發街 28 號安發大廈 1 樓 A、B 座
41. 金巴崙長老會九龍堂	金巴崙長老會香港區會	1958 年 11 月 3 日	辦公室地址：九龍長沙灣青山道 338–340 號 2 樓 D 室 聚會地址：九龍深水埗汝州街 88 號地下禮堂
42. 金巴崙長老會道顯堂	金巴崙長老會香港區會	1985 年	九龍深水埗南昌街 188 號華麗廣場 2 樓
43. 南亞路德會永基堂	南亞路德會	未知	九龍長沙灣青山道 156–162 號永基商業大廈 9 樓

教會名稱	宗派	立會年份	地址
44. 五旬節聖潔會九龍堂	香港五旬節聖潔會	1958 年	九龍深水埗青山道 128 號威利商業大廈 8 樓
45. 香港宣教會恩磐堂	香港宣教會	1954 年 2 月	九龍大坑東棠蔭街 7 號
46. 香港宣教會恩基堂	香港宣教會	1976 年 6 月	辦公室地址：長沙灣青山道 438 號麗群閣 113–116 室 聚會地址：長沙灣青山道 438 號麗群閣 1 樓青少禮堂及 2 樓禮堂
47. 香港宣教會恩佑堂	香港宣教會	1971 年	九龍深水埗昌華街 28 號順寧大廈 2 樓 C–F 座
48. 香港宣教會恩田堂	香港宣教會	1995 年	九龍白田偉智街 39 號寶田大廈 1 樓 16–18 室
49. 深水埗浸信會	香港浸信會聯會	1955 年 10 月 16 日	九龍長沙灣廣利道 4 號
50. 青山道潮語浸信會	香港浸信會聯會	1957 年 9 月 27 日	九龍深水埗長沙灣道 137–143 號長利商業大廈 3 樓及 4 樓 B 室
51. 以馬內利浸信會	香港浸信會聯會	1963 年 4 月 14 日	九龍長沙灣幸福街 1 號
52. 錫安浸信會	香港浸信會聯會	1991 年 11 月 10 日	九龍深水埗青山道 156–162 號永基商業大廈 11 樓
53. 阡陌社區浸信會	香港浸信會聯會	1994 年	九龍長沙灣道 681 號貿易廣場 1 樓 102 室
54. 美門浸信會	香港浸信會聯會	未知	九龍深水埗區鴨寮街 32 號地下 C 舖
55. 香港菲語浸信會	香港浸信會聯會	未知	九龍長沙灣永康街 23–27 號安泰工業大廈 A 座 E 幢 4 樓
56. 永約浸信會	香港浸信會聯會	1988 年	香港九龍深水埗元州街 132 號大興大廈 2 樓
57. 尖沙嘴浸信會 長沙灣福音堂	香港浸信會聯會	1980 年	九龍長沙灣道 110–112 號偉業樓 2 樓
58. 新希望浸信會	香港浸信會聯會	1995 年	九龍深水埗青山道 481 號護衛中心 215 室
59. 興田浸信會	香港浸信會聯會	1995 年	九龍深水埗欽州街 65–71 號榮業商業大廈 3 樓
60. 順天浸信會深水埗堂	香港浸信會聯會	未知	九龍深水埗通州街 288–290 號順興閣 1 樓
61. 基督教協基會恩慈堂	香港基督教協基會	1964 年	九龍長沙灣瓊林街 111 號擎天廣場 10 樓 A 室
62. 基督教協基會路加堂	香港基督教協基會	1967 年 10 月	九龍深水埗通州街 336 號時尚華庭 1 樓
63. 循理會昌華堂	香港循理會	1954 年 9 月 5 日	九龍深水埗元洲街 485 號富洲大廈 1 樓
64. 循理會恩成堂	香港循理會	1958 年	九龍深水埗保安道 1 號寶安閣 1 樓 1 室
65. 循理會賜恩堂	香港循理會	1971 年	九龍深水埗長沙灣道 137–143 號長利商業大廈 6 樓
66. 香港華人基督會基愛堂	香港華人基督會聯會	1992 年 4 月 26 日	長沙灣發祥街 9–11 號家家發大廈 1 樓 A 室
67. 宣道浸信會	香港萬國宣道浸信聯會	1953 年 11 月	九龍深水埗順寧道 47 號嘉寧閣 1 樓
68. 學基浸信會	香港萬國宣道浸信聯會	1971 年 4 月	九龍深水埗元州街 162 號
69. 烙恩浸信會	香港萬國宣道浸信聯會	1994 年	九龍深水埗青山道 212 號瑞麗閣 2 樓

教會名稱	宗派	立會年份	地址
70. 香港聖公會聖多馬堂	香港聖公會	1953 年	九龍深水埗巴域街 43 號
71. 香港聖公會基愛堂	香港聖公會	1963 年	九龍長沙灣廣利道 17 號
72. 香港聖公會聖安堂	香港聖公會	2008 年 3 月	九龍深水埗海麗街 3 號聖安德烈小學內轉
73. 香港路德會救主堂	香港路德會	1950 年 10 月 31 日	九龍深水埗大埔道 290 號
74. 香港路德會長沙灣頌恩堂	香港路德會	未知	九龍長沙灣營盤街 151–153 號光華樓 2 樓
75. 路德會協同堂	香港路德會	1957 年	九龍又一村大坑東道 12 號
76. 香港路德會復活堂	香港路德會	未知	九龍深水埗大埔道 290 號
77. 香港路德會救主基督堂	香港路德會	1950 年	九龍深水埗東沙島街 182 號潤恆大廈 2 樓 A、B 座
78. 神召會迦勒堂	神召會	2001 年 12 月 1 日	九龍長沙灣青山道 333 號華懋 333 廣場 2 樓
79. 神召會石硤尾堂	神召會石硤尾堂	1953 年	九龍石硤尾偉智街 5 號 1 樓
80. 神召會保羅堂	神召會香港聯會	1978 年	九龍深水埗青山道 3 號 3 樓 D 座
81. 神召會活泉堂	神召會香港聯會	未知	九龍長沙灣青山道 476 號 PeakCastle 7 樓 705 室
82. 華南基督教四方福音會	國際四方福音會香港教區	1936 年	通訊地址：九龍深水埗西洋菜街北 217 號 3 樓 聚會地址：九龍深水埗西洋菜街北 217 號 1–2 樓
83. 深水埗基督徒信望愛堂	基督徒信望愛堂	未知	九龍深水埗營盤街 151 號地下及 151–153 號光華樓 1 樓
84. 基督徒信望愛堂石硤尾堂	基督徒信望愛堂	未知	九龍石硤尾邨 24 座 201–206 室
85. 香港基督徒聚會所（長沙灣）	基督徒聚會所	未知	九龍深水埗長沙灣道 15–19 號譽華大廈 2 樓
86. 基督教中國佈道會九龍迦南堂	基督教中國佈道會	1949 年 8 月	九龍深水埗大埔道 70 號太子中心 1 樓
87. 基督教中國佈道會尖沙咀迦南堂	基督教中國佈道會	1977 年 10 月	九龍深水埗南昌街 1 號地下 6–8 號舖「家・南・天地」
88. 基督教中國佈道會深水埗迦南堂	基督教中國佈道會	2000 年	九龍深水埗北河街 134–136 號銀河大廈 1 樓
89. 基督教中華宣道會大坑東堂	基督教中華宣道會聯會	1951 年 9 月 30 日	九龍大坑東棠蔭街 23 號
90. 基督教中華宣道會長沙灣福盛堂	基督教中華宣道會聯會	未知	九龍長沙灣元州邨元盛樓地下宣道會雷蔡群樂幼稚園內
91. 基督教信生會信基堂	獨立教會	1957 年	九龍長沙灣順寧道 439 號順寧居 3 樓
92. 基督教宣道會國語堂	基督教宣道會	1952 年 5 月 6 日	九龍長沙灣東京街 31 號恒邦商業大廈 7 樓
93. 基督教宣道會忠主堂	基督教宣道會	1956 年 9 月	九龍深水埗長沙灣道 137–143 號長利商業大廈 5 樓
94. 宣道會深水埗堂	基督教宣道會	1960 年 4 月 10 日	九龍長沙灣東京街 37–39 號恒順大廈 2 樓
95. 宣道會恩澳堂	基督教宣道會	未知	九龍長沙灣青山道 128 號威利商業大廈 10 樓
96. 基督教香港信義會鑽石堂	基督教香港信義會	1951 年 4 月 15 日	九龍深水埗南昌邨昌頌樓地下
97. 基督教香港信義會永生堂	基督教香港信義會	1952 年 9 月 18 日	九龍深水埗醫局街 128–132 號金輝樓 3 樓
98. 基督教香港信義會深信堂	基督教香港信義會	1956 年	九龍深水埗培德街 8 號

教會名稱	宗派	立會年份	地址
99. 基督教香港信義會長沙灣堂	基督教香港信義會	1986 年	深水埗福華街 27 號朝光商業大廈 2 樓
100. 基督教香港崇真會深水埗堂	基督教香港崇真會	1897 年	九龍深水埗大埔道 58 號
101. 基督教香港崇真會白田堂	基督教香港崇真會	2009 年 3 月 1 日	九龍石硤尾白田邨盛田樓地下
102. 基督教香港崇真會深水埗堂長沙灣分堂	基督教香港崇真會	2011 年	九龍長沙灣荔康街 8 號基督教崇真中學內
103. 基督教會聖徒聚會所喜德堂	基督教會聖徒聚會所	未知	九龍深水埗長沙灣道 202–204 號瑞星大廈 11 樓
104. 基督教頌主堂	基督教頌主堂	1968 年 3 月 3 日	九龍深水埗北河街 203–209 號 2 樓
105. 基督教頌主堂澤安分堂	基督教頌主堂	未知	九龍深水埗南昌街澤安邨華澤樓地下 11–12 室
106. 基督教福音聯合會宗聖堂	基督教福音聯合會	1946 年	九龍深水埗青山道 142 號順發居 2 樓全層
107. 基督教錫安傳道會	基督教錫安傳道會	未知	深水埗大埔道 244–248 號銀輝樓 3 樓
108. 荔枝角靈糧堂	基督教靈糧世界佈道會	2015 年	荔枝角道 873 號西九龍薈 1 樓香港靈糧堂秀德幼稚 / 幼兒園
109. 救世軍大坑東隊	救世軍	1955 年	九龍大坑東龍珠街 1 號地下
110. 救世軍九龍隊	救世軍	未知	九龍深水埗蘇屋邨彩雀樓地下
111. 港澳信義會活石堂	港澳信義會	1959 年 9 月 20 日	九龍深水埗北河街 179 號 3 樓
112. 港澳信義會仁愛堂	港澳信義會	未知	九龍深水埗昌華街 28 號順寧大廈 2 樓 B–D、F–G 室
113. 葵涌新生命堂	新生命堂	未知	九龍荔枝角永康街 79 號創匯國際中心 17 樓 F 室
114. 信望愛福音堂	獨立宗派堂會	未知	九龍深水埗區青山道 64 號名人商業中心 12 樓 1201–8 室。

註：附錄列出深水埗基督教會名錄是筆者根據香港華人基督教聯會網站〈教會名錄〉及中國基督教播道會總會、中華便以利會、中華基督教會香港區會、中華基督教禮賢會香港區會、平安福音聯堂、金巴崙長老會香港區會、香港宣教會、香港浸信會聯會、香港聖公會西九龍教區、香港路德會、神召會香港聯會、基督教中華宣道會聯會、基督教香港信義會、基督教香港崇真會、港澳信義會等宗派網站資料整合而成，資料截至 2025 年 5 月，惟相關資料可能於出版時有所新增或修訂，如有紕漏，敬希指正。另外，如堂會辦事處地址與崇拜地址不同，已在附錄中作標注。

附錄四

九龍塘發展里程碑	
1898 年	6 月 9 日《展拓香港界址專條》簽訂，清政府將深圳河以南至界限街之間的地段租借予英國政府，租期 99 年。該地段後來被稱為「新九龍」，與原有「舊九龍」區分。
1905 年	香港政府落實興建由九龍南端至深圳河（通往中國內地）的鐵路計劃，命名為「九廣鐵路」(Kowloon–Canton Railway, KCR)。
1906 年	筆架山腳開始興建筆架山鐵路隧道。
1907 年	為配合鐵路鋪設，政府於新九龍筆架山以南一帶進行平整工程，包括鏟平小山丘、填平沼澤與興建排水明渠。
1910 年	筆架山隧道完工，九廣鐵路（英段）正式落成通車。
1914 年	根據政府工務司署年報（*Public Works Report*）有關九龍塘的報告： •對於已鋪設的明渠進行清淤，其中窩打老道明渠尚未完全修整，需特別處理
1917 年	工務司署年報有關九龍塘的報告： •九龍塘地段 N.K.I.L. 8 售出，作為建屋用途
1920 年	英籍實業家義德首次提出將九龍塘發展為中產階級住宅區的構想。
1921 年	3 月政府與義德完成土地交易，九龍塘花園城市計劃正式啟動。
1922 年	工務司署年報有關九龍塘的報告： •九龍塘發展計劃展開，政府收回 31 個地段，總面積 5.91 英畝，用作花園城市開發
1923 年	工務司署年報有關九龍塘的報告： •九龍塘花園城市內開始動工興建房屋 •擴展九龍塘區道路 •窩打老道延伸段動工（寬 100 呎，至筆架山山腳） •開始挖掘界限街端山坡 •在九龍塘發展區東側建築一條日後成為窩打老道中央主明渠的大型排水道 •於低窪地段進行大規模填土工程，全年完成鏟山約 532 000 立方碼，填平範圍達至規劃高度
1924 年	工務司署年報有關九龍塘的報告： •九龍塘地段繼續有新屋動工興建 •本年度共完成從山丘挖掘約 430 000 立方碼的泥土，並用以填平低窪沼澤地 •政府共收回 137 個地段，其中部分業主拒絕接受政府補償
1925 年	5 月 22 日，九龍塘花園城市創辦人義德因病逝世，由義德兒子 Colonel Bertram Montague Ede 接管九龍塘花園城市有限公司，並出任公司主席。 工務司署年報有關九龍塘的報告： •九龍塘繼續有新屋動工，截至年底約有 60 幢屋接近竣工 •儘管當年勞工局勢不穩，但整地進展良好，全年完成鏟山約 270 000 立方碼，填補沼澤地 •政府於本年度將 19.36 英畝土地撥予九龍塘及新界發展公司，累計撥地面積達 44.82 英畝 •全年共收回 156 個地段，其中 151 個完成收回 九龍醫院正式啟用。
1926 年	工務司署年報有關九龍塘的報告： •儘管開山期間遇上大量岩層，但整體進度良好，全年完成挖掘 250 000 立方碼泥土，並用作填地 •本年度再撥出 9.11 英畝土地予發展公司，總撥地面積達 53.43 英畝 •九龍塘地段有超過 100 幢屋於本年完成驗收 •九龍塘華人基督徒墳場本年關閉 3 月 8 日，民生書院於九龍城創辦。
1927 年	工務司署年報有關九龍塘的報告： •九龍塘花園城市有 60 幢歐式住宅於本年落成

1928 年	工務司署年報有關九龍塘的報告： •九龍塘地段有 39 幢歐式住宅興建中 4 月 28 日，喇沙修士會以投標方式購得界限街山坡 10 英畝土地 (N.K.I.L. 1127)，作為興建喇沙書院校址。 11 月 13 日，宗座代牧恩理覺主教購入位於太子道與窩打老道交界、面積 76 500 平方呎的 K.I.L. 2153 地皮，預備興建聖德肋撒堂。
1929 年	工務司署年報有關九龍塘的報告： •九龍塘地段仍有 17 幢歐式住宅正在施工，為 1929 年前設計並獲得批准 6 月 21 日，香港政府憲報正式命名界限街以南的基堤道 (Embankment Road)、勵德街 (Knight Street)、公爵街 (Duke Street) 等街道。 8 月 23 日，政府憲報公佈九龍塘區內新增 14 條源自英國郡名的街道名稱。
1930 年	工務司署年報有關九龍塘的報告： •九龍塘尚未竣工的 17 幢歐式住宅於本年竣工 •界限街地段 (N.K.I.L. 1127) 之學校項目正在興建中 (喇沙書院) 5 月 9 日，九龍塘街市工程進行公開招標。
1931 年	1 月計劃於今九龍塘會入口處設置公廁，包括五個座位式廁格與一個小便池及相關排水設施。 年中，在窩打老道路中明渠旁、近森麻實道設置九龍塘街市，設有六個檔位，總造價 $10,682，包括建築與排水工程。 九龍仔村於本年清拆。
1932 年	1 月 6 日，喇沙書院新校舍落成啟用。 3 月 18 日，天主教聖德肋撒教堂 (St. Teresa's Church) 落成啟用。 4 月 23 日，土地註冊處紀錄：九龍塘及新界發展有限公司正式註銷，停止運作。
1933 年	工務司署年報有關九龍塘的報告： •律倫街一地被整平、鋪草皮並完善設施，改建為兒童遊樂場。 •瑪利諾女修會於界限街與窩打老道交界購地，興建新校園
1934 年	工務司署年報有關九龍塘的報告： •九龍塘區進行滅蚊工程，興建渠務設施總長 2 642 呎，並完成 6 928 立方碼的鏟平與填土工程
1935 年	工務司署年報有關九龍塘的報告： •九龍塘俱樂部會所竣工，即今九龍塘會 (Kowloon Tong Club) 的前身，為年度重點建築項目之一
1936 年	九龍塘學校創立，設址金巴倫道 30 號。
1937 年	九龍塘學校遷至金巴倫道 27 號，其後向政府租用舒梨道校址，瑪利諾修院學校九龍塘新校舍落成啟用。
1938 年	聖公會基督堂 (Sheng Kung Hui Christ Church) 於窩打老道成立，為香港聖公會屬下教堂之一。
1948 年	瑪利亞方濟各傳教修會 (Franciscan Missionaries of Mary, FMM) 創辦聖羅撒書院 (St. Rose of Lima's College)。
1949 年	九龍真光中學 (Kowloon True Light Middle School) 遷往九龍塘窩打老道 115 號。
1952 年	天主教男女校德肋撒學校 (St. Teresa's School) 於 10 月 20 日在界限街開校，設有小學與幼稚園部，後來遷入聖德肋撒堂範圍繼續辦學。
1955 年	又一村發展項目正式展開，屬花園城市延續模式，區內興建若干獨立屋與三層高住宅，每幢設 6 至 12 個單位。
1957 年	政府撥地予香港浸會書院興建新校園，該校於 1966 年正式遷入。
1958 年	九龍仔業主會 (Kowloon Tsai Home Owners Association, KTHOA) 成立，代表該區居民維護社區事務與環境質量，也成為一個以網球為主及有餐飲服務的私人會所。
1960 年	九龍真光中學於九龍塘真光里 1 號落成新校園，小學與幼稚園部仍設於窩打老道原址。
1962 年	九龍塘學校中學部成立，與小學部共用校園設施。
1963 年	香港浸信會醫院成立，為九龍塘區提供重要醫療設施 .
1966 年	香港浸會書院遷入窩打老道現址校園。該校創立於 1956 年，於 1994 年升格為香港浸會大學。

1969 年	拔萃小學 (Diocesan Preparatory School) 於聖公會基督堂屬地創立， 基督堂幼稚園 (Christ Church Kindergarten) 同年於九龍塘車士打道成立。
1972 年	一代武打巨星李小龍一家遷入九龍塘金巴倫道 41 號，成為區內居民。
1979 年	地鐵觀塘線第一期通車，九龍塘設站，大大提升該區交通便捷性，標誌九龍塘區轉型為主要交通樞紐之一。
1982 年	九廣鐵路增設九龍塘火車站，成為港鐵與九鐵的轉車站，強化區內交通網絡。
1983 年	新德園 (Sunderland Court) 住宅屋苑落成。
1989 年	前香港城市理工學院 (City Polytechnic of Hong Kong) 於九龍塘達之路的新校舍落成。該校於 1994 年正名為香港城市大學 (City University of Hong Kong)。

附錄五

1920－1970年代新九龍地區戲院概覽

戲院	經營年期	地址
	深水埗、大角咀	
明聲戲院 Ming Sing Theatre	1920年代 -1971	荔枝角道236號
北河戲院 Pei Ho Theatre	1934–1997	深水埗北河街114號
好世界戲院 Good World Theatre	1940–1972	大角咀塘尾道199號
仙樂戲院 Zenith Theatre	1951–1973	深水埗東沙島街184號
新舞台戲院 Apollo Theatre	1953–1977	青山道164號
皇宮戲院 Palace Theatre	1953–1972	深水埗北河街114號
英京戲院 Ying King Theatre	1960–1977	大角咀松樹街9號
黃金戲院 Golden Theatre	1962–1991	深水埗欽州街94號
麗華戲院 Mayfair Theatre	1966–1990	大角咀晏架街4號
華聲戲院 Prince Theate	1975–1998	青山道181號，與東沙島街交界
樂聲戲院 Princess Theatre	1975–2004	元州街162號，與營盤街交界
影都戲院 Century Theatre	1974–2010	荔枝角美孚新邨第4期
	九龍塘、九龍城、新蒲崗	
國際戲院 International Theatre	1948–1995	九龍城福佬村道18號
龍城戲院 Loong Shing Theatre	1952–1973	九龍城獅子石道
美麗宮戲院 Metro Theatre	1963–1974	大坑東道4390地段
國寶戲院 Metropol Theatre	1965–1982	新蒲崗彩虹道4716地段
麗宮戲院 Paris Theatre	1966–1992	新蒲崗彩虹道
金國戲院 Kam Kowk Theatre	1966–1971	橫頭磡聯合道4639地段
亞洲戲院 Asia Theatre	1967–1982	新蒲崗彩虹道4716地段
英華戲院 Ying Wah Theatre	1967–1990年代初	新蒲崗彩虹道84號

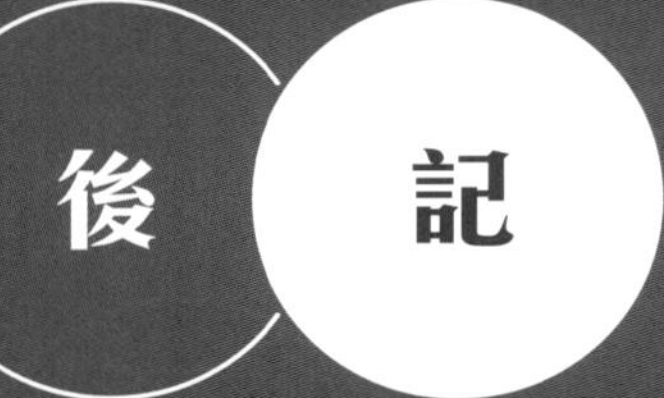

後記

一本書，一座城的記憶

編撰這本《新九龍：獅子山下的記憶軌跡》原是一場意外。三年前，我與幾位年青作者在深水埗一家老冰室閒聊，談起這區的變遷，才驚覺許多故事正隨着重建工程、老店結業、長者離世而逐漸消失。於是，我們決定拿起筆和相機，記錄這片土地的點滴。

沒想到，這個小小的念頭，最終匯集成這本書。

過程中，我們走訪了無數街坊，翻查了塵封的檔案，聆聽了長者的口述歷史。每一張老照片、每一段訪談都讓我們更深刻地感受到——歷史不在教科書裏，而在街坊的記憶中。新九龍的故事，是香港的縮影：有艱辛，有拼搏，有温情，也有笑聲。

我們希望，這本書不僅是過去的記錄，更是未來的種子。當讀者翻閱這些篇章時，或許能看見自己的家族身影，或許會想起某條熟悉的街道，甚至激發更多人去發掘、保存身邊的歷史。畢竟，一座城的靈魂，不在高樓大廈，而在人的故事裏。

鳴謝：感恩每一份相遇

一本書的誕生，從來不是一人之功。在此，主編及各位作者衷心感謝所有讓這本《新九龍》成為可能的人：

受訪的街坊與前輩：感謝你們願意分享記憶，讓那些幾乎被遺忘的故事得以留存。特別感謝深水埗木屋區的老居民、深水埗織造廠的老闆及員工、花墟的花農後人，以及曾在教會學校就讀的校友們。你們的口述歷史，是本書最珍貴的資產。

檔案提供者與機構：感謝香港天主教教區檔案室、基督教香港崇真會以及其他堂會的歷史檔案室、香港歷史檔案館、香港公共圖書館、香港大學孔安道圖書館、香港中文大學圖書館；私人收藏家提供的舊相片、地圖及戲院文物，特別鳴謝許日彤先生，他提供了多張難得一見的舊照片，為本書增添不少趣味；Margaret Wong 及王惠娟口述有關五十年代的織造廠點滴；牛池灣鄉鄉公所余志偉先生接受訪談及帶領考察牛池灣鄉及三山國王廟等古蹟；Oskar Ho、阿新及 Cultural Project 提供的九龍街道地圖為本書增加不少兼具珍藏價值的歷史資料。

學術顧問與校對團隊：感謝各位教授、研究員的專業指導，特別是劉義章教授，他由本書統稿開始一直指導主編的工作，讓本書的考證更加嚴謹；La Salle College Old Boys' Association — Heritage Subcommittee 提供界限街的刊憲歷史資料及相關地圖，特此致以謝忱。

出版夥伴與贊助人：感謝中華書局的副總編輯黎耀強先生及責任編輯繆穎小姐，沒有你們的支持，這本書無法以如此完整的樣貌面世；攝影師、插畫師與設計團隊的視覺呈現，讓文字與歷史活了起來。

最後，感謝這座城市——感謝新九龍的街巷、老樹、舊樓，甚至那些已消失的風景。它們見證了幾代香港人的努力，而我們何其有幸，能為它們寫下一筆記錄。

在此引用霑叔的歌詞：「我哋大家用艱辛努力寫下那 不朽香江名句」，但願這本書，能讓「獅子山下」珍貴的記憶，停駐於心中永不磨滅，以展望香港「新」的未來。

主編　阮志謹識

2025 年初夏於新九龍

參考書目

書目

《九龍十三鄉委員會銀禧紀念特刊，1957-1982》（香港：九龍十三鄉委員會，1982）

《香港年鑑 1950（第三回）》（香港：華僑日報，1950）。

《聖方濟各書院十週年紀念特刊》（香港：聖方濟各書院，1986）。

《聖方濟各堂六十周年特刊》（香港：聖方濟各堂，2015）。

《聖方濟各堂金禧特刊》（香港：聖方濟各堂，2005）。

2021 逆境中香港教會跟進研究組、梁國全、劉梓濠編，《2021 逆境中香港教會跟進研究簡報》（香港：香港教會更新運動有限公司，2021）。

中國第一歷史檔案館編，《香港歷史問題檔案圖錄》（香港：三聯書店，1996）。

中華聖潔會九十周年特刊編輯小組編，《中華聖潔會九十周年紀念特刊 1930—2020》（香港：中華聖潔會，2020）。

中華聖潔會編，《八十載中華聖潔　獻一生榮耀基督》（香港：中華聖潔會，2010）。

中聖書院編，《中聖書院 40 週年感恩特刊》（香港：中聖書院，2016）。

中聖書院編，《情繫中聖》（香港：中聖書院，2018）。

五十週年堂慶籌備小組編，《金巴崙長老會九龍堂五十週年感恩紀念集》（香港：金巴崙長老會九龍堂，2008）。

王鳳英編，《香港深水埗崇真堂百周年紀念特刊：一八九七年至一九九七年》（香港：基督教香港崇真會深水埗堂，1997）。

朱益宜著，寶血女修會譯，《國籍寶血女修會與香港教會的演進》（香港：原道交流學會；意大利：瑪柴拉塔利瑪竇研究中心，2019）。

朱婉君等編，《深水埗浸信會幼稚園五十五周年校慶紀念特刊 1966—2021》（香港：深水埗浸信會幼稚園，2021）。

朱楝霖、朱曉進、吳義勤合編，《中國現代文學史．上下冊》（北京：高等教育出版社，2000）。

何心平，《美國天主教傳教會與香港》（香港：香港中文大學天主教研究中心，2011）。

何佩然，《城傳立新：香港城市規劃發展史 1841-2015》（香港：中華書局，2016）。

余偉雄編，《香港崇真會立會 140 周年紀念特刊 1847—1987》（香港：基督教香港崇真會，1987）。

吳昊，《香港服裝史》（香港：香港服裝史籌備委員會，1992）。

吳瓊頌、吳麗湘編，《中華聖潔會金禧特刊 1930—1980》（香港：中華聖潔會，1984）。

吳灞陵，《九龍風光》（香港：華僑日報，1961）。

吳灞陵編，《香港年鑑 1951（第四回）》（香港：華僑日報，1951）。

呂大樂，《凝聚力量：香港非政府機構發展軌跡》（香港：三聯書店，2010）。

扶康會，《扶康會年報 2024》（香港：扶康會，2014）。

李志剛、劉義章、陳智衡、邢福增、郭偉聯、何世傑，《香港基督教史（1807—1997）》（香港：三聯書店（香港）有限公司，2024）。

阮志，《冰室情味：形塑香港的飲食文化遺產》（香港：中華書局，2024）。

阮志，《禁區：夾縫中的沙頭角》（香港：三聯書店，2021）。

周偉信編，《青山道潮語浸信會五十週年金禧紀念特刊》（香港：青山道潮語浸信會，2007）。

林榮鈞、張小蘭、劉慶廣，《默默無聞的服務：香港天主教診所歷史》（香港：香港中文大學天主教研究中心，2003）。

林麗華、鄧藻輝、鄧明輝、阮志偉，《東西薈萃：香港天主教的傳教歷程》（香港：香港中文大學天主教研究中心，2019）。

金巴崙長老會香港區會，《金巴崙長老會華南史》（香港：金巴崙長老會香港區會，2011）。

施其樂著，宋鴻耀譯，《歷史的覺醒：香港社會史論》（香港：香港教育圖書公司，1999）。

香港中華廠商聯合會，《第七屆中國貨品展覽會畫刊》（香港：香港中華廠商聯合會，1949-1950）。
香港明愛，《香港明愛七十載 1953—2023 挑戰與蛻變》（香港：香港公教真理學會，2023）。
香港通，《香港，九龍，新界街道指南》（香港：香港旅遊社，1978）。
夏其龍，《香港傳教歷史之旅：尖沙咀、九龍塘、深水埗》（香港：天主教教區福傳年專責小組，2005）
夏定邦等編，《金巴崙長老會九龍堂 60 周年堂慶紀念特刊》（香港：金巴崙長老會九龍堂，2018）。
徐松石，《華人浸信會史錄（第二輯：港澳地區）》（香港：浸信會出版部，1971）。
特刊編緝小組，《基磐浸信會立會四十周年特刊》（香港：基磐浸信會，2016）。
袁少波編，《青山道潮語浸信會銀禧紀念特刊 1957—1982》（香港：青山道潮語浸信會，1982）。
基德多，《白英奇主教傳》（香港：香港公教真理學會，1992）。
張瑞威，《活着的祖宗：九龍中部的舊村、祖堂和祖墳》（香港：中華書局，2024）。
張瑞威等，《黃大仙區風物志》（香港：黃大仙區議會，2003）。
梁炳華，《觀塘風物志》（香港：觀塘區議會，2008）。
梁炳華編，《深水埗風物志》（香港：深水埗區區議會，2011）。
梁美儀，《家：香港公屋四十五年》（香港：香港房屋委員會，1999）。
許日彤，《九龍照舊》（增訂版）（香港：中華書局，2022）。
陳志威編，《深水埗浸信會五十周年金禧紀念特刊》（香港：深水埗浸信會，2006）。
陳志威編，《深水埗浸信會四十周年紀念特刊》（香港：深水埗浸信會，1995）。
陳志華、何泳儀、寅坷，《樂業安居．香港公屋發展歷程》（香港：中華書局，2024）。
陳昌齊等纂，阮元等修，《廣東通志》（上海：商務印書館，1934）。
陳昕、郭志坤主編，《香港全記錄》（香港：中華書局，1997）。
陳龍生，《香港地質瑰寶》（香港：雅集出版社，2014）。
陳鏸勳著，莫世祥編，《香港雜記：外一種》（香港：三聯書店，2018）。
麥炳坤編，《艾偉德教士來華八十周年紀念特刊》（香港：篤志傳道會，2012）。
曾福全編，《基督教香港崇真會 160 周年特刊》（香港：基督教香港崇真會，2009）。
湯建勛，《香港指南：一九五〇年》（香港：心一堂有限公司，2018）。
舒懋官、王崇熙，《新安縣志》（嘉慶二十四年）（香港：1992 年重印版，原版為 1819 年版）。
逸廬主人，《香港九龍便覽：附粵語舉要（一九四零）》（香港：心一堂有限公司，2019）。
馮邦彥，《香港產業結構轉型》（香港：三聯書店，2014）。
黃佩蓮編，《深水埗浸信會幼稚園創校 40 周年紀念特刊 1966—2006》（香港：深水埗浸信會幼稚園，2006）。
葉碧青，《從深水步到深水埗》（第 4 版）（香港：深水埗區公民教育委員會，2006）。
葉靈鳳，《葉靈鳳文集第三卷：香港掌故》（廣州：花城出版社，1999）。
葵青區文藝協進會《葵青今昔》編輯委員會，《葵青今昔》（香港：葵青區文藝協進會，1994）。
趙雨樂、鍾寶賢編，《香港地區史研究之一：九龍城》（香港：三聯書店，2001）。
劉蜀永，〈九龍半島、九龍巡檢司、九龍城史事考略〉，《劉蜀永香港史文集》（香港：中華書局，2010）。
劉蜀永編著，《割佔九龍（香港歷史問題資料選評）》（香港：三聯書店，1995）。
劉潤和、九龍城區議會，《九龍城區風物志》（香港：九龍城區議會，2005）。
蔡榮芳，《香港人之香港史》（香港：牛津大學出版社，2001）。
鄧家宙、馬鈺詞，《甲戌風災一百五十年紀念史略》（香港：東華三院公共服務部，2024）。
鄭寶鴻、佟寶銘，《九龍街道百年》（香港：三聯書店，2000）。
魯金，《九龍城寨史話》（香港：三聯書店，1988）。
盧婉賢等編，《基督教香港崇真會深水埗堂一百一十周年紀念特刊》（香港：基督教香港崇真會深水埗堂，2008）。
盧祥等，《深圳舊志三種》（第 1 版）（深圳市：海天出版社，2006）。
蕭國健，《香港古代史》（香港：中華書局，2022）。
蕭國健，《香港前代社會》（香港：中華書局，1990）。
蕭國健，《香港歷史與社會》（香港：香港教育圖書公司，1994）。
蕭國健，《簡明香港近代史》（香港：三聯書店，2013）。

鍾志光編，《崇真學校新校落成開幕紀念特刊》（香港：崇真學校，1959）。
譚積玉等編，《深水埗浸信會幼稚園創校二十五周年紀念特刊 1966—1991》（香港：深水埗浸信會幼稚園，1991）。
饒玖才，《十九及二十世紀的香港漁農業傳承與轉變 - 下冊：農業》（香港：郊野公園之友會，2017）。
饒宗頤，《九龍與宋季史料》（香港：萬有圖書公司，1959）。
觀塘區街坊福利會，《觀塘近貌》（香港：觀塘區街坊福利會，1966）。
Aylward, Gladys, *Gladys Aylward: My Missionary Life in China* (Chicago: Moody Publishers, 2024).
Carroll, M. John, *A Concise History of Hong Kong* (Hong Kong: Hong Kong University Press, 2007).
Colonial Secretariat, *A Gazetteer of Place Names in Hong Kong, Kowloon, and the New Territories* (Hong Kong: Govt. Printer, 1960).
Criveller, Gianni, *From Milan to Hong Kong: 150 Years of Mission* (Hong Kong: Vox Amica Press, 2008).
Faure, David, *The Structure of Chinese Rural Society: Lineage and Village in the Eastern New Territories, Hong Kong* (Hong Kong : Oxford University Press, 1986).
Grantham, Alexander, *Via Ports* (Hong Kong: Hong Kong University Press, 2012).
Hayes, James, *Hong Kong Region, 1850-1911 : Institutions and Leadership in Town and Countryside* (Hong Kong: Hong Kong University Press, 2012).
Historical Foundation of the Cumberland Presbyterian Church and the Cumberland Presbyterian Church in America, Letter to Rev. McAdow Gam, February 20, 1957.
Ho, Pui-yin, *Weathering the Storm : Hong Kong Observatory and Social Development* (Hong Kong: Hong Kong University Press, 2003).
Hong Kong Annual Report 1952 (Hong Kong: Hong Kong government printer, 1953).
Huang, Mark, *Sons of La Salle Everyone: A History of La Salle College and Primary School, 1932-2007* (Hong Kong: La Salle College Old Boys' Association, 2007).
Knight, James W., *Hearth and Chalice: The Story of Cumberland Presbyterian Women and World Mission* (Memphis: The Board of Missions of the Cumberland Presbyterian Church, 1980).
Nissim, Roger, *Land Administration and Practice in Hong Kong, Fifth edition* (Hong Kong: Hong Kong University Press, 2022).
Owen, Bernie, and Raynor Shaw. *Hong Kong Landscapes : Shaping the Barren Rock* (Hong Kong: Hong Kong University Press, 2007).
Sergio Ticozzi, PIME, *Historical Document of the Hong Kong Catholic Church* (Hong Kong: Hong Kong Catholic Diocesan Archives, 1997).
Wesley-Smith, Peter, *Unequal Treaty 1898-1997: China, Great Britain, and Hong Kong's New Territories* (Hong Kong: Oxford University Press, 1980).

論文

郚文君，〈殖民時期新界治理及其演變——以 1940 年代初至 1980 年代大嶼山規劃發展作為線索〉，國立陽明交通大學社會與文化研究所碩士論文，2024 年 7 月，未出版。
Cheung, Ka Lok, Peiran He, and Chinese University of Hong Kong, Graduate School, Division of History, "Town Planning of New Kowloon and Colonial Governance in Hong Kong, 1898-1941", MPhil Thesis, Chinese University of Hong Kong, 2019.
Hayes, James, "Model Village, Kowloon Tsai, Hong Kong", in Journal of Hong Kong Royal Asiatic Society (2000, Vol.40), pp. 269-283.

報紙

《AM730》
《HK01》
《大公報》
《公教報》(1951—1960)
《香港工商日報》
《華僑日報》
《工商晚報》

政府檔案及年報

《一九七二年雨災調查委員會中期報告書》(香港：香港政府印務局，1972 年)。
《地方行政二十周年紀念特刊》(香港：政府印務局，2001)。
《香港社會福利工作之目標與政策》白皮書 (1965)
《香港社會福利白皮書：進入八十年代的社會福利》(1979)
《香港社會福利署年報》(1955—1956)
《香港徙置事務處年報》(1954—1955)
《新界土地契約續期 (包括新九龍)》，1987 年 4 月。
馮錦榮、劉潤和、陳志明、高添強、周家健，〈啟德明渠歷史研究報告〉(2018 年 7 月，內部報告)。
"Reports of the Medical Officer of Health, the Sanitary Surveyor, and the Colonial Veterinary Surgeon, for the Year 1904," *Hong Kong Sessional Papers 1905*, no. 4/1905;
CO129/105, From Acting Governor Mercer to Edward Cardwell, Boundary Stones at Kowloon, 1865-05-12.
CO129/450. Confidential Despatch from Claud Steven to Walter Long, 16 December 1918.
CO129-513-4 Land leases in the New Territories 8-11-1928 - 29-7-1929.
CO129-516-3 Military contribution of Colony - assessment of contribution 13-3-1929 - 28-3-1930
Commerce and Industry Department, "First-Class Cotton Knit-Wear from one of Hong Kong's Most Modern Knitting Mills", *Trade Bulletin* (Hong Kong: Hong Kong Industry Department, October 1956).
F.O.17/337.
Geotechnical Engineering Office, Civil Engineering and Development Department, The Government of the Hong Kong Special Administrative Region, "Glossary of Geotechnical Terms — English to Chinese",《岩土專業英漢詞匯》, July 2004.
HKRS 934-4-26, *Boundaries of New Kowloon and New Territories*.
HKRS1364-2-5, Hong Kong Textile Labourers' Association (香港織造業總工會).
HKRS1364-2-6, Hong Kong Textile Labourers' Association (香港織造業總工會).
Hong Kong Administrative Report, 1909.
Report on the Census of the Colony for 1906, *Hong Kong Sessional Papers 1907*.
Report on the Census of the Colony for 1911.
FCO 40/139, University of Hong Kong Electronic Source.

網絡資料

〈大事回顧〉，篤志傳道會伯利恆堂網站，2024 年，<https://www.bethlehem.org.hk/church/history>

〈我們的教會〉，金巴崙長老會香港區會網站，2023 年，<https://www.hkcpc.org/ 所屬堂會 >

〈其他課程〉，篤志傳道會伯利恆堂網站，2024 年，<https://www.bethlehem.org.hk/center/activity>

〈浸聯會單位〉，香港浸信會聯會網站，2024 年，<https://www.hkbaptist.org.hk/ 浸聯會單位 />

〈崇真會各堂會〉，基督教香港崇真會網站，2025 年，<https://web.ttm.org.hk/church/>

〈創會史略〉，青山道潮語浸信會網站，<https://www.cprsbc.org/about.php#history>

〈本會各部〉，深水埗浸信會網站，2025 年，<https://sspbc.org.hk/department>

〈親子共同學習成長計劃〉，篤志傳道會伯利恆堂網站，2024 年，<https://www.bethlehem.org.hk/center/親子共同學習成長計劃 -2024-2025>

扶康會網站，<https://www.fuhong.org/fuhong_mobile/PageInfo.aspx?md=10000>

香港天主教教區檔案，<archives.catholic.org.hk>

湯泳詩，〈主教山上的巴色樓：香港教會、慈惠辦學與客家族群〉，時代論壇網站，2025 年，<https://christiantimes.org.hk/Common/Reader/News/ShowNews.jsp?Nid=164292&Pid=104&Version=0&Cid=2052&Charset=big5_hkscs>

震歐線衫廠網站，<chickslifestyle.com>

香港利工民織造廠有限公司網站，2003 年，<leekungman.com>

〈香港製造｜堅持香港製造 利工民 百年老店 傳承遇挑戰〉，Capital 網站，2023 年 6 月 20 日，<https://www.capital-hk.com/interview/hkbrand-juneissue-lee-kung-man>

香港解構網站，<cityunseen.hk>

古物古蹟辦事處網站，<www.amo.gov.hk>

香港地方志中心網站，<https://hkchronicles.org.hk>

香港特別行政區政府，香港法例：電子版香港法例網站，<https://www.elegislation.gov.hk>

地政總署測繪處網站，<www.landsd.gov.hk>

土木工程拓展處網站，<hkss.cedd.gov.hk>

東九龍居民聯會網頁，<astkowloon.klnfas.hk>

福山堂，〈香港廟宇寺院網站：萬佛堂〉，無日期，<http://www.fushantang.com/>

香港記憶計劃網站，<https://www.hkmemory.hk/>

〈敲敲記憶〉，賽馬會藝術科技及文化教育計劃，<https://website.howmemorysticks.org/articles/44>

Hong Kong Company Directory，〈奇峯織造廠有限公司〉，香港公司目錄網站，2019-2025，<www.tempb.com/company?utm_source=kea-fung-knitting-factory-limited>

Historical Walk，〈新九龍界線分析——新九龍北界線的構成〉，香港行跡網站，<https://www.facebook.com/HistoricalWalkHK/posts/>

Hong Kong Government Reports Online, <https://sunzi.lib.hku.hk/>

New Kowloon Inland Lot Facebook, <www.facebook.com/hashtag/newkowlooninlandlot>?\>

Hong Kong Government, "Declaration of Districts Order (7 August 1987)", Historical Laws of Hong Kong, <https://oelawhk.lib.hku.hk>

The Industrial History of Hong Kong Group, <industrialhistoryhk.org>

〈深浸歷史〉，深水埗浸信會網站，2025，<https://sspbc.org.hk/index.php/zh-hant/history>

訪談紀錄

金輪織造廠王紀常女兒 Margaret Wong 訪談錄，訪問人：阮志，訪談地點：北角，訪談日期：2024 年 12 月 26 日、2025 年 5 月 17 日、2025 年 5 月 21 日。

梁志光牧師和周偉信教授訪談錄，訪問人：陳曉童、何世傑，訪談地點：Zoom 線上訪談，訪談日期：2025 年 2 月 20 日。

夏定邦主任牧師、鄭炳光長老和盧見美女士訪談錄，訪問人：陳曉童、何世傑，訪談地點：金巴崙長老會九龍堂，訪談日期：2025 年 3 月 6 日。

何永恆牧師訪談錄，訪問人：劉義章、何世傑和陳曉童，訪談地點：基督教香港崇真會深水埗堂，訪談日期：2025 年 3 月 7 日。

李秀蘭女士訪談錄，訪問人：陳曉童，訪談地點：中聖書院，訪談日期：2025 年 3 月 8 日。

金輪織造廠王紀常女兒 Margaret Wong 訪談錄，訪問人：阮志、Oskar Ho，訪談地點：北角，訪談日期：2025 年 3 月 26 日。

牛池灣鄉余志偉鄉長訪談錄，訪問者：阮志、曾家明，訪談地點：牛池灣鄉公所，訪談日期：2025 年 3 月 29 日。

李慶宏傳道訪談錄，訪問人：陳曉童，訪談地點：中聖書院，訪談日期：2025 年 4 月 3 日。

蔡志森先生訪談錄，訪問人：陳曉童，訪談地點：明光社，訪談日期：2025 年 4 月 3 日。

金輪織造廠王紀常女兒、謙信織造廠王惠娟訪談錄，訪問人：阮志，訪談地點：元朗港晶軒，訪談日期：2025 年 5 月 27 日。

其他資料

中聖學校學生成績報告表，1977 年度下學期，李慶宏私人收藏。

□ 責任編輯：繆　穎
□ 裝幀設計：oiman
□ 排　　版：陳美連
□ 印　　務：劉漢舉

新九龍：獅子山下的記憶軌跡

□
主編
阮志

□
出版
中華書局（香港）有限公司
香港北角英皇道 499 號北角工業大廈一樓 B 室
電話：(852) 2137 2338　傳真：(852) 2713 8202
電子郵件：info@chunghwabook.com.hk
網址：http://www.chunghwabook.com.hk

□
發行
香港聯合書刊物流有限公司
香港新界荃灣德士古道 220-248 號
荃灣工業中心 16 樓
電話：(852) 2150 2100　傳真：(852) 2407 3062
電子郵件：info@suplogistics.com.hk

□
版次
2025 年 7 月第 1 版第 1 次印刷

□
規格
16 開（230 mm × 170 mm）

□
ISBN：978-988-8913-92-3